| 삼국시대 금동여래입상 |

그래도 불교

—

성법 스님의 불교 강좌

# 그래도 불교

○ 성법 스님의 불교 강좌

민족사

• 머리말 •

# 1

2016년 12월 한국 종교 인구의 실태에 대한 통계청의 신뢰성 높은 조사결과가 발표되었습니다. 2015년 인구 주택 총조사 표본 집계 결과 중 종교 인구 동향에 관한 내용입니다.

2005년~2015년 사이 불교 신자는 무려 300만 명이 감소했고, 천주교는 110만 명 감소, 개신교는 120만 명 증가라는 충격적인 내용이었습니다. 불과 10년 사이의 이런 변화는 예상을 넘어서는 결과였지만, 각 교단에서 조사 방법에 대한 문제 제기보다는 원인 분석에 주목을 하는 것도 이례적이었습니다.

불교는 종단 지도부의 범계행위가 일반인에게까지 매우 구체적으로 알려질 정도로 비난의 대상이 되었기에 신도 감소는 예상했지만, 전체 신도의 20%에 달하는 300만 명이 '불교 그만'을 선언한 것은 충격이었습니다.

천주교는 2014년 탈권위주의로 세계적 존경을 받던 프란치스코 교황의 방문 시 전 국민이 보여준 진정 어린 호의적 감정으로 한창

고무되어 있었지만, 조사 결과는 의외로 110만 명 감소라는 불교 못
지않은 실망을 했었습니다. 유일하게 개신교는 120만 명 증가를 통
해 1,600여 년의 역사를 지닌 불교를 제치고, 명실 공히 한국 제일의
종교로 부상하였습니다.

조사 발표가 불과 2년도 지나지 않은 현재의 상황은 불교와 천주
교의 고민은 깊어지고, 개신교 역시 좋아할 수만은 없다는 위기의식
이 팽배해 있습니다.

우리나라는 비종교인이 50%를 넘지만 종교인이 갖는 문화적 성
향이 어느 나라보다 높은 편이기에 10년 간의 이런 변화를 주목해야
합니다.

불교와 천주교는 신도의 고령화가 아주 빠르게 진행되는 데 비해
젊은 신도들은 전혀 늘어날 기색이 없다는 것이 문제입니다. 개신교
의 속내는 10년 간 늘어난 120만 명의 상당수가 사이비나 이단임에
도 신자라고 답을 한 결과이지, 실제로 교회의 출석 인원은 눈에 띄
게 감소하고 있다는 것입니다. 따지고 보면 한국의 3대 종교는 예외
없이 교단과 성직자들이 신자들은 물론 일반인에게조차 존경의 대
상이 아니라 '반성해야 하는 집단'으로 인식되고 있다는 말입니다.

특정 종교가 갑자기 쇠퇴하거나, 엄청난 도약을 하는 것, 어느 쪽
도 순수한 종교적 견지에서 보자면 바람직한 것이 아닙니다. 신앙은
갑자기 생겨나는 것도 아니고, 강제한다고 없앨 수 있는 것도 아니기
때문입니다. 그렇기에 각 교단은 '양질의 신앙'을 신도들에게 전해줄
의무가 있습니다. 이것이 안 되면 '불량한 신앙'이 그 자리를 차지한
다는 것이 '종교시장'의 원리이기 때문입니다.

# 2

불교는 지난 10년 간 300만 명의 신도 감소라는 외적인 상처가 아니라 '정체성 유지'라는 내적인 상처부터 치료를 해야 하는 유례없는 심각한 문제에 직면해 있습니다. 그 상처가 무엇인지는 종단의 몇몇 스님들 덕에 이미 세상에 다 알려져 새삼 언급할 필요도 없으리라 봅니다.

환골탈태라는 말로도 부족하고, 공동체로서의 승가 복원 즉, 사부대중이 오직 불교의 바른 신행 모습을 보여주지 않으면 백약이 무효할 것이라 생각합니다. 무형의 재산은 물론이거니와 거의 현금 자산과 다름없는 유형의 재산과 문화재 등을 고스란히 이어받은 조계종단이기에 설령 그에 걸맞는 책임을 다했다 해도, 그것은 승가가 신도에게 설하는 인과응보에 부합하는 일이지 결코 내세울 일도 아닙니다.

한편 승가를 지탱해 주는 불자들이 마주쳐야 하는 세상은 더욱 험해지고 있습니다. 뉴스에서 일상적으로 보도되는 언어들은 '몰카' '성추행' '고독사' '갑질' '자살' 등 인간의 본성에 회의를 갖게 할 수준의 대단히 '불편한' 내용들로 가득합니다. 더욱이 미래에 대한 희망은 고사하고 당장의 생존을 위협받는 경제적 벼랑으로 몰리고 있는 이들도 많습니다.

이러한 상황에서 승려들의 돈과 권력에 대한 집착이 비록 일부라 할지라도 세속에서 벌어지는 더러운 판과 다를 바 없다는 사실을 확인해야 하는 사람들의 마음이 어떨지 생각하면 답답합니다. 그러한 점을 헤아리지 못한다면 그것은 수행의 부족이 아니라 한 시대를 살아가는 보통 인간으로서 상식적인 기준에도 미치지 못하는 집단임을 자인하는 것과 다르지 않을 것입니다.

기업도 이익이 나면 소비자 덕분이니, 이익의 환원이라는 사회적 책무를 해야 하는 것이 당연시 되는 시대입니다. 그렇기에 받기만 해온 승단이 보시의 사회적 환원은 고사하고, 남은 재력을 몇몇 승려가 개인 소득처럼 유용할 수 있었다는 것 자체가 승가 모두의 수치인 것입니다.

그래서 승가의 일원인 저 역시 책임을 통감하며 꼭 실현되기를 바라는 두 가지 의견을 내 봅니다.

조선시대 산 속의 대찰이 이제는 도심 한복판에 있게 된 시절 인연을 고맙게 받아들이며 보살행의 전진도량으로 삼자는 것입니다. 경제·정보의 양극화가 극심해지는 지금이야말로 도심 속의 대찰들은 양극화 해소에 앞장서서, 경제와 정보의 재분배를 실천하는 지역 복지와 고령화 시대의 문화회관의 주역으로 탈바꿈할 수 있는 절호의 기회입니다. 이를 위한 재원 마련은 신도들에게 특정 목적의 이타행을 성취하기 위한 '지정 보시제'를 유도한다면 신도들도 마다할 이유가 없을 것입니다.

또한, 특정 사찰을 지정해 특화된 경전 공부를 전문적으로 상시 강의하는 제도를 운용해, 불교의 심층 교육을 신도들이 받을 수 있도록 하자는 것입니다. 예를 들어 서울의 A사찰에서는 초심자를 위한 불교 교리를, B사찰에서는 반야부 경전을, C사찰에서는 화엄경을, D사찰에서는 법화경을 상시 설하자는 것입니다. 이 제도가 정착되면 재차 초급반과 고급반으로 세분화해 나가야겠지요. 그러면 신도들은 자신에 맞는 강좌를 설하는 절에 찾아가서 심층적으로 공부하게 되고, 강의를 맡게 되는 전문 학자의 양성에도 큰 도움이 될 것입니다. 이렇게 해서 승가도 신도들도 경전에 충실한 불교를 신행하는 분위기를 조성해 나가자는 것입니다.


# 3


이 책은 1부와 2부로 구성되었습니다.

1부는 최소 10년 전에 신도들을 대상으로 한 법문을 정리한 것이고, 2부는 이 책의 출간을 위해 올 여름에 새로 쓴 『화엄경』「십지품」에 대한 해설입니다.

원고를 정리하며 가장 우선시한 것은 가능하면 '교과서적'인 설명을 하자는 것이었습니다. 한국불교는 각각 스님들에 따라 부처의 가르침이라고 전제한 내용들의 편차가 너무 큰 편입니다. 심지어 가장 핵심 용어로 불교의 정체성을 대변하는 업과 윤회에 대한 정의도 천차만별입니다. 수행의 구체적 방법은 '표준' 없이 거의 스님이 신도에게 말하기에 달려 있다 해도 과언이 아닙니다. 말하자면 교학으로나 실제 수행에서 스님들이 이끌어주는 것들이, 부처님의 진정한 가르침인지 아니면 그 스님의 개인 견해인지 알 도리가 없다는 것입니다. 팔만대장경을 보유한 국가의 승가가 경전에 근거한 불법을 펼치지 않고, 검증 자체가 불가능한 개인의 불교관에 의지한다는 것은 시작부터가 잘못되었다는 말과 다름없습니다.

그렇다고 해서 이 문제를 심각하게 논의해야 한다는 주장이 제기된 적도 없습니다. 이러한 사실만으로도 한국불교의 무지와 오만을 알아차릴 수 있습니다. 현재 한국불교는 교학으로는 일본이나 미국, 유럽에 비해 거의 한 세대는 뒤처져 있고, 실제 수행에 있어서도 일본이나 심지어 태국, 미얀마와 비교해도 정통성과 구체성에서 많이 뒤처져 있는 것이 현실입니다. 세계불교학계와의 교류 역시 전무하니, 사실상 한국불교는 우물 안 개구리이고, 한국의 선승들은 죄송한 표현이지만 골목대장격에 지나지 않는다는 게 지나친 말이 아니라고 봅니다.

따라서 이 책에서 진행되는 불교 해설은 그 당위성을 위해서도 철저하게 경전의 출처를 밝히는 데 주력하였습니다. 특히 2부『화엄경』「십지품」과 10바라밀에 대해 설명할 때 독자들이 「십지품」 본문의 내용을 통해 바로 이해가 가능하도록 보조적 설명을 넘지 않으려 했습니다. 이런 책의 구성으로 인해 혹 내용 중 유사한 주제나 언어의 중복이 거슬리더라도 양해해 주시기 바랍니다.

작금의 한국불교는 부처를 종조로 하는 종교단체라 이름하기조차 부끄러운 민낯을 드러내고 있습니다. 앞으로 얼마나 더 추한 모습을 보일지 가늠조차 하기 힘이 듭니다. 별 것 아닌 내용이라 해도 이 책이 부디 불자들에게 위안을 드리고, 신행에 조금이라도 도움이 된다면 큰 다행으로 여기겠습니다.

책의 내용이 시원찮으니 표지라도 그럴듯하게 꾸며야 한다는 핑계로, 개인전 때 보고 내심 찜해 두었던 작품을 요구하니 못이기는 척

내 주신 최수현 화백께 감사드립니다. 작품명 '목어와 소녀'인데, 볼 때마다 '소녀는 과연 무슨 삼매에 들었을까'라는 생각과 함께 잔잔한 미소를 짓게 하는 작품입니다.

이 책 맨 앞의 불상 사진은 제가 30여 년을 소장하고 있는 불상인데, 감정 결과는 대체적으로 삼국시대의 호신불로 '금동여래입상'이라고 합니다. 원효와 동시대에 조성된 매우 귀한 신라불상입니다만, 제가 진행하고 있는 세계 학술 명저 번역불사 비용 마련을 위해 1,300여 년을 기다린 불연佛緣이 맺어지길 바라는 간절한 심정으로 공개하는 것입니다.

동영상 법문을 워드 문서화하는 고단한 작업을 해 주신 김명희 불자님의 고생이 많으셨습니다. 고맙습니다. 산만한 녹취원고들을 편집과 윤문 등으로 '보석단장'해 주신 민족사 사기순 주간의 노고는 독자들이 알아챌 것입니다. 민족사 윤창화 사장님께는 항상 감사한 마음뿐입니다. 또한 부족하기 짝이 없는 제게 최소 수 년 이상을 적금든 듯이, 매달 일정액을 보시해 주시는 불자들께 진심으로 감사드립니다.

2018년 8월
고양 용화사 무설설당에서
**성법** 합장

# • 차례 •

2부

# 진리는 역시 '그래도 불교'라는 마음으로 공부하고 수행하라

– 화엄경 「십지품」과 10바라밀

# 1부

# 왜 그래도 불교인가?

●

# 진리란 무엇인가?

○

## 진리의 그물 안에서

진리眞理라는 게 도대체 무엇이겠습니까? 글자를 보면, 참됨[眞]과 이치[理]로 이루어져 있으니 '참된 이치' 혹은 '참된 도리'라고 할 수 있겠지요. 한편 일반적 개념의 진리가 있을 것이고, 철학적 개념의 진리, 그리고 종교적인 개념의 진리도 있을 것입니다.

그렇다면 진리라는 것은 영원한 것입니까, 영원하지 않은 것입니까? 대개 진리는 변하지 않는 것이라고 합니다. 그런데 불교에서는 제법무아諸法無我라고 합니다. 여기서 '제법'은 진리이고 무아는 자성自性이 없다는 것입니다. 이렇게 보면 '진리란 영원한 것이냐'라는 물음에, 무아이고 자성이 없으니 영원하지 않다고 봐야 할 겁니다. 이 무아라는 개념을 어떻게 이해하느냐에 따라서 진리가 영원하거나 영원하지 않다고 할 수 있을 것입니다. 그런데도 대부분 '진리는 영원하다'라는 명제를 진리라고 생각합니다. 자성이 없기 때문에 무아인데 영원할 수 있는지 잘 이해되지 않는 부분입니다.

『아함경』을 비롯한 여러 경전들에도 누누이 강조되어 있습니다만, 부처님이 말씀하신 법法이라는 것은 시공을 초월하여 언제나 있는 것입니다. 부처님이 태어나기 이전에도 있었고, 또 부처님이 열반하신 이후에도 있는 것입니다. 부처님이 있든 없든 늘 있는 것이 법입니다. 부처님께서 강조하신 연기법緣起法을 포함해서 인과因果 등은 부처님이 만든 것이 아니라 부처님과 상관없이 본래부터 있는 현상現象이지요. 눈앞에 거미줄이 있는데도 캄캄하면 우리 눈에 보이지 않습니다. 그렇게 절묘하게 얽혀 있는 그물 같은 법을 부처님께서 이것이 법이라고 일러주셨으므로 우리가 보게 된 것이라는 말입니다.

인과는 늘 있었던 법입니다. 단지 우리가 인과에 대해 몰랐을 뿐입니다. 인因과 연緣, 과果에 의한 법칙을 인식하지 못했는데, 부처님께서 바로 눈앞에서 그물같이 상호의존적인 연기법을 들어서 설명해 주셨습니다. 이렇게 부처님이 확인을 시켜줬기 때문에 우리는 비로소 진리를 느끼게 되고 받아들이게 된 것입니다. 이 존재의 실상인 연기법은 우주의 발생기, 우주가 빅뱅으로 생기면서부터 있었습니다. 부처님이나 예수님이나 공자님이나 세상의 성인들과 관계없이 그냥 있을 뿐인 것입니다.

예를 들어 성냥불을 켜서 종이에 붙이면 어떻게 됩니까? 마르고 얇은 종이라면 금세 탑니다. 종이가 불에 타는 건 자연의 이치입니다. 그러한 이치가 어떻게 따로 모양을 가지고 존재한다고 할 수 있겠습니까. 이치를 어떤 모양을 들어서 알아볼 수 있게 보여줄 수 있을까요?

보여줄 수 없습니다. 그냥 그대로 당연한 일이고, 당연하게 아는 것뿐이지요. 그래서 그것을 '무아無我'라고 하는 겁니다. 여기서 무아의 '무無'는 단순하게 '없다'는 뜻이 아닙니다. 불교의 가장 중요한 교리 중의 하나인 공空으로 봐야 합니다. 불교에서 말하는 '무', 없음은 고정불변한 실체가 없다는 뜻으로서의 '공'을 말합니다. 이러한 점을 확실히 인식하는 것이야말로 불교 공부의 첫 걸음을 제대로 디뎠다고 할 수 있습니다.

## 부시맨의 콜라병과 공空

쉽게 예를 들어보겠습니다. 1983년에 개봉되어 큰 인기를 누렸던 영화 '부시맨' 아시죠? 어느 날 아프리카 부시맨의 마을에 조종사가 마시고 버린 콜라병이 떨어집니다. 콜라병을 전혀 본 적이 없었던 부시맨은 그것을 신의 선물이라고 여기면서 제사를 지냅니다. 한편 곡식을 빻거나 문양을 찍는 등 여러 가지 용도로 씁니다. 그러는 와중에 콜라병에 대한 욕심으로 갈등이 커져서 급기야 폭력 사태까지 발생합니다. 결국 콜라병을 처음 보았던 부시맨이 이것을 '악마의 유혹'이라고 판단합니다. 콜라병을 다시는 돌아올 수 없는 세상 끝에 버리기로 마음먹은 부시맨이 콜라병을 들고 세상의 끝을 찾아가는 여정 속에서 포복절도할 일을 그리고 있습니다. 이 영화는 PR 마케팅 기법인 PPL영화이지만 철학적으로도 아주 많은 내용을 함축하고 있습니다.

다른 얘기는 다 접어두고, 진리의 개념, 즉 참된 이치에 대한 점만 언급하겠습니다. 콜라병에 대해 잘 알고 있는 문명인들은 빈 콜라병은 재활용 통에 분리수거해야 하는 아주 하찮은 것입니다. 그런데 콜라병을 잘 모르는 부시맨들은 콜라병을 신이 내린 귀한 물건으로 존중하면서 아주 다양한 용도로 씁니다. 똑같은 콜라병인데 전혀 다르게 쓰이는 것입니다. 경험으로 인한 인식에 따라 쓰임새가 달라집니다. 그래서 이 세상 만물은 고정불변의 실체가 없다는 것입니다. 제법무아는 곧 공空입니다.

《 죽비 소리 》

제법무아와 무아를 같이 쓰는 데서 생기는 혼란이 있습니다. 무아를 '나' 혹은 '인간'으로 한정짓게 되는 선입관입니다. 그래서 무아를 공아空我로 쓰자고 제안합니다. 그렇다면 선사들이 강조하는 '참나'는 제법무아에서 벗어나 따로 존재하는 실체라는 논리를 펴는 것은 맞을까요?


## 초월적인 이치, 이치적인 초월
− 진리의 개념


사람의 마음 깊이에는 깊고 얕음이 있습니다. 어떤 사람은 하나를 보고 열 가지 생각을 합니다. 어떤 사람은 하나를 보면 하나를 생각합니다. 하나를 보고도 아무 생각도 못하는 사람도 있습니다. 그와 같이 마음 깊이에 심천深淺이 있다는 말입니다.

진리라는 말을 다르게 표현하면 '참된 이치'라고 할 수 있습니다. 좀 더 쉽게 설명해 드리겠습니다. 모르는 것은 손에 쥐어 주어도 모른다는 속담도 그와 같은 이치입니다. 삼색 볼펜을 전혀 써 본 적이 없는 사람들한테 세 가지 색깔이 나오는 볼펜을 줘 보세요. 처음 삼색 볼펜을 접한 사람은 제대로 사용하지 못합니다. 쓰는 방법, 즉 이치를 알려주면 바로 쉽게 쓸 수 있지요.

또 어린아이들의 예를 들어보겠습니다. 간혹 한겨울에 얇은 실내복만 입고 막무가내로 밖에 나가기도 하고 마음에 드는 여름옷을 입고 밖에 나가겠다고 떼를 쓰는 아이들이 있습니다. 그럴 때 추운 겨울날에는 두꺼운 외투를 입고 나가지 않으면 감기에 걸린다고 알려주는 것은 이치를 알려주는 일입니다. 컴퓨터 쓰는 법, 세탁기 쓰는 법 등을 익히는 것도 이치를 아는 것입니다. 이렇듯 우리 일상생활 곳곳에 이치가 숨어 있습니다. 이치라는 것은 어떠한 원리를 말하는 것이라고도 할 수 있습니다.

휴대폰을 사용하는 법, 농사를 짓는 법, 추울 때 감기를 예방하는 방법 등등에도 원리가 있으므로 일반적인 개념에서는 진리라고 볼 수 있습니다. 그런데 철학적인 의미에서의 진리는 상당히 복잡한 학문적 체계를 지니고 있습니다. 아리스토텔레스, 소크라테스, 스피노자와 같은 철학자들은 평생에 걸쳐 진리를 탐구했습니다. 철학자들의 진리에 대한 철학적 사유의 결과물들이 전해져서 21세기를 살아가는 우리들도 책을 통해 알 수 있습니다.

예를 들면, 아리스토텔레스의 명언으로 알려져 있는 "잘 시작한 것은 이미 반을 끝낸 것과 마찬가지이다." 소크라테스의 "너 자신을 알라." 스피노자의 말이 아니라고도 하지만 널리 알려져 있는 "내일 지구가 멸망하더라도 나는 오늘 한 그루의 사과나무를 심겠다."와 같은 유명한 말들은 진리처럼 인구에 회자되고 있습니다.

철학적 의미에서의 진리는 알렉산더 대왕과 디오게네스의 일화에서도 찾을 수 있습니다. 알렉산더 대왕이 당대의 현인이라고 알려져 있는 디오게네스를 찾아가 원하는 것은 다 들어 주겠으니 말하라고 했습니다. 그때 디오게네스는 "대왕이 지금 햇빛을 가려서 추우니까 햇빛을 가리지만 말아 달라."라고 답했습니다. 디오게네스의 대답은 오늘을 살아가는 우리들의 삶에 큰 교훈을 줍니다. '어떻게 살아갈 것인가, 어떻게 자신의 욕망을 다스릴 것인가'에 대한 철학적 해답을 함축해서 제시하고 있습니다. 보통 사람이 갖는 생각을 뛰어넘어서 직관과 통찰과 깊은 사유에 의한 이념을 일반화시키는 것, 그러한 것을 철학적인 진리라고 볼 수 있겠습니다.

그렇다면 종교적인 진리는 무엇일까요? 종교적인 진리를 말하기 전에 철학과 종교가 어떻게 다른지에 대해 먼저 짚어봐야 할 것 같습니다. 철학과 종교를 구별 짓는 점은 무엇일까요?

철학은 머리로 알고 종교는 가슴으로 느낀다는 말도 일리가 있긴 합니다. 사전을 찾아본 것은 아닙니다만, 철학은 어떤 초월적인 존재나 현상을 인정하지 않는다는 것이 종교와 다른 큰 특징 중의 하나라고 할 수 있겠습니다.

철학은 인간이 신神 혹은 자연에서 벌어지는 신기한 현상에 이르기까지 초월적인 어떤 대상에 의지하는 것을 거부합니다. 다만 인간 자체에만 관심을 갖습니다. 인간의 삶을 범주로 잡고 깊이 사유하고 논리를 전개해 나갑니다. 철학은 폭넓은 연구와 깊은 사유를 통해서 얻어낸 학문체계이기 때문에 우리가 공감할 수 있는 부분이 많습니다. 만일 그렇지 않았다면 지금까지 철학이 인간의 사유방식에 깊게 자리 잡고, 어느 시대에나 공감하는 무리들이 생기면서 학파를 이루지 못했을 겁니다. 어찌 됐든 수천 년이 지난 지금까지 철학적인 진리는 계속해서 연구되고 있고, 인간의 사유체계 안으로 끊임없이 받아들여지고 있으므로 진리라고 말할 수 있을 것입니다.

그러나 여러 학파의 철학들을 자세히 들여다보면 기적이라든가 전생의 문제, 사후 세계 등의 민감한 논제들에 대해서는 관심을 갖지 않거나 명확한 해답을 내놓지도 않습니다. 철학은 기도와 기적, 초월적인 어떤 존재에 대한 확인 등에 대해서는 가능한 한 배제시키고 오직 인간의 문제, 실존의 문제, 존재의 문제만을 파고듭니다.

예를 들면 고대 인도철학의 어느 이론의 경우에는 세계의 기본 구성요소는 지수화풍地水火風 4대四大만이 상주하는 유일한 존재라고 하거나, 모든 것은 12가지의 구성요소로 이루어져 있다고 주장했습니다. 인간의 영혼도 그 구성요소 중의 하나라는 유물론을 주장하거나, 지수화풍 4대에, 고락苦樂·생명生命·영혼靈魂의 3가지를 더해 7요소로 이루어져 있다고 하는 등 다양한 주장을 내세우는 경우가 있었습니다.

## 잘못된 믿음, 사이비 종교에 빠진 이들이 물의를 일으키는 까닭

철학과는 달리 종교는 현실적으로 눈에 보이지 않는 전생과 내세를 주장하기도 하고 절대자, 창조자, 유일신 등 초월적인 것을 우위에 두고 있습니다. 인간의 논리로는 이해하지 못하는 종교적인 교리도 '만고불변의 진리'라고 주장하는 것이 또한 종교의 논리라고 할 수 있습니다.

사실 종교의 이런 점 때문에 많은 문제가 발생합니다. 철학에 미쳐서 잘못되었다는 사람은 매우 드뭅니다. 잘못된 견해를 가진 철학자의 사상을 좇아서 연구를 하느라고 가정이 붕괴되고, 사회를 망쳤다는 사람은 그리 많지 않습니다. 가끔 믿거나 말거나 같은 종류의 TV 프로그램을 보면 참으로 이해하기 힘든 가치관을 가지고 살아가는 사람들이 있습니다. 누가 뭐라고 하든지 그분들은 자기 일에 대한 철학적인 신념을 가지고 그러한 삶을 살아가는 것입니다. 자기 원칙이 있고, 자신의 신념에 따라 사는 것이니 본인 마음은 편하겠지요. 또한 비록 기이한 사람으로 보일지는 몰라도 사회 문제를 일으키지도 않고, 타인에게 피해를 주지도 않습니다. 문제를 일으키지 않는다는 것은 철학적인 개념의 사고에서 볼 때, 보통사람과는 조금 다른 생각과 행동을 하는 것에 불과할 뿐이라는 말입니다.

그런데 초월적인 것에 우위를 두는 종교는 철학과는 분명히 다른 양상을 보입니다. '이해하지 못하더라도 만고불변의 진리이므로 무조건 따라야 된다'고 하면서 '믿음'을 강조하기 때문입니다. 절대적인 믿음을 강조하는 종교에서는 "몰라도 우선 믿어라, 네가 모르는 것은 너의 무지無知 때문이다, 무조건 믿어야 복 받는다."라는 경향이 아주 강합니다. 철학에서는 이러한 믿음이 잘 통하지 않는데, 종교에 경도된 이들의 경우는 다릅니다. 사이비 종교에 빠진 이들이 사회적으로 물의를 크게 일으키거나 심지어 유일신교가 성전聖戰이라는 이름으로 전쟁을 일으키는 것도 맹목적인 믿음 때문입니다. 하지만 철학적인 사고에 집착해서 생긴 일들은 한 개인의 문제에 국한되는 경우가 많아서 큰 문제로까지 진행되지는 않습니다.

이러한 부분이 철학적인 진리와 종교적인 진리를 구별할 수 있는 지점이라 할 수 있습니다. 사이비 종교라 할지라도 당사자는 진리라고 굳게 믿고 있기 때문에 상식적으로 용납할 수 없는 큰 문제를 일으키는 것입니다. 그래서 저는 앞에서 말한 제법무아諸法無我야말로 진정으로 불교의 위대한 사상이라고 생각합니다.

종교는 삶 자체에 대해서뿐만 아니라 시간적인 개념에 있어서도 과거와 현재와 미래의 모든 부분에 걸쳐서 다룹니다. 실제로 어떤 종교든 내세관이 있습니다. 만일 내세관이 없다면 종교가 아니라고 할 수도 있을 것입니다. 그러므로 종교인가, 철학인가 분별할 때 내세관을 기준으로 볼 수도 있습니다. 그런데 특이하게도 사이비 종교일수록 내세를 강조합니다. 불교 안에서도 마찬가지입니다. 복을 많이 지어야 내세에 좋은 데 간다는 얘기를 강조하는 사람은 사이비일 가능성이 높습니다.

현세에 어떻게 복을 짓고 실천하는 것이 진정으로 복을 쌓는 것이고 내세에 올바르게 태어나는 길인가 하는 이치를 가르쳐 주어야 하는데, 극락에 태어나고 천상에 태어나려면 헌금을 많이 해서 복을 쌓아야 한다는 것만 강조한다면 일단 올바른 종교인의 자세는 아니라고 생각해도 됩니다. 이런 분들의 말이 아주 틀렸다고 할 수는 없지만, 이런 말을 주로 하는 종교인이라면 멀리하는 게 좋습니다.

가장 큰 공덕, 가장 큰 복 짓기는 공부하고 수행해서 다른 사람에게 나누어 주는 것입니다. 그것보다 더 큰 공덕, 더 큰 복 짓기는 없을 거예요. 우리가 자주 읽는 『금강경』에서도 부처님께서 수없이 강조하고 계십니다.

"항하강의 모래알같이 많은 세계를 칠보로 장엄을 한다 하더라도 이 경을 한 번 읽고 다른 사람으로 하여금 한 구절이라도 읽게 하는 공덕보다는 못하다."

그렇습니다. 이렇게 법보시 공덕을 쌓고 영원한 복을 짓게 해 줘야 하는데 물질만능시대인 오늘날의 현실은 그렇지 못한 게 사실입니다.

《 쥭비 소리 》

불멸 후 가장 빠르게 부처님의 가르침을 전하는 경집經集인 『숫타니파타』는 놀랍게도 인간학을 설한 사상이나 철학과 유사합니다. 살아 있는 지금 당장 '제대로' 살라는 가르침이 전부입니다. 2,600여 년이나 지난 현재 전해지는 불교는 인간학의 발전인지, 믿음을 강조하는 유신교적 신앙의 때를 탄 결과인지 생각해 볼 일입니다.


## 역사는 진리인가?

그렇다면 '역사歷史는 진리인가?'라는 질문을 받는다면 어떻게 답하시겠습니까? 국어사전적인 의미의 역사를 살펴보면, 대략 '①인류 사회의 발전과 관련된 의미 있는 과거 사실들에 대한 인식, ②어떤 일이나 현·사물이 진행되거나 존재해 온 과정이나 추이, ③자연 현상이 변하여 온 자취'라고 되어 있습니다. 그런데 역사는 결코 진리일 수 없습니다. 왜냐하면 누가 어떤 관점에서 기록했고, 받아들이느냐에 따라 달라지기 때문입니다. 권력, 힘에 의한 기록이 대부분인지라 역사 또한 변합니다. 당장 우리나라 근대사만 해도 진보와 보수

진영의 역사관이 판이해서 똑같은 인물과 사건을 가지고 전혀 다르게 집필해 놓았습니다.

그런데 역사를 마치 불변의 진리인 것처럼, 역사에서 배워야 한다는 말을 하는 사람들이 아주 많습니다. 하지만 제가 보기에 역사에서는 배울 게 없습니다. 역사는 그냥 사건의 반복일 뿐이기 때문입니다. 역사에서 배워야 하는 게 있다면 잘못된 일을 반복하지 않는 것이겠지요. 스스로 깊이 사유하게 되면 역사를 통하지 않고도, 굳이 역사 공부를 하지 않아도 자기 마음 안에 진리를 알고 밝힐 수 있는 이치가 다 들어 있습니다.

《 쥬비 소리 》
유럽의 도처에 있는 로마 시대의 원형경기장은 표현조차 힘든 가슴 아픈 장소였습니다. 그러나 지금은 오페라 등 공연극장으로 활용되고 있습니다. 공연을 즐기는 사람들에게 그 장소에 대한 비극적 역사를 '역사에 대한 반성'으로 각인시키는 것이 과연 역사를 바로 아는 첫걸음이라고 주장할 수 있을까요?

## 알아야 안심安心할 수 있다
– 불교의 진리

불교의 진리에 대해 언급하기 전에 불교의 목적에 대해 먼저 생각해 봅시다.

불교의 목적은 도대체 무엇일까요? 이런저런 말을 할 수 있겠지만 불교의 목적은 첫 번째도 두 번째도 성불成佛, 즉 부처를 이루는 것입니다. 이것은 너무 원대한 궁극적 목적인지라 현실적으로 가슴에 와 닿지 않을 수도 있습니다.

다음으로 우리가 보편적으로 얘기할 수 있는 불교의 목적은 무엇일까요? 불자님들이 절에 오는 가장 큰 이유 중의 하나를 생각해 보세요. 살아가면서 맞닥뜨리는 온갖 고통에서 벗어나고 싶어서 절에 오는 것 아닐까요? 대부분 참고 견디면서 살아가야 할 사바세계, 이 고해의 바다에서 벗어나 마음 편안히 살아가고 싶으실 겁니다. 이것이 바로 안심安心입니다. 다시 말해 불교의 목적은 '성불'과 '안심'으로 요약할 수 있습니다. 경전과 조사어록 등에도 이러한 내용이 자주 나옵니다.

> 달마達磨 스님을 찾아간 혜가慧可가 말했습니다.
> "스님, 제 마음이 몹시 불안하니 마음을 편하게 해 주십시오."
> "그래, 그럼 어디 네 마음을 가져오너라. 내가 편하게 해 주마."
> 망설이던 혜가가 말합니다.
> "아무리 마음을 찾아보아도 찾을 수가 없습니다."
> "설령 찾는다 하더라도 그것이 어찌 네 마음이겠느냐? 이제 내가 네 마음을 편안케 해 주었다. 알겠느냐?"
>
> – 『조당집祖堂集』

이 말끝에 혜가는 크게 깨달았다고 합니다.
조주 스님이 늘 하던 말씀도 있습니다.
"방하착放下著하라."

방하착, 무겁고 불안한 마음을 내려놓으라는 말씀입니다. 불교를 마음의 종교라고 하는데, 마음을 닦고, 편안하게 해 주는 가르침이기 때문입니다. 마음을 편안하게 하려면 어떤 형태로든 수행을 해야 합니다. 염불·기도·독경·참선 등의 수행을 통해서 이치를 알고 나면 편안한 마음, 안심이 될 수 있습니다.

이것이 어떤 원리인가 하면, 몰라서 고민이 됐었는데, 보면 사라진다는 말처럼 알면 해결이 되는 원리입니다. 몰라서 번뇌였던 것이 알면 번뇌가 사라진다고 했는데, 그렇다면 본래 번뇌라는 게 있는 것입니까, 없는 것입니까? 없는 것입니다. 제법무아諸法無我입니다.

살다보면 이런 일을 겪은 적이 있을 겁니다. 큰맘 먹고 물건을 하나 샀는데, 맘에 들지 않거나 고장이 났단 말입니다. '이걸 바꿔야 되는데 바꿔주지 않으면 어쩌나' 하고 잠을 못 이루고 걱정하는 경우가 있을 수 있습니다. 실제로 그런 일을 경험하신 분도 있으실 겁니다. 이러한 문제에 직면해서 한참 고민하다가 절차를 밟아서 요청하면 된다는 방법을 알게 됐을 때는 고민이 싹 사라져 버립니다. 그럴 때 우리는 번뇌의 실체가 없다는 걸 알아야 합니다.

모든 게 다 이렇습니다. 세상의 이치도 모르면 번뇌이고 알면 번뇌가 아닙니다. 세상을 살아가는 원리를 말씀하신 부처님의 가르침은 진리입니다. 부처님이 말씀하신 진리를 알면 번뇌에서 벗어나게 되고, 안심이 되고, 모르면 번뇌 속에서 헤매면서 고통 받는 것입니다. 저는 이것을 여러분 모두에게 알려주고 싶습니다. 여러분이 알게 되면 안심이 될 것이기 때문입니다. 마음이 편안해지는 것이 얼마나 좋고 큰 의미가 있는 것인지 잘 알아야 합니다.

우선 '안다'는 것에 대해 예를 들어서 설명을 해 드리겠습니다. 불교 교리를 배울 때 연기법緣起法, 인연법因緣法, 업業 등을 배울 것입니다. 이러한 불교 교리를 배우고 세상의 이치를 알게 되면 번뇌에서 벗어날 수가 있습니다.

경험담을 예를 들어 말씀드리겠습니다. 어떤 보살님이 업에 대한 고민거리를 가지고 저를 찾아왔습니다. 이 보살님 말씀이 어느 날 집에 도둑이 들었다고 합니다. 본인의 귀한 물건을 도둑맞았으니 얼마나 속상하겠습니까. 그런데 불현듯 불교대학에서 배운 업에 대한 개념이 떠오르면서 아깝고 속상했던 마음이 스르르 사라지고 마음이 평온해졌다고 합니다. '내가 전생에 저 사람한테 빌려왔는데 이제야 저 사람이 가져가서 갚게 되었구나'라고 생각하게 되자 마음이 아주 편해졌다는 겁니다.

다른 것도 마찬가지입니다. 만일 남편이나 자녀들이 무진장 속을 썩인다면, '이것도 내 업이다, 내가 전생에 이런저런 인연을 지었기 때문에 지금 이렇게 업을 받는 것이다'라고 생각하는 것이 정신건강에 훨씬 좋습니다. 물론 고통이 아주 없어지는 건 아니겠지요. 하지만 이혼을 해서 가정이 파괴된다거나 밤잠을 못 자서 정신과 치료를 받는다거나 하는 등의 큰 고통에서는 벗어날 수 있지 않겠습니까?

설명을 듣고 이해하는 것만으로는 안심이 제대로 되지 않습니다. 안심이 되려면 마음에 진정으로 받아들이고 진정으로 깨우쳐야 합니다. 지식으로만 알아서는 안 된다는 말입니다. 그야말로 체득體得해야 하기 때문에 불교가 어렵다고 하는 것입니다. 사실 절을 천 번 하고, 만 번 하는 건 어려운 게 아닙니다. 절을 천 배 하고 만 배 해서 안심이 될 수만 있다면 그처럼 쉬운 게 어디 있겠습니까. 불교 공부를 통해 이치는 알면서도 잘 안 되는 게 있습니다. 우리 모두 인간입니다. 태생적으로 가지게 될 수밖에 없는 본능과 욕망을 완전히 억누를 만큼 수행의 깊이가 다져지지 않았을 때 불안한 것입니다. 본능이나 욕망이 앞서니까 업인지 알면서도 받아들이기 힘들어 고통받는 것이지요.

눈이 밝은 사람은 업이 보입니다. 하지만 눈 어두운 사람들은 이게 당신의 업이라고 말해줘도 내 업이 아니라는 생각에 빠져 괴로워합니다. 업이 눈앞에 나타나도 바로 보지 못하는 것을 어리석음[痴]이라고 합니다. 가장 안타까운 부분이 이런 경우입니다. 성불成佛은 그만두고 안심安心이라도 하려면 이치를 잘 알아야 됩니다. 모르기 때문에 번뇌 망상에 시달려 고통 받는 것입니다. 알면 번뇌에서 벗어날 수 있습니다.

《 죽비 소리 》

이런 안심 방법을 방편이라고 합니다. 방편은 보살의 경지에서 중생 구제를 위해 마련하는 악의 없는 방법으로 '선교방편善巧方便'이라는 깊은 의미가 있습니다.

그러나 현재 한국불교는 불자들에게 의미 없는 기복을 조장하는 일을 방편이라는 명목으로 포장하고 있습니다. 안심을 잘했던 사람도 절에 다니면서 오히려 가리는 게 많아지고, 절 행사에 동참하지 않았을 때 공연히 불안해한다면 전적으로 승가의 책임입니다.

●

# 불교, 삶의 나침반

○

## 일체의 괴로움을 건너서 성불에 이르기까지
### – 불교의 목적과 삼귀의三歸依

모든 종교가 다 그렇지만 불교를 제대로 믿으려면 불교의 속성이 무엇인지 잘 알아야 합니다. 여러분들이 지금 불교를 믿고, 불교 공부를 해야겠다고 생각하고 있다면 어떤 마음으로 시작해야 하는가, '부처님[佛]'의 실체는 무엇인지 먼저 생각해야 된다는 말입니다.

또 하나 분명한 것은 불교라는 종교 안에서 인간은 어느 위치에 있는가, 또 인간의 속성은 무엇인지 알고 있다는 전제가 되어야 합니다. 그렇지 않으면 아무리 불교 지식을 쌓아도 임자를 만나면 결국 수준이 드러나게 됩니다.

그러나 지금 우리 불교계 풍토에서 임자를 만난다는 게 그리 쉬운 일은 아닐 것입니다. 잘못 생각하고 잘못 믿어 왔던 대로 말하고 행동하더라도 누군가 옆에서 바로잡아줄 사람이 별반 없는 것 같습니다. 평생을 그렇게 믿고 생각해 왔다 하더라도 단 한순간에, 한 생각이 잘못되면 다 허물어질 수도 있다는 것을 알아야 합니다. 이것은 곧 평생을 잘못 믿어 왔더라도 한 생각을 바로 세우면 찰나에 바로잡힐 수도 있다는 걸 뜻하기도 합니다.

저는 오랜 시간 동안 불교에 대해 이런 생각 저런 생각을 하고, 이런 글 저런 글들을 올리면서 세존사이트를 운영해 오고 있습니다. 제가 거기에 성철 스님이 하신 말씀, '산은 산이요 물은 물이로다'를 논쟁에 부쳐 놓은 적이 있습니다.

'산은 산, 물은 물'이라는 말, 많이 들으셨을 것입니다. 성철 스님이 조계종정에 취임하실 때 하신 말씀인데, 이 말씀 한마디 때문에 야단법석이 났었지요. 성철 스님이 말씀하셨지만, 이 말씀은 선가禪家에서 내려오는 화두입니다. 이 말을 아는 분들은 이 말이 무슨 뜻인지 한번쯤은 곰곰이 생각해 보았을 것입니다. 안다고도 할 수 없고 모른다고도 할 수 없는 말씀이지만 성철 스님이 하신 말씀이니까 깊은 의미가 있을 것이라고 미루어 짐작하셨을 지도 모르겠습니다. 이 말은 원래 3단계로 보셔야 합니다.

1단계는 '산은 산이요, 물은 물이다.'
2단계는 '산은 산이 아니고, 물은 물이 아니다.'
3단계는 그래도 역시 '산은 산이고, 물은 물이다.'

이것을 다 설명해 줘야 올바르게 이해할 수 있을 것입니다. 불교

수행은 직접 경험해 봐야 알 수 있습니다. 정신적인 경험을 해 보지 않고서는 뭐라고 말할 수 없지요. 천 배를 하는 것도 해 봐야 알 수 있고, 기도를 해 봐야 그 기도가 어떤 힘을 가지고 있는지 알 수 있습니다. 그러니까 현실에서 인식의 세계든, 정신적으로 추구하는 깨달음의 세계든, 불교에서 말하는 세계는 다 먼저 경험한 이의 말에 의존할 수밖에 없습니다. 그 최고의 경험자가 부처님입니다. 고따마 싯다르타라는 인간이 태어나서 수행하는 모습을 보여주고 진리를 깨달아서 부처님이 되었습니다.

석가모니 부처님의 가르침에 의하면, 인간은 누구라도 성불할 수 있다고 합니다. 고따마 싯다르타가 석가모니 부처님이 되었듯이 우리 중생들 모두 각각 부처를 이룰 수 있다는 확신을 심어준 분이 석가모니 부처님입니다. 그것은 분명한 역사적 사실입니다. 그리고 그것을 확인시켜 주려고 많은 노력을 기울인 분들이 이른바 조사스님들입니다. 부처님께서 말씀하신 수행 방법에 따라서 조사스님들이 공부를 하면서 먼저 경험한 내용을 모아 놓은 것이 각각의 조사어록들입니다.

그럼 다시 '산은 산, 물은 물'로 돌아가서 보겠습니다. 3단계로 나눌 때 첫 번째 단계인 '산은 산이요 물은 물'이라는 것은 우리 사유의 일반적 단계를 뜻합니다. 범부중생의 눈에 보이는 세상, 즉 상식적인 인식세계를 말하는 것입니다. 그런데 만약 똑 같은 양의 흙이라도 세로로 높이 쌓여 있지 않고 넓게 퍼져 있다면 산이라고 부르지 않습니다. 물도 수증기도 있고 습기도 있고 얼음도 있으니 산과 마찬가지겠지요.

범부의 눈을 떠나 이치를 조금 알고 보면 세상에서 말로 이름 붙이는 것은 세상 사람들이 편의상 분류를 위해서 이름을 붙였을 뿐이지 실지로 그것의 모습이 아니라는 것을 알게 됩니다. 어찌 됐든 우리 관념상 어느 정도 높이가 있고 흙이 있고 나무가 있을 때 산이라고 합니다. 나지막하면 언덕이라고 하지 산이라고 하지 않습니다. 다시 말해 산이라는 것은 하나의 기호이자 부호로서 붙여 놓은 이름에 불과하다는 것입니다. 분명히 세속에 물들어 있는 수행이나 의식의 전환을 거치지 않은 그냥 그러한 상태를 '산은 산, 물은 물'이라는 단계라고 볼 수 있는 겁니다. 영화로 말하자면 매트릭스의 세계, 허구의 세계라고 볼 수 있지요.

좀 쉽게 예를 들자면, 제가 성격이 까다로워서 "우리 용화사에서는 여자 신도들한테 보살이라는 명칭을 쓰지 않습니다. 보살은 본래 수행을 올바르게 해 나가는 사람이나 이미 수행을 어느 정도 이룬 이를 남자·여자 구별 없이 부르는 개념입니다. 그렇기 때문에 본래의 보살의 개념을 추구하고자 신도들한테는 앞으로 보살님이라는 명칭을 붙이지 않고, 그 대신 청신녀라고 하겠습니다. '아무개 청신녀님 오셨습니까?'라고 하지 '아무개 보살님 오셨습니까?'라고는 하지 않겠습니다."라고 선언하고 그대로 실행한다고 가정을 해 보세요.

처음에는 좀 어색하겠지만 나중에는 전혀 이상하지 않겠지요. 직급은 같은데 어느 회사에서는 계장이라고 부르고 어느 회사에서는 대리라고 부르기도 하잖아요. 그 단계가 '산은 산이요, 물은 물'이라는 아주 초보적인 단계라는 것입니다.

이제 조금 공부를 해서 그 이치를 알게 됐다고 칩시다. 그러면 우리가 산이라고 이름을 붙이고 물이라고 이름을 붙였을 뿐이지 실은 산은 산이 아니고 물은 물이 아니라는 것을 알게 됩니다. 그렇다면 산은 산이 아니고 물은 물이 아니라고 인식하는 단계는 불교의 관점에서 말하자면 어느 단계를 말하는 것이겠습니까? 어디까지가 불법을 이해한 단계에서 산은 산이 아니고 물은 물이 아니라고 말하는 것인가가 매우 중요합니다. 이것이 왜 중요한가 하면 그 마음에 물은 물이 아니라는 단계가 어디의 단계인가가 나타나기 때문입니다.

예를 들어, 이 건물이 1층부터 10층이라고 가정을 한다면 산은 산이고 물은 물인 단계는 5층 높이쯤 되고, 최종 단계를 6의 단계로 보면 이 단계는 3층 단계까지밖에 안 되는 것이겠지요? 이 총 단계에서 이 단계가 과연 어느 단계냐 했을 때 역시 산은 산이고 물은 물이라는 단계는, 최종적인 단계를 어느 단계로 상정하는가에 따라서 중간 단계도 달라지는 것입니다. 어느 단계를 중간 단계로 할까요? 아니면 마지막 단계는 어느 단계까지 상정해야 될까요? 저는 성철 스님이 어떤 수준으로 말을 했는지는 모릅니다.

여기서 이 말을 만들어낸 조사스님들의 의견도 묵살하고 제 견해를 말씀드려 보겠습니다.

마지막 3단계인 그래도 역시 "산은 산이고 물은 물이로다."라는 단계를 수행에서 어느 단계까지의 수행으로 봐줘야 될까요?

결국은 공空에 대한 이야기가 나와야 될 것 같습니다. 공을 체득體得한다는 말이 있습니다. 체득의 기준을 어디에 둘까요? 해공제일解空第一 수보리 정도는 되어야 공에 대해서 완전히 체득을 했다고 할 수 있을 겁니다. 공을 체득하면 어떠한 힘이 생겨나야 하는가 하면 육신이 물질을 투과할 수 있어야 합니다. 왜냐하면 이理와 사事가 공하고, 마음과 물질이 공하고, 나도 너도 공한 것을 체득했다면 뭐가 걸릴 게 있겠습니까? 벽에 머리를 갖다 대도 부딪치질 않고 뚫고 나가야 될 것 아니겠어요.

부처님 제자 중에 공부의 경지로는 최고라고 할 수 없는 목건련도 허공에 붕 떠서 앉아 있는 재주를 부릴 정도의 신통력은 있었다고 합니다. 목건련이 신통력을 부리는 것을 보고 부처님께서 쓸데없는 짓을 한다고 나무랐습니다. 하지만 목건련처럼 불교 공부를 하면 육신통을 자유자재로 부릴 수 있다는 게 사실입니다. 여러 국토에 각각 몸을 나타내서 여기서도 설법하고 저기서도 설법하는 것이 가능하다고 합니다. 천백억 화신 석가모니불이라는 말처럼 그럴 능력이 생긴다는 겁니다.

'공'에 대해서 체득하면 분명히 그렇게 되어야 이치가 맞는 것입니다. 만일 그렇지 않다면 공을 모르는 것이라고 할 수 있습니다. 실지로 수행을 하다 보면 숙명통宿命通, 천이통天耳通, 천안통天眼通 같은 능력이 생깁니다. 그러나 공을 이해한다는 게 성불을 뜻하는 것은 아닙니다. 문제는 우리나라 불교는 공을 체득하는 것을 마치 성불하는 것으로 생각하는 데 있습니다. 물론 공을 체득하는 것도 어려운 일입니다.

『반야심경』에도 "5온이 다 공한 것을 비추어 보고 모든 괴로움을 건너느니라[照見五蘊皆空 度一切苦厄]."라고 되어 있지 성불이라고는 하지 않았습니다. 세상의 고통을 잠시 벗어나는 수준이지 성불의 수준은 아니라고 봅니다. 관세음보살도 성불의 수준은 아니라는 말입니다. 세상의 이치가 공하다는 것을 알게 되었으니 세상의 시름을 잊는 수준이지요.

그렇다면 공空과 공의 체득이 성불이 아니라는 근거는 어디 있겠습니까? 공에는 원력願力, 서원誓願이 들어 있지 않습니다. 공의 체득은 자기 수행이지 중생을 구제하고자 하는 마음이 들어 있질 않아요. 즉 이치적으로는 깨달음에 가까울지 모르지만 중생을 위한 대자비심大慈悲心에는 아직 부족하다는 것입니다. 결국 공에 대한 이해만 가지고는 중생을 구제하고자 하는 그 마음이 일어날 수 없다는 것이지요. 실지로『금강경』에도 내 몸이 가루가 되도록 중생을 구제하겠다는 대원력大願力은 보이지 않습니다. 공空사상에 중생 구제의 원력이 없다는 점이 바로 공의 한계입니다.

제가 공의 한계라고 말했지만, 사실은 공의 체득도 엄청난 수행의 경지에 오른 것입니다. 다만 성불은 엄청난 우주적인 사건이기 때문에 말로는 표현할 수가 없는 것입니다. 그러니까 공을 체득한 사람이 수승하고 우월하다 하더라도 성불의 경지에서 보면 '자리행自利行' 정도라고 할 수 있습니다. 즉, 자기공부[自利]는 완성했을지라도 어떻게 회향[利他]해야 하는지에 대해서는 아직 모르는 상태라는 겁니다.

가만히 듣고 보니 그런 것 같지 않나요? 공을 말할 때, 공의 마음에서 다른 중생을 위하는 마음이 나온다는 내용은 없잖아요.『반야심경』은 고통에서 벗어나려면 공한 이치를 제대로 알라고 했지 중생을 위한 보살의 헌신과 성불의 유예猶豫와 같은 것을 말하고 있지는 않습니다. 그것은 오직『화엄경』「십지품」에 있는데, 여기를 봐야 보살의 단계를 알고 부처님의 경지를 알 수 있는 것입니다. 거듭 말씀드리지만, '공空'과 '공의 체득'이 곧 부처님의 깨달음의 경지가 아니라는 것은 명확합니다.

대한민국 불교의 한계는 이것뿐만 아닙니다. 마치 깨달음이란 실체가 없는 것처럼 말하기도 합니다. 그런데 만일 그렇다면 역사적인 석가모니 부처님은 어찌 됩니까? 그것은 대한민국 불교의 한계에서 초래된 오류입니다. 그래서 결론을 내자면, 저는 '산은 산이 아니고 물은 물이 아니다'라는 단계는 '고苦'의 경지이고 '산은 산이고 물은 물이다'라는 단계는 성불成佛의 경지라고 해석하고 있습니다.

한편 이런 생각을 해 봅니다. 성불의 경지에서 보면, 우리 중생은 어떤 종교적인 믿음도 없고 종교적인 행동도 하지 않고 가만히 있어도 언젠가는 다 구제를 받습니다. 왜 그렇겠어요? 보살들의 서원 덕분에 그렇습니다. 부모는 자식이 모자라면 자생 능력이 생길 때까지 잘 돌봐줍니다. 그러한 부모의 역할을 보살들이 하기 때문에 가능한 것이라고 봅니다. 그건 다음 생에도 마찬가지고 세세생생 지속되는 것입니다. '언젠가는 나도 보살의 서원 덕분에 구원을 받는다, 내가 잘나서가 아니라 보살들의 서원이 중생 구제이기 때문에 구원을 받는다'는 것을 확신하셔도 된다고 봅니다.

예를 들면 극락이 있습니다. 법장비구가 48가지 원을 세워서 그것이 실현된 세계가 극락세계인데, 극락세계는 실제로 존재하는 세계입니다. 그리고 극락이라는 곳이 왜 중요한가 하면 극락에 가면 성불이 보장되기 때문입니다. 법장비구가 원을 세울 때 그렇게 해 놨습니다. 그래서 극락에 가면 성불이 보장이 되는 것입니다. 이 점이야말로 우리가 극락세계를 중요하게 여기는 까닭입니다. 지금까지 '공'의 개념과 성불의 개념은 분명히 다르고, 그것은 원력의 차이 때문이라는 것을 확인했습니다.

그런데 수행의 장애 가운데 가장 무서운 것이 낙공落空의 장애입니다. 공을 체득하고 보니 모든 것이 공해 보여서 허망하게 느낀 나머지 스스로 목숨을 버리는 지경까지 가기도 합니다. 그게 다른 사람한텐 대단해 보이기도 한 모양입니다만, 공부에선 커다란 장애障礙이고 마구니입니다.

부처님이 볼 때는, 처음에 범부중생들이 보는 '산은 산이요, 물은 물이다'라고 볼 때와 다시 깨달음을 얻고 완전히 부처님의 마음으로 돌아와서 볼 때도 역시 중생은 중생입니다. 실은 변한 게 하나도 없습니다. 그러나 내재되어 있는 기운은 우주가 성주괴공成住壞空을 하고 난 뒤 다시 성주괴공을 한 것과 같을 정도로 다릅니다.

제가 이론적으로 어떤 생각을 해 봤는가 하면 아인슈타인의 상대성 이론에 의하면 빛도 시공간에 의해서, 중력에 의해서 휘게 되어 있습니다. 다 아시는 사실처럼 빛이 직진만 하는 것은 아니거든요. 그런 이치로 본다면 내가 가만히 있어도 내 뒤통수를 보는 일이 가능해집니다. 언젠가는 내 뒤에 있는 빛이 휘어서 우주를 돌아 결국엔 내 눈앞에 나타날 거 아니겠습니까? 우주를 거쳐서 돌아오는 시간이 많이 걸리겠지만요. 빛이 직진만 한다면 못 볼 텐데 휘기 때문에 볼 수 있는 것입니다. 빛이 많이 휘면 원이 크지 않으니까 바로 볼 수 있고 약간만 휜다면 무한대로 가서 오랜 시간 후에 내 눈앞에 나타날지도 모르지요. 이론적으로만 보면 언젠가는 내 뒤통수가 내 눈앞에 나타난다는 사실은 분명합니다. 내 생전에는 내가 볼 수 없지만, 사람이 숫자로 상상할 수 없는 시간이 지나서 분명히 올 때가 있을 것입니다. 확률로 보면 제로이지만 그게 안목의 차이라는 것입니다. 그 정도 안목으로 내가 내 앞의 것을 볼 때 앞에 있는 모습을 그냥 보는 것과 내 뒤통수에 있는 빛이 한 바퀴 돌아와서 내 눈앞에 나타날 수 있는 그러한 정도의 사고의 전환이 바로 선가에서 말하는 '회광반조廻光返照'입니다. 깨우쳐서 본래 제자리로 돌아왔을 때를 '회광반조한다'고 합니다.

그러니까 '산은 산, 물은 물'이라는 것을 처음에는 범부의 눈으로 봤다가 공의 이치로 보면 '저 산은 산이요'라고 말한다면 그건 뭘 모르고 하는 말입니다. 저 산은 모양을 보고 헛것으로 이름 붙여 놓은 것이라서 들판도 될 수 있고, 언덕도 될 수 있으니 하나는 알고 둘은 모른다는 것은 공의 이치를 안다는 것입니다. 알기 때문에 산은 산이 아니고 물은 물이 아니라고 하는 것이지요.

그런데 회광반조해서 다시 그 자리로 와서 보면 산을 산이 아니라고 하면 도대체 뭐라고 해야 되겠습니까? 이것만 제대로 이해해서 응용하실 수 있다면 불교적으로 새로운 시각을 열 수 있을 거라고 생각합니다. 제가 왜 이런 말씀을 드리는가 하면, 불교를 제대로 보고 제대로 믿자는 게 결국 불교의 목적과 삼귀의라는 생각이 들었기 때문입니다.

《 죽비 소리 》

기복 신앙을 하더라도 '지금은 근기가 부족해 수행의 경지를 이루지 못하더라도 불교의 목적이 무엇인가는 늘 마음에 담아두어야 한다'는 정도로만 이해해 주셔도 만족스럽습니다.

법회의식을 할 때 반드시 불·법·승 3보三寶에 귀의한다는 3귀의례를 합니다. 3보란 불교의 세 가지 보물을 뜻합니다. 그리고 3귀의三歸依의 대상이기도 합니다.

첫 번째, 불보佛寶는 불교의 교조敎祖 및 교주敎主로서의 부처님(佛, buddha)을 말하고,

두 번째, 법보法寶는 부처님의 가르침인 교법敎法(法, dharma)을 말하고,

세 번째, 승보僧寶는 부처님의 가르침을 따르는 교단敎團(僧, sangha)을 의미합니다.


거룩한 부처님께 귀의합니다.

거룩한 부처님 법에 귀의합니다.

거룩한 부처님의 승단에 귀의합니다.


귀의불 양족존 歸依佛 兩足尊

귀의법 이욕존 歸依法 離欲尊

귀의승 중중존 歸依僧 衆中尊


원효元曉(617~?) 대사는 『대승기신론소大乘起信論疏』에서 3귀의를 귀명삼보歸命三寶로 설명하였고, 고려의 나옹懶翁(1320~1376) 스님은 귀의를 '허망을 버리고 진실을 가지는 것'이라고 정의하였습니다. 불교학자 고故 이기영 동국대 명예교수는 '귀명은 목숨을 돌이켜 의지함'이라고 했습니다. 3귀의란 목숨까지도 바치면서 부처님과 법과 승

단에 의지하는 거룩한 행위입니다.

　양족兩足은 복덕福德과 지혜를 모두 갖추었음을 뜻하는 말입니다. 부처님께서는 스스로 이룩하신 복덕으로 삼천대천세계를 장엄하시며, 일체 중생에게 이익을 주십니다. 그러나 정작 중생들은 그 사실을 모르니 이것이야말로 크나큰 무명無明입니다.

　여기서 승단이라고 하는 것은 부처님의 법을 따르는 집단을 말하는 것이므로 대개의 불자들이 '거룩한 스님들께 귀의합니다'라고 하는 것은 잘못된 것입니다. 보통 4부대중이라고 함은 비구·비구니·우바새·우바이를 말합니다. 부처님 당시에는 4부대중이 일체가 되어서 움직였습니다. 경전에는 대개 "비구 대중 1250인과 함께…"라고 되어 있지만 사부대중이 다 모여 승가 단체가 움직였을 것입니다.

　기원정사 등에서 부처님이 정식으로 법회를 하실 때는 왕과 신하들, 부처님의 10대 제자들, 장자들이 다 모였습니다. 특기할 만한 것은 이 당시에는 법회를 하게 되면 법주法主, 법을 주재하는 누군가가 꼭 있었다는 사실입니다. 법회 주관자가 자리를 마련하고 거기에 드는 일체 비용을 감당하는 방식으로 법석이 마련되었습니다. 법회 주관자의 초청을 받은 부처님께서 제자들을 이끌고 오셔서 설법을 통해 대중을 깨달음의 세계로 인도하셨습니다. 기원정사도 급고독給孤獨 장자가 기타祇陀 태자의 소유였던 정원을 사서 승단에 보시한 인연으로 만들어진 곳입니다.

　부처님 말씀 한마디만 듣고도 자기 일생이 바뀔 수가 있기 때문에 신도들이 모든 비용을 아낌없이 감당하면서 부처님을 초청해서 설법을 청했던 것이지요. 『금강경』에서 『금강경』 사구게 한 마디라도 듣고 남을 위해 설하는 공덕이 항하사만큼 많은 세계를 칠보로 장엄한 것보다도 크다고 한 것도 같은 맥락인 것입니다.

삼천대천세계의 갠지스 강의 모래알만큼 많은 세계를 칠보로 장엄을 하고 공덕을 쌓는다고 하더라도 그것은 물질이기 때문에 세월이 지나면 결국엔 허물어져 없어지게 됩니다. 수많은 절을 세우고 불법을 널리 전한 양무제가 달마 대사한테 "내 공덕이 얼마 되느냐?"고 물어 봤을 때 달마 대사가 '없다[無]'라고 대답한 이유도 같은 이치입니다.

『금강경』 한마디라도 듣고 발심해서 부처님께 귀의를 하고 불법을 공부하고자 마음을 일으킬 수 있다면 곧 성불할 수 있는 인[因]을 맺어주는 것입니다. 그것이 바로 한 부처님을 만드는 것과도 같은 작업입니다. 그렇다고 볼 때 어느 공덕이 더 크겠습니까?

《 죽비 소리 》
그렇기 때문에 승가의 타락에 불자들의 그릇된 보시관 즉, 불교를 믿는 목적을 상실한 것도 큰 이유가 됩니다. 수행 잘하는 스님보다 자기감정을 맞춰주는 스님을 우선시하는 것에 대해 이젠 냉정히 살필 필요가 있습니다.


# 다섯 요소로 이루어진 하나/ 5온五蘊

『화엄경』은 본래 이름이 대방광불화엄경인 데서도 알 수 있듯이 내용이 방대하고 그 뜻이 심오해서 스님들조차도 접근하기 힘든 경전이라고 할 수 있습니다. 그것과 비례해서 가장 뜻이 깊고 오묘한,

『화엄경』 자체가 하나의 큰 불교사전이요, 더 나아가 인류 정신문화 유산의 보고라고 할 수 있습니다.

『화엄경』 제20 「야마궁중게찬품」에 "모든 중생 세계는 다 3세三世 가운데 있고 3세의 중생들은 모두 5온五蘊 중에 있다"라는 내용이 있습니다. 이러한 내용을 축약해 놓은 게송을 살펴보겠습니다.

그때 역림 보살이 부처님의 위신력을 받들어 시방을 두루 관찰하고 게송으로 말하였다.

모든 중생 세계는
다 3세 가운데 있고
3세의 중생들은
모두 5온五蘊 중에 있나니

모든 온蘊은 업이 근본이요,
모든 업은 마음이 근본이니
마음이란 법 요술 같으매
세간도 그러하다네.

-중략-

3세와 5온 법을
말하여 세간이라 하고

저가 멸한 것을 세간 아니라 하니
이와 같이 이름만 빌렸을 뿐.

무엇을 여러 가지 온이라 하며
온은 무슨 성품이 있는가?
온의 성품 멸할 수 없으며
그래서 남이 없다[無生] 하네.

이 온을 분별하여 보면
그 성품 본래부터 공적하여
공적하므로 멸할 수 없어
이것이 남이 없다는 이치라네.

중생이 이미 이러하면
부처님도 역시 그러함이니
부처님과 부처님의 법이
그 성품 있는 것 아니네.

이런 모든 법이
진실하여 뒤바뀌지 않은 줄 알면
온갖 것을 알고 보는 이
그의 앞에 항상 나타나리.

지地·수水·화火·풍風 4대四大가 불교에서 세계를 구성하는 기본요소라고 규정한 것이라면, 5온五蘊은 인간이라는 한 개체를 구성하는 다섯 가지 요소라고 이해해도 무방합니다. 온蘊은 '쌓다', '모여서 이루다'라는 의미입니다. 5온은 구역舊譯에서는 5음五陰이라고도 합니다. 『반야심경』에서 여러 차례 반복되어 나오는 용어인 색色·수受·상想·행行·식識의 다섯 가지가 5온입니다.

첫 번째, 색온色蘊은 인간과 물질은 물론 법계를 구성하는 요소 중 물질을 말합니다.

두 번째, 수온受蘊은 바깥의 경계에 대한 느낌을 몸과 마음으로 인식시키도록 만들기 위한 '받아들임'의 작용을 말합니다. 덥다, 춥다, 좋다, 나쁘다 등의 감각과 감정이 모두 이 수受의 작용이 있기에 가능합니다. 이 수의 기능에 부분적으로 장애가 생기면 의학적으로 문제가 발생한 것이지요.

세 번째, 상온想蘊은 수의 기능을 통해 느끼는 것을 바탕으로 '어떤 것이다'라는 판단을 하는 것을 말합니다. 그 판단의 옳고 그름은 상온 자체의 책임은 아닙니다.

네 번째, 행온行蘊은 수·상을 거쳐 온 판단을 식識에서 최종 정리를 하고 판별을 하게끔 '유지'·'전달'하는 작용을 말합니다. 사실상의 집착은 이 단계에서 형성되기 시작한다고 볼 수 있습니다.

다섯 번째, 식온識蘊은 수·상·행을 거쳐 최종 인식단계까지 도달한 바깥 경계에 대한 정보들을 바탕으로 결론짓는 최종 단계의 의식을 말합니다. 여기서의 식 역시 옳고 그름을 정확히 판단해야 하는 기능과는 무관합니다. 여러분도 마음을 차분히 하고, 외부의 어떤 느낌이 색·수·상·행·식을 거치는 과정을 관찰해 보시면 생각보다 쉽게 5온을 구별하실 수 있습니다.

이 5온이 수행에 얼마나 결정적 영향을 미치는가는 경전에 잘 나타나 있습니다. 방대한 반야경의 핵심을 담은 경전인 『반야심경』의 시작이, "관자재보살이 5온이 공함을 관찰함으로써 일체의 고난에서 벗어난다[照見五蘊皆空 度一切苦厄]."라고 한 것만으로도 따로 강조할 필요가 없음을 증명해 주고 있습니다.

처음에는 5온이 인간의 구성요소로 이해되었으나 더 발전하여 현상세계現象世界 전체를 의미하는 말로 통용되었습니다. 감정·감각 또는 심상心像을 취해서 마음을 감수感受하는 작용, 인식認識하는 작용을 말한다고 간단히 정리해 볼 수도 있겠습니다.

《 죽비 소리 》

현장 역 『반야심경』은 '5온개공'을 밝히는 것으로 시작됩니다. 중간에는 잘 알려진 '색즉시공 공즉시색 수상행식 역부여시'라고 번역되었습니다. 실은 '식즉시공識卽是空 공즉시식空卽是識'까지 5온을 다 거론함을 생략하고 '역부여시'로 색 이외의 4가지인 수상행식이 공함은 생략한 것입니다. 이 별것 아닌 역자의 생략이 물질이 공하다는 인식만 강조가 되고, 실은 가장 중요한 식識이 공함이라는 불교의 핵심 가르침이 그늘 속에 있는 듯해 아쉬움을 지울 수 없습니다.


## 끝없이 이어진 업과 연기의 법칙
－ 화엄경에서의 업과 연기


업業이란 한 마디로 말하면 인과응보因果應報입니다. 즉 업과 인과응보는 아주 밀접한 관계가 있습니다. 자신이 처한 모든 상황은 인과응보로 이루어진 것, 원인原因이 있었기 때문에 생긴 결과라는 것이지요. 하지만 욕심과 편견, 선입견 때문에 본인이 초래한 결과임에도 그것을 인정하지 않습니다. 한마디로 자신이 지은 업의 과보果報를 알아보지 못하는 데서 고통과 불행이 시작된다는 겁니다.

많은 이들이 자신은 잘못한 게 없는데 고통스런 과보를 받는다고 생각하는 데 인과법因果法의 어려운 점이 있습니다. 모를 때는 억울하고 괴롭지만 인과법을 알고 지금 자신이 받는 고난이 자신의 어두운 과거를 청산하기 위한 절차라는 기특한 생각을 내면 꼬인 매듭이 간단히 풀립니다.

불교가 교리 공부와 더불어 수행을 강조하는 것은 그런 경지까지 자연스럽게 마음이 향하도록 하기 위해서입니다. 우리 불자들은 남의 잘못까지도 나의 업으로 받아들이는, 세상에 일어나는 모든 일이 나의 업이라고 생각하는 단계까지 가야 한다고 봅니다. 또 사실이 그렇습니다. 우리가 당장에 처한 어려움을 회피하고 싶은 것은 업과 업의 과보에 대한 개념이 없기 때문입니다.

불교의 가르침에는 진제법眞諦法과 속제법俗諦法이 있는데, 이 속제법으로 얘기해 보겠습니다. 새옹지마塞翁之馬라는 사자성어의 유래에 대해 잘 아시겠지만 이해를 돕기 위해 말씀드리겠습니다.


중국 변방에 새옹塞翁이라는 노인이 말을 키우며 살고 있었습니다. 어느 날 그 노인이 기르던 말이 오랑캐가 사는 쪽으로 도망을 가버렸습니다. 마을 사람들이 위로를 하니까 노인은 조금도 서운한 기색이 없이 "이 일이 오히려 복이 될지 누가 알겠소."라고 말합니다.

얼마 후 도망간 말이 암말 한 마리를 데리고 노인의 집으로 돌아오자 마을 사람들이 모두 기뻐하며 축하를 해 줍니다. 이번에도 또 노인은 "이 일이 화가 될지 누가 알겠소."라고 합니다. 그 후 노인의 아들이 그 말을 타다가 떨어져 다리가 부러졌습니다. 마을 사람들은 또 노인을 위로해 줍니다. 이번에도 노인은 태연하게 "이 일이 복이 될지 누가 알겠느냐?"라고 말합니다. 그리고 1년 뒤 전쟁이 나서 마을의 젊은이들은 모두 전쟁터에 끌려가서 목숨을 잃었지만 노인의 아들은 부러진 다리 덕분에 전쟁터에 끌려가지 않아 목숨을 건졌습니다. 이것이 새옹지마塞翁之馬의 고사古事입니다.

지금 나타나고 있는 결과가 나한테 득이 될지 손해가 될지는 아무도 모르는 일입니다. 또 이 일이 인因인지, 과果인지도 알 수 없는 것입니다. 오히려 『화엄경』에서는 인因이 곧 연緣이고 연緣이 곧 과果이고 과果가 곧 인因이고 인因이 곧 연緣이고 연緣이 곧 과果이고 과果가 곧 인因이고… 끝없이 이어지는 일이라 구분할 수가 없다고 합니다. 인因과 연緣과 과果가 중중무진重重無盡 연기로 연결이 되어 있다는 것이지요.

마치 사과라는 하나의 결과結果가 과果인 것 같지만, 그것은 또 하나의 씨앗이라는 인을 가지고 있습니다. 이때 사과는 과果이지만 인因도 됩니다. 인이 되지만, 그것이 동물의 먹이가 된다면 또 연緣이 되는 것입니다.

다른 예를 들어본다면, 만일 부부싸움을 하다가 사과로 자기 아내를 때린다거나 해서 눈두덩이 붓게 되면 사과는 인이 되고, 눈두덩이 부은 것은 과가 됩니다. 또 눈두덩이 부어서 병원에 가게 되면 눈두덩이 부은 것은 인囚이 되고 병원에 간 것이 과果가 되는 것입니다. 이런 이유로 병원에 갔는데, 눈두덩이 부은 여자가 의사와 눈이 맞아서 바람을 피우게 되었다고 하면 인과 연과 과가 또 달라지겠지요. 이렇게 중중무진으로 이어진다는 말입니다.

거꾸로 생각해 보면, 딱딱한 사과가 아니라 부드러운 헝겊 인형 같은 걸 던졌으면 병원엘 안 갔을 텐데, 다른 병원엘 갔으면 그런 일이 안 벌어졌을 텐데, 애초에 싸움을 안 벌였으면 그런 일이 안 생겼을 텐데, 하고 생각해 볼 수도 있겠지요.

또 하나 예를 들어보자면, 축구를 할 때 골대가 있습니다. 상대방의 골에 공을 넣는 화면을 거꾸로 감으면서 연관을 시켜봅시다. 공을 넣다가 실수하는 선수도 있고, 잘해서 팀을 승리로 이끄는 선수도 있습니다. 그런데 애초에 시작할 때에 골을 넣은 선수한테 패스를 하지 않고 골을 넣지 못한 선수에게 패스했다고 한다면 그 경기 내용이 완전히 달라질 수도 있겠지요.

현실에서 그럴 일은 없겠지만, 예를 들어 골을 넣지 못한 선수는 축구화를 숙소에 놔두고 오는 바람에 다른 선수의 낡은 신발을 신고 시합을 하다가 제대로 실력 발휘를 못했다고 칩시다. 그런데 그 선수가 미리 자기 신발을 못 챙긴 이유가 친구의 전화를 받느라고 깜빡해서 못 챙겼다고 칩시다. 또 선수에게 전화를 한 친구는 기분 나쁜 일이 생겨서 그 일 때문에 속상함을 토로하려고 전화를 한 거라고 본다면… 어떻습니까? 우리의 인생살이에 그렇게나 많은 변수가 있을 수 있다는 겁니다. 우리의 삶 전부가 앞에서 예를 든 선수의 경우처럼 다 이어져 있습니다.

업業은 우리가 여러 방법으로 접근을 해 보고 있지만, 결론적으로 우리들의 일상생활, 행주좌와行住坐臥 어묵동정語默動靜으로 인해 나타나는 유형무형의 결과라고 볼 수 있겠습니다.

『화엄경』에서 말한 것처럼 끝없이 이어진 중중무진연기重重無盡緣起이기 때문에 서로 걸리지 않는 것이 없어요. 서로가 네 책임이냐, 내 책임이냐 미룰 게 없다는 겁니다. 우주 자체가 하나의 큰 그물처럼 나와 우주가 통합체이고 나와 물질이 통합체입니다. 이무애理無碍, 사무애事無碍, 이사무애理事無碍에서 사사무애事事無碍까지 궁극적으로는 모든 것이 서로 걸림이 없이 연결되어서 각각의 그물코가 되어 있습니다. 이 방안에 있는 것은 물론이거니와, 우리가 전혀 알지 못하는 저 머나먼 우주의 티끌 하나도 나와 연관이 있다고 하는 것이 『화엄경』에 있는 중중무진연기이며, 인드라의 그물입니다.

실제로 "북경에서 나비가 날갯짓을 한 번 하면 뉴욕에서는 폭풍우가 몰아친다."고 합니다. 나비효과로 잘 알려진 이 현상은 아주 작은 것이 궁극적으로 엄청난 결과를 초래할 수도 있다는 것을 과학적으로 증명해 보여주고 있습니다. 부모로부터 물려받는 유전자에 의한 불가항력적 조건 또한 인과를 설명하는 좋은 예가 될 수 있습니다. 과학의 발달이 2600년 전에 말씀하신 부처님의 연기법에 대해 체득할 수 있는 길을 열어주기도 하니 과학의 순기능적 측면에 찬탄하지 않을 수 없습니다.

이와 같이 과학의 발달을 통해 연기법에 대해 조금씩 알아가듯이 업에 대해서도 조만간 잘 알게 될 것입니다. 업의 이치에 대해 아주

세밀하게는 모를지라도 불자라면 업을 두려워하고 선업을 짓고 악업을 그치기 위해 노력해야 합니다.

《 죽비 소리 》
인과가 단순한 한 가지 대 한 가지라는 식의 설명은 정말 잘못된 것입니다. 당장 내가 당하는 좋거나 나쁜 일들이 전생의 과보라는 인식을 강요하는 스님들을 보면 그 의도가 무엇인지 참 답답합니다.


## 업마저도 공하다

불교는 업의 실체가 있다고 인정하지는 않습니다. 업조차도 공하고 무상할 수밖에 없다고 강조합니다. 불교의 세 가지 근본 교의[3법인: 제행무상, 제법무아, 열반적정] 중의 하나인 제행무상의 의미를 잘 알아야 합니다. 무상하다고 하면, '헛되다, 덧없다'는 느낌을 먼저 떠올리는 분들이 많은 것 같은데, 무상은 "모든 현상은 계속하여 나고 없어지고 변하여 그대로인 것이 없음"을 뜻합니다. 기쁘고 좋은 것도 무상하고, 괴롭고 나쁜 것도 무상하므로 메뚜기 뛰듯이 조금 좋은 일이 있다고 팔딱거리지 말고 조금 기분 나쁜 일이 있다고 풀이 죽지도 말라는 겁니다. 또 돈이 있다고 남을 우습게 여기지도 말고 일이 안 풀린다고 해서 기 죽어서 다니지도 말라고 합니다. 그 모든 것이 다 무상하기 때문에 언제 그와 반대 상황이 될지 알 수 없다는 것을 미리 알아두자는 것입니다.

이치를 모르니까 불안한 것이지 이러한 이치를 알면 안심이 됩니다. 불교의 가르침이 바로 그것입니다. 이것은 부처님이 만든 법이 아니라 부처님이 있든 없든 본래부터 있는 법입니다. '불법佛法'이라고 이름을 붙이면 이것 이외의 것은 불법이 아닌 게 되잖아요. 꼭 '불교佛教'라고 이름을 붙여야 불법인가요? 틀 안에 몰아넣게 되면 오히려 좁아집니다. 그것도 하나의 집착이 되기 때문입니다. 그래서 『금강경』에서 "나는 한마디도 설한 바가 없고 한 중생도 구제한 바가 없다."고 한 것입니다. 이와 같은 부정 아닌 부정을 빌어 『금강경』 자체를 초월적인 믿음의 단계로 승화시킬 뿐만 아니라 부처님의 진심이 담긴 반야 지혜의 가르침을 강조하고 있는 말씀이라고 봅니다.

불교를 불교라고 이름을 지으면 그건 이미 불교가 아니라고 얘기했습니다. 세간과 출세간이 따로 없고 불법과 비불법이 따로 없다는 뜻입니다. 그러한 분별심을 가지지 않아야 된다는 것이지요. 이름, 명색名色 또는 명상名相에 집착해서는 안 된다는 말입니다.


3세와 5온 법을
말하여 세간이라 하고
저가 멸한 것을 세간 아니라 하니
이와 같이 이름만 빌렸을 뿐.

무엇을 여러 가지 온이라 하며
온은 무슨 성품이 있는가?
온의 성품 멸할 수 없으며
그래서 남이 없다〔無生〕 하네.

이 온을 분별하여 보면
그 성품 본래부터 공적하여
공적하므로 멸할 수 없어
이것이 남이 없다는 이치라네.

『화엄경』에 나와 있는 내용을 잘 살펴보세요. 업이 본래 실체가 있습니까, 없습니까? "성품이 본래 공적하여 공적하므로 멸할 수 없어 이것이 남이 없다는 이치"라는 말을 새겨 보십시오. 이 말은 본래 번뇌라는 게 잘 모르기 때문에 번뇌가 됐는데 알고 나니까 번뇌가 없어진다는 말과 상통합니다.

또 우리가 고통을 당하는 것은 색·수·상·행·식이라는, 감각기관으로 받아들이는 보고 느껴지는 것으로 말미암아 괴로워하는 것이라는 말입니다. 그런데 이 색·수·상·행·식이라는 5온의 근본이 실은 공적한 것임을 알게 되면 달라집니다. 괴로움에서 벗어날 수 있습니다. 다시 말해 저 느끼고 받아들이고 하는 5온의 집합체인 내가, 받아들이고 하는 자체가 본래 무아無我이고 공이라는 것을 알면, 멸할 수도 없고 생길 수도 없는 그러한 경계에 들어가 있다는 것을 아는 것 아니겠습니까? 본래에 있었던 것도 아니니 따로 없어지지 않는다는 것도 알게 됩니다.

이 5온의 작용에 의해서 집착으로 만들어 놓은 허상이기 때문에 이치를 알게 되면 없어지는 것일 뿐입니다. 허공에 구름이 흩어지듯이 없어져 버리는 것이라는 말입니다. 모르니까 여전히 있는 것이 되는 이치를 이젠 아시겠습니까? 업과 과보도 마찬가지입니다. 마음에 집착을 갖게 되므로 업이 생기는 것이지, 마음에 집착을 갖지 않으면 업이 생기지 않는다는 말입니다.

모든 게 마음에서 짓는 것이므로 생길 것도 없고 멸할 것도 없습니다. 원래 실체가 없이 공한 것이기 때문입니다. 그러한 이치를『화엄경』에서 말하고 있는 것입니다. 번뇌의 이치, 세간의 이치만 그런 게 아니라 부처님도 마찬가지입니다. 중생이 이미 이러하면 부처님도 역시 그러하리니, 부처님과 부처님의 법이, 그 성품이 있다고 하면 이미 있는 것이 아니라는 거예요. 그래서 중생과 부처가 따로 있는 게 아니고, 중생이 곧 부처라는 말이 나올 수 있는 것입니다.

《 죽비 소리 》

『천수경』에서는 이 도리를 '죄무자성종심기罪無自性從心起'라고 하여 죄조차도 자성이 공해 오직 마음을 다스리는 작용의 중요성을 강조하고 있습니다.

## 내가 그렇게 말하면 남도 내게 그렇게 답하리라
### – 업과 인과

"고통을 무서워하고 고통을 싫어하거든 악한 행위를 하지 말라. 그럼에도 그대가 악한 행위를 계속한다면 그대는 괴로움의 수렁에서 벗어날 수 없으리라."

– 『소부경전』

"남이 듣기 싫어하는 말은 하지 말라. 내가 악한 말을 하면 남도 내게 그렇게 답할 것이니, 악이라면 반드시 화가 돌아오듯 욕설이 오고가면 매질이 오고간다. 또한 내가 남을 그르다 하면 남도 나를 그르다 하리니 그 중간을 취하지 않으면 모든 것이 괴롭다."

- 『아함경』

앞에서도 업에 대한 말씀을 드렸습니다만, 근본적으로 업이라는 건 사전적인 설명은 물론이고 불교의 상식 범위에서 보자면 우리의 몸[身]과 입[口]과 뜻[意], 3업三業으로 짓는 행위 또는 그 결과를 뜻합니다.

행위라는 과정을 거쳐 결과라는 과를 받게 되는데 일반적으로 업이라고 하면 과거만을 생각하지, 현재의 행위가 또 다른 과보를 부르고 있다는 생각은 잘 못합니다. 여기서 우리가 놓쳐서는 안 되는 것이 있어요. 업은 분명히 과보를 초래한다는 것입니다. 업은 반드시 과보를 부른다는 사실을 잊지 말아야 합니다. 사람들이 이러한 사실만 잊지 않아도 세상이 훨씬 더 평화로워질 것입니다.

여기서 다시 인因에 대해 생각해 보세요. 내가 사람이라는 것도 인이 되겠죠? 사람이 인이 되는 어떤 행위를 하느냐에 따라서 결과가 달라집니다. 행정고시를 치르고 합격하면 행정공무원이 되겠고 사법고시에 합격하면 법조인이 되겠지요. 장사하는 법을 배우고 물건을 팔면 상인이 되겠고, 공장에서 기술을 배우고 농사를 지으면 농부가 되겠지요. 그런데 똑같은 인因인데도 과果가 각기 달리 나옵니다. 그것은 인과 과의 중간에 연緣이 주는 변화가 인과의 결정 요소라는 것을 말해주고 있는 것입니다. 연의 작용을 무시하고 인과 과만 생각했을 때는 결정론이나 숙명론이 됩니다. 이러한 숙명론이나 운명론을 쉽게 표현해서 사주팔자 타령이라고 할 수 있겠지요.

이를테면 공부를 못하는 학생이 운이 좋다고 해서 좋은 대학에 붙겠습니까? 자기 능력 밖의 것을 놓고 사람들은 연을 바꾸는 데 최선의 노력을 하지 않고 그 결과만을 가지고 탄식합니다. 재수가 없다느니, 운이 없다느니 하면서 이런저런 탓을 하게 되는 것은 연에 대해서 인식하지 못했기 때문일 것입니다. "콩 심은 데 콩 나고 팥 심은 데 팥 난다."는 속담에 잘 비유하는 인과법이라는 게 쉬운 것 같아도 매우 심오한 이치가 담겨 있습니다. 인과 과의 중간에 있는 연緣이 대단히 중요하다는 것을 먼저 인식해야 합니다.

예를 들어 농사를 짓는 사람이 씨를 뿌리기만 하면 되나요? 햇볕은 잘 드는지, 바람은 잘 통하는지, 생육 조건은 맞는지 살펴보면서 물도 주고 거름도 주고 벌레도 잡아주면서 잘 가꿔야 됩니다. 햇살, 바람, 생육조건, 물, 거름 등의 여러 가지 조건, 환경을 연이라고 할 수 있습니다. 이러한 연에 따라서 어떠한 결과가 나올지 모릅니다. 그와 마찬가지로 자기가 어떠한 과보를 가지고 태어났다 하더라도 참회 기도, 선행, 수행과 같은 연을 통해서 자신의 운명을 극복할 수 있는 것이 인과론因果論입니다. 그런 성질을 갖고 있는 것이 업이기도 합니다. 그렇기 때문에 먼저 업, 인과, 인연을 고정불변의 실체로 인식하지 않는 연습을 해야 합니다.

업과 인연은 정말 대단히 중요한 문제이므로 불교 안에서 계속해서 논의되어야 할 과제라고 봅니다. 업과 인연에 대해 알기만 해도 안심입명하게 되고 세상이 평화로워집니다. 더이상 남 탓 할 일도 없고 억울해 할 일도 없으니 괴로움에서 벗어나 마음이 편안해지고, 그러한 마음으로 살아가는 사람들이 많아지면 이 세상이 저절로 평화로워지지 않겠습니까?

우리가 절에 다니고, 불교 교리를 배우고 신행생활을 하는 까닭이 무엇이겠습니까? 이고득락, 괴로움에서 벗어나 안심입명하고, 더 나아가 궁극의 즐거움을 얻기 위함입니다.

《 죽비 소리 》

수년 전부터 갑자기 심각한 범죄행위로 인식되고, 실제로 큰 사회적 파장을 일으키고 있는 '갑질'이야말로 당하는 사람에게는 깊은 마음의 상처를 주는 인因이 되어 사람들을 화나게 만듭니다. 갑질의 당사자는 단순히 겸손과 배려를 망각하고 살아가는 도덕적 한계의 인격 부재를 넘어, 인간의 존엄을 바닥부터 뭉개버리는 아주 천박한 집착에 빠진 것입니다.


## 착한 일도 하지 마라
### – 업의 실체


그때 보수보살이 게송으로 답하기를,


그들의 행한 업을 따라서
이와 같은 과보가 생기지만
짓는 이가 없으니
모든 부처님이 말씀하신 바라네.

업을 짓는 아我도 없고 아소我所도 없다는 말씀입니다. 아가 없으므로 행하는 사람 자체가 없는 것이니 받는 과보도 없겠지요. 이론적으로는 업을 짓는 이도 없고, 받는 과보도 없다는 의미입니다.

비유하건대 전륜왕이
아름다운 칠보를 가지지만
그 온 곳을 찾지 못하듯이
업의 성품도 또한 이와 같다네.

말하자면, 똑같은 얼굴이지만 평면거울로 보는 것과 볼록거울로 얼굴을 보는 것과는 많이 다르다는 말입니다.

또 밭에 심을 종자가
각각 서로 알지 못하나
자연히 세상에 나듯이
업의 성품도 또한 이와 같다네.

또 재주 있는 요술쟁이가
저 네거리에서
온갖 모양을 나타내 보이듯이
업의 성품도 또한 이와 같다네.

재주 있는 요술쟁이가 저 네거리에서 온갖 모양을 나타내 보인다는 얘기는 실체는 없는데 사람들에게 나타내서 보여준다는 겁니다. 마술사들이 비둘기도 날려 보내고 장미꽃도 나오게 하는 마술을 부리는 것과 비슷합니다. 실지로는 미리 숨겨놓은 비둘기를 재빠른 솜씨로 보여주는 것인데, 사람들은 마술사가 비둘기를 새로 만들어서 나오는 거라고 믿습니다. 바로 업의 성품도 그렇다는 겁니다.

> 마치 기관으로 만든 허수아비가
> 가지가지 소리를 능히 내지만
> 그것은 나와 나 아님이 없듯이
> 업의 성품도 또한 이와 같다네.

이와 같이 그 인에 따라서 업의 성품도 달라진다는 말입니다. 똑같은 알이라고 하더라도 달걀, 오리알, 메추리알, 타조알이 다 다릅니다. 그런데 알의 종류들이 크기는 천차만별인데 모양은 비슷하다는 걸 느끼셨을 것입니다. "업의 성품도 또한 이와 같다."라는 것은 연에 따라서 닮을 수도 있다는 말입니다. 또한 업의 실체가 없지만 그 연에 따라서 다르게 나타날 수도 있다는 것을 암시하는 구절들이기도 합니다.

> 또 비유하건대 태 안에서
> 6근이 이루어지지만
> 그 형체는 오는 곳이 없듯이
> 업의 성품도 또한 이와 같다네.

현대의학은 정말 대단한 경지에 올랐습니다. 하지만, 이미 오래 전 불교 경전인 『불설포태경佛說胞胎經』에서는 정자와 난자가 수정이 돼서 잉태가 되면 시간의 순서에 따라 심장이 뛰고 손발이 생기고 눈·코·입이 생기고 명암을 느끼고 하는 수태의 과정과 모습을 마치 초음파로 보듯이 자세히 서술해 놓고 있습니다. 오늘날 의학이나 과학의 발달은 부처님 말씀을 확인해 준다는 생각이 듭니다. 미래에는 의학과 과학에서 증명해 놓은 결과를 토대로 부처님의 말씀을 좀 더 쉽게 전할 수 있겠다는 생각에 이르면 새로운 희망이 샘솟습니다.

또 저 지옥의
갖가지 고통스러운 일들이
모두 온 곳이 없듯이
업의 성품도 또한 이와 같다네.

비유하건대 전륜왕이
아름다운 칠보를 가지지만
그 온 곳을 찾지 못하듯이
업의 성품도 또한 이와 같다네.

이 게송을 읽으면서 어떤 마음이 드십니까? '업이라는 게 사실은 없는 거구나.'라고 하는 것을 알아차릴 수 있으시겠습니까? 고통스러운 일들이 모두 온 곳이 없듯이 업은 본래 없는 것입니다. 그런데 우리의 현실은 어떻습니까? 업을 말할 때에는 업의 과보에 대해서 강조하고 업의 무서움에 대해 얘기하지, 업이 없다고 말하는 수준의 법회는 많지 않은 게 현실입니다. 이를테면 원효 스님과 설총의 일화에서도 우리가 업에 관하여 깊이 음미해 볼 것이 있습니다.

어느 날 설총이 부친인 원효 대사를 찾아와서 평생을 새기고 살아갈 가르침을 청했습니다.
원효 대사가 설총에게 말했습니다.
"설총아, 착한 일을 하지 마라."
설총이 물었습니다.
"그럼 나쁜 짓을 하란 말입니까?"
원효 스님이 말했습니다.
"이런 모자란 놈을 봤나, 착한 짓도 하지 말라 했는데 하물며 악한 짓을 해서야 되겠느냐?"

원효 대사의 말씀은 선善과 악惡의 분별을 떠나라는 말입니다. 착한 짓도 하지 말라는 말은 인과응보의 개념을 이야기 하는 것이 아니라 선과 악이라는 시비是非를 따지는 마음을 떠나라는 말입니다. 정말 대단히 깊은 법문입니다.

그렇다면 설총은 어리석어서 그런 질문을 한 것일까요? 그렇지 않습니다. 원효 대사와 요석 공주 사이에서 태어난 설총은 신라 10현 중의 한 분으로 이두 문자를 정리할 정도로 뛰어난 분입니다. 이 두 분의 일화는 업에 대해 좀 더 명쾌하게 일깨워주고자 한 내용이 지금까지 전해 내려오고 있는 것입니다.

업의 실체에 대해서 생각하고 또 생각할수록 좀 헷갈리기 시작하죠? 업이 있다는 것인가, 없다는 것인가? 업이 없다면 종교가 성립이 안 되는데, 이 일을 어떻게 해야 할까요? 업이 없으면 과보도 없게 됩니다. 우리 중생들 생각으로는 업도 없고 과보도 없다는 것은 말이 안 되는 문제입니다. 그런데 이러한 점을 극복해야 우리 불교신자가 불교를 제대로 알 수 있습니다. 그렇지 않고 자꾸 하향대중화로 나가게 되면 기복수준을 벗어나지 못합니다. 그래서 가랑비에 옷 젖듯이, 불자라면 이런 내용들에 젖어들 필요가 있어요. 계속해서 이러한 논제들을 대하고 생각하면서 차츰 익숙해질 필요가 있다고 봅니다.

원효 대사가 설총에게 "착한 일도 하지 말라."고 했던 그 가르침은 언제 생각해 봐도 깊이 음미해 볼 만한 내용이고, 그 의미에서 수준 차이가 있다고 느껴지지 않습니까?

그러나 지금 한국 불교는 원효 대사가 설총에게 악한 일 하지 말라는 것도 제대로 못 가르치고 있습니다. 선악의 분별을 떠나라는 것은 불교의 핵심 가르침입니다. 심지어 부처님께서는 불법에 대한 집착조차 경계했습니다. 그런데 영험설화나 복을 비는 식의 말만 되풀이한다면 부처님이 보실 때 얼마나 한심하겠습니까?

부처님 당시에 많은 사상과 논리들이 있었지만 부처님은 그걸 융합하고 취합하면서 상당히 진보적으로 대중을 교화해 나가셨습니다. 특히 부처님의 경우엔 대중들의 근기에 맞춰서 대중을 조화롭게 조복시키는 방법으로 가르침을 전하셨지요.

그러나 오늘날 점차로 하향평준화되어 가는 설법들을 보고 있노라면 진보적이고 창의적인 불자들의 의식에 출가자들이 오히려 자극을 받을 필요가 있습니다. 어떤 이들은 우리 불교가 대중화에 성공한 일본불교를 본받아야 한다고도 하는데, 저는 그렇게 생각하지 않습니다. 우리가 분명히 명심해야 할 것은 하향평준화가 되는 건 경계하고, 지금 이 순간 보다 향상되는 삶을 살아가야 합니다.

《 죽비 소리 》

휴대폰을 통한 인터넷과 SNS에 하루 일과의 상당 시간을 소모하는 현대인들은 인·연·과에 이르는 과정을 살피려 하지 않습니다. 앞뒤 편집된 사진이나 동영상, 왜곡 편집된 말과 몇 줄의 문자로 거침없이 확신에 찬 악의들을 쏟아 냅니다. 설령 그것이 사실과 전혀 다르다고 밝혀져도 그조차 편집 조작된 것이라고 핏대를 올립니다. 나는 이런 짓들이야말로 가장 비열한 정신적 폭행인 갑질의 전형이라고 생각합니다.


# 생각의 끄나풀을 툭툭 끊어버리라
## - 원각경에서의 인과와 업

우선 『원각경』 문수보살장에 나오는 환화幻化에 대해 살펴보겠습니다.

부처님께서 말씀하셨다.
"선남자여, 법왕法王에게 큰 다라니문이 있으니 그 이름이 원각圓覺이오. 모든 청정과 진여와 보리와 열반과 바라밀로써 보살을 가르치며, 모든 여래의 처음 수행은 다 원각을 의지해 무명無明을 끊고 불도를 성취한 것이오.

무명이란 무엇인가 하면, 중생들이 시작 없는 옛적부터 갖가지로 뒤바뀌어 길 잃은 사람이 동서를 분간하지 못하는 것처럼, 4대四大를 자기 몸이라 하며 사물을 느끼는 인식을 자기 마음이라 합니다. 마치 병난 눈이 허공에서 헛꽃과 겹친 달을 보는 것과 같은 것이오.

그러나 실로 허공에는 꽃이 없소. 그것은 환자의 잘못된 집착인 것이오. 이 잘못된 집착은 허공 자체를 잘못 알 뿐만 아니라, 다시 저 꽃이 생긴 원인까지도 모르게 되오. 이로 말미암아 그릇되게 생사에 윤회하는 것이니, 이것을 무명이라 합니다.

무명은 실체가 없소. 마치 꿈속에서 가졌던 물건이 깨고 나면 아무것도 없는 것처럼, 허공의 헛꽃도 없어지면 없어진 곳도 알 수가 없소. 그 이유는 생긴 곳이 없기 때문이오.

본래 생이 없건만, 중생들이 잘못 생멸生滅을 보게 되므로 생사에 윤회한다고 말하는 것이오. 여래如來의 첫 수행 단계에서 원각을 닦는 이가 이 헛꽃을 알면 윤회도 없고 생사를 받을 몸과 마음도 없을 것이오. 없애려고 해서 없는 것이 아니라 본래 성품이 없기 때문이오."

원각경 문수보살장에 나오는 환화幻化 이야기는 굉장한 내용을 함축하고 있습니다. 우리 눈에 티끌이 들어가면 허공에 꽃이 있는 것처럼 보인다는 말입니다. 여러분도 경험해 보셨을 것입니다. 저도 한 번은 화장실에 갔다가 한쪽 구석에 엄청나게 큰 벌레가 있는 것을 보고 덜컥 겁이 난 적이 있었습니다. 깜짝 놀라서 두려움이 엄습했습니다. 그런데 알고 보니 전구에 조그만 벌레가 하나 붙어서 그게 벽에 커다랗게 투영이 됐던 겁니다. 그때 '이게 바로 환화로구나.' 하고 느끼면서 전율을 일으킨 적이 있었습니다.

또 다른 예를 들어 보겠습니다. 예전에는 정월 대보름이면 깡통에 불을 넣고 허공에 빙빙 돌리는 쥐불놀이를 했습니다. 깡통을 빙빙 돌리고 있을 때는 깡통 속의 불이 둥그런 원 모양으로 보입니다. 그런데 실제로 이것이 원입니까? 아니지요. 분명히 원은 아닌데 그렇다고 해서, 원이 아니라고 할 수도 없습니다. 특히 돌려진 불의 모양만을 본 사람은 원 모양이 아니라고 할 수도 없습니다. 마치 장시간 노출시킨 별의 모습이 원을 그리고 있는 상황과 같기 때문입니다.

또 선풍기나 헬리콥터 날개 돌아가는 것도 마찬가지입니다. 날개가 돌아갈 때 보면 둥그런 원처럼 보입니다. 그런데 이게 처음부터 온전한 원은 아니잖아요. 내가 스위치를 누르고 돌릴 때 원으로 보이는 것이지요. 정월 대보름에 쥐불놀이하는 것처럼 둥근 원처럼 보이기도 했다가, 돌리는 것을 멈췄을 때는 또 원처럼 보이지 않습니다. 하지만 원으로 보였던 것, 원으로 보이지 않았던 것, 둘 다 엄연한 사실입니다. 즉 업이 그와 같다는 것입니다. 그건 자신이 이해를 하고 안 하고의 문제가 아닙니다.

앞에서 제법무아라는 것은 부처님이 인감도장을 찍어 놓은 듯이 변할 수 없는 최고의 법이라고 말씀드렸습니다. 이 3법인을 헌법에 비유하자면 업이라는 것은 하위법인 서울시 조례에 해당한다고 할 수 있습니다. 그렇다면 업도 당연히 그 존재 자체가 없다는 겁니다. 다만 방편으로 업이 있다고 가정을 하는 거예요. 쥐불놀이할 때 불꽃이 동그란 원이라는 것은 무아無我입니다. 이게 빙빙 돌려지고 있을 때는 둥근 원이 있는 것이지만 멈추면 없으니 무아잖아요. 그런데 우리는 신身·구口·의意 3업을 쉬지 않고 계속 돌리고 있으니까 원이 원래부터 있는 것처럼 되어 버리는 겁니다. 쉬지 않으니까, 이게 계속 돌려지니까 본래 있는 것처럼, 유아有我처럼 되었다는 말이지요. 열반적정涅槃寂靜의 단계에 들어가야 비로소 쉬지 않고 돌아가는 게 멈춰집니다.

그러니까 지옥이다, 업이다 하는 것도 마찬가지 개념이라는 거예요. 3재三災라는 말이 있습니다. 3재가 있다고 생각하면 진짜 삼재를 당하는 것이고 없다고 생각하면 없는 것입니다. 가령 아프리카 사람들이 3재에 대한 생각을 하나요? 안 하거든요. 있다고 생각을 하니 있는 것이고 없다고 생각하면 없는 겁니다.

우리는 신·구·의 3업이라는 불놀이를 멈추지 않으니까 업에 휘둘리는 건지도 모릅니다. 진정한 자기의 참 성품을 보아야만 진정한 무아[空我]가 되어서 업이 발동發動되는 불놀이를 멈출 수가 있는 것입니다.

그들의 행한 업을 따라서
이와 같은 과보가 생기지만
짓는 이가 없으니
모든 부처님이 말씀하신 바라네.

비유하건대 깨끗하고 밝은 거울이

그 앞에 상대할 사물을 따라서
나타나는 영상이 각각 다르듯이
업의 성품도 또한 이와 같다네.

-중략-

또한 온갖 새들이
모두 알에서 나왔으나
그 소리들이 각각 다르듯이
업의 성품도 또한 이와 같다네.

또 비유하건대 태 속에서
6근이 이루어지지만
그 형체는 오는 곳이 없듯이
업의 성품도 또한 이와 같다네.

또 저 지옥의
갖가지 고통스러운 일들이
모두 온 곳이 없듯이
업의 성품도 또한 이와 같다네.

비유하건대 전륜왕이
아름다운 칠보를 가지지만

그 온 곳을 찾지 못하듯이
업의 성품도 또한 이와 같다네.


또 모든 세계가
큰 불에 다 타 버리지만
그 불이 온 곳이 없듯이
업의 성품도 또한 이와 같다네.

- 『화엄경』「보살문명품」


화엄경 게송을 읽으면서 간명한 몇 줄에서 확연히 느끼실 수 있지요? 이제 결론적으로 말씀드리겠습니다. 실제로 업은 있습니까, 없습니까? 없는 거예요. 업이 어디 있습니까? 깨달은 입장에서 볼 때는, 즉 이치를 아는 사람은 이게 불꽃놀이 현상이라는 것을 쉽게 알 수 있겠지요. 제법무아의 상태인 법계에서는 업이 없고, 우리 모두가 불성佛性 또는 여래장如來藏 존재임을 압니다.

다시 말해서 우리가 3업의 활동을 멈추지 않기 때문에 업이라는 게 실제로 존재하는 것처럼 보이는 것이라고 말할 수 있습니다. 그렇기 때문에 처음부터 업이 존재하지 않는다고 말하는 것 또한 잘못된 표현입니다. 그렇게 되면 인과응보가 없어지므로 불교의 교리체계에 금이 가게 됩니다. 그래서 업에 대한 이해가 대단히 중요한 것입니다.

업에도 선업善業과 악업惡業, 무기업無記業이 있습니다. 똑같은 행동을 하고 똑같은 말을 하더라도 겉으로 나타나는 행위 자체를 업이라고 할 수는 없습니다. 제행은 무상한 것이므로 그 자체가 업이 될 수는 없다는 말입니다. 다만 그 생각에 집착을 할 때, 마음속에 찌꺼기가 남고 흔적이 조금이라도 남아 있게 되면, 마음에 걸림이 있게 되면 업이 되는 것입니다.

수행修行은 우리의 말과 행동과 생각의 아주 미세한 찌꺼기라도 자취조차 남기지 않기 위해 닦는 것입니다. 한마디로 집착을 하지 않는 것이라고 할 수 있습니다. 행동만 가지고는 그것을 업이다 아니다, 할 수 없다는 이유가 바로 그것 때문입니다.

예를 들어 원효 대사의 무애행無礙行을 파계했다고 말하는 사람은 없습니다. 원효 대사는 대한민국뿐만 아니라 중국이나 일본에서도 10지보살의 경지에 이른 성인으로 추앙하고 있습니다.

업이라는 것은 아주 잘 살펴야 합니다. 오어사吾魚寺에 얽힌 고사故事에서도 잘 알 수 있는 일입니다. 스님들이 물고기를 잡아먹고 있는데, 누군가가 스님이 살생을 한다고 비난을 했습니다. 그때 스님들이 배설을 했는데 물고기가 그대로 살아나왔다고 합니다. 이에 스님들이 껄껄 웃으며 서로 "내 뱃속에서 나온 고기다, 내 뱃속에서 나온 고기다."라고 해서 절 이름이 오어사가 됐다고 합니다.

행위 자체가 문제가 되는 게 아니라 행위를 할 때 어떤 생각과 어떤 뜻을 갖고 하느냐가 업을 이룬다는 말입니다. 보살님들이 남편한테 밥을 한 끼 해 주더라도 억지로 마지못해서 해 주면 비록 진수성찬을 해 주었다 해도 독약이 되고, 진심으로 우러나와서 해 주면 비록 반찬이 없더라도 보약이 되는 겁니다.

세상에는 재미있는 것을 연구하는 사람들이 많아요. 예전에 들은 얘기입니다. 어느 병원에 다섯 살짜리 환자가 왔는데, 그 아이의 부모가 말하길, 전날에 아이랑 돼지고기를 같이 먹었다고 합니다. 그런데 밤이 되자 아이가 "엄마, 개가 나 여기 물어. 아파 죽겠어."라고 하면서 개가 여기저기를 막 물어뜯는다고 야단을 하더랍니다. 그렇다면 아이가 돼지고기를 먹은 게 아니고 개고기를 먹은 게 아니었겠느냐는 겁니다. 음식을 섭취했을 때 그 음식의 업의 기운이 며칠 동안 우리 몸에 머무르고 있다는 걸 연구하는 사람도 있었습니다.

시금치나 고사리 같은 채소류는 그 기운이 남아 있더라도 몇 시간이나 며칠이 지나면 사라지는데, 육류와 같은 경우는 그 짐승들이 갖고 있는 업이 오래도록 고기를 먹은 사람에게 영향을 미친다는 겁니다. 그것이 극단적으로 나타났을 때, 그 어린아이처럼 그러한 현상이 나타난다는 것이지요. 그 아이의 얘기를 들으면서 어떤 생각이 드십니까? 업이 독毒과도 같지 않습니까? 잘 몰라서 그렇지 나쁜 업은 독이 분명합니다.

결론은 우리가 무아[空我]를 추구하는 것이 가장 중요합니다. 고집스럽게 생각의 끄나풀을 꽉 붙들고 있지 말고 툭툭 끊어버리자는 말입니다. 그러지 않으면 업이 원래 고정불변하게 존재하는 것이 아닌데도 불구하고 그게 모두 업이 되어 우리를 결박하기 때문입니다.

《 죽비 소리 》
모두를 당혹스럽게 하는 '나도 당했다'는 미투(#Me Too) 운동을 보면, 자신은 잊고 있는데 타인에게 가한 상처가 얼마나 가슴 깊이 또 오래 아픔을 주는 악업이 되는지 무섭기까지 합니다.

# 무아無我가 아니라 공아空我의 윤회

## ─ 무아無我와 윤회輪廻

저는 세존 사이트(www.sejon.or.kr)를 운영하는 한편, 『이판사판 화엄경』, 『마음 깨달음 그리고 반야심경』 『왕초보 천수경 박사 되다』 등 여러 경전 해설서들을 출간했습니다. 우리나라 불교의 물꼬를 바꿔 보려는 분명한 의지를 갖고 불사 차원에서 한 일입니다. 저의 대상은 여러분에 국한되는 것이 아니라 우리나라 불교계 전체입니다. 시대에 맞는 종교로 참신한 틀과 해석을 요구하는 시점에서 불교의 새로운 물길을 만들어가는 것은 아주 시급한 일이라고 생각합니다.

제가 세존 사이트 '총론회원 법석'란에서도 말씀드린 바 있고, 이미 '무아와 윤회'를 다룬 적이 있습니다. 아주 해묵은 논쟁이긴 하지만 중요한 문제이기에 기회 있을 때마다 거듭 강조하고 있습니다. 윤회와 전생, 업과 같은 명제들은 같은 맥락에서 다루어질 수밖에 없기 때문에 윤회를 부정하게 되면 불교의 교리 체계에 균열이 생깁니다.

아미타 부처님도 전생에 법장비구로서 48가지 서원을 세워서 아미타불의 과를 이룬 것처럼 경전에서 긴 세월 동안 수행을 해서 과를 이뤄가는 것을 빈번하게 확인할 수 있습니다. 경전에서 보살들의 수행 이력을 살펴보시면 윤회를 전제로 하고 있다는 점을 알 수 있을 것입니다.

그런데 무아라는 것은 내가 없다는 말 아닙니까? 소위 깨달은 사람들 중에 간혹 자신의 전생을 볼 수 있다고 호언장담하는 경우가 있습니다만, 심리학자들의 말에 의하면 그게 아닐 수도 있다고 합니다. 또 다른 물리학자들은 전생과 윤회를 인정하더라도 현생에서 과거세를 본다는 것은 염력念力으로 상상을 해서 보는 것이라고 주장합니다. 그리고 그 염력으로 본다는 주체가 아뢰야식阿賴耶識이라고 합니다. 그렇다면 아뢰야식이 윤회의 주체가 된다는 것이지요.

그렇게 주장하는 학자가 있는가 하면, 또 한편에서는 아무리 아뢰야식이 윤회의 주체가 된다 하더라도 당사자인 본인이 과거 전생을 느끼지 못한다면 '아뢰야식이 염념상속念念相續한다'라는 것은 말뿐이지 사실상 없는 것과 마찬가지라고 합니다.

전생에 대해서 '아, 이게 전생이구나' 하고 느낄 수 있어야 전생이지 본인이 느끼지 못한다면, 이름이 전생일 뿐 전생이라고 할 수 있겠습니까? 그럼에도 불구하고 마치 기독교인들이 하나님의 모습을 한 번도 보지 못했는데도 '하나님 아버지!' 하고 믿듯이 윤회전생輪廻轉生 또한 감히 부정하지 못합니다.

그런데 뉴에이지 계통의 생물학자인 루퍼트 쉘드레이크Rupert Sheldrake의 개념에 의하면, 그러한 부정하지 않는 의식이 우리의 업을 만들어 낸다고 봅니다. 형태장形態場이론이라고 해서 대단히 중요한 개념입니다. 우리의 고정된 의식이 쌓이고 쌓여 어떠한 장을 형성하고 그것이 실체적으로 나타나게 된다는 이론입니다.

형태장은 '과거 오랜 시간 동안 적어도 수백만 년 이상 축적된 생각의 저장'을 뜻하는데, 어떤 과학자는 몇 백 년 후에는 마치 자기장 측정기처럼 형태장을 측정할 수 있는 기계가 만들어질 것이라고 주장하기도 합니다.

불과 100년 전인 1900년대만 해도 지금은 초등학생도 알고 있는 원자의 존재라든가 별이 빛나는 이유를 몰랐다는 사실을 상기한다면 터무니없는 얘기만은 아닙니다. 물론 불교적으로는 '공업共業'이라는 한마디로 관통되는 논리가 있지만 말입니다. 이러한 이론은 불교의 업의 개념하고도 상당히 일치된다고 봅니다.

그 한 예로 UFO가 출현하기 시작한 지가 벌써 70년이 되어갑니다. 1960년대부터 UFO 이야기를 했습니다. UFO는 존재하지 않는다, 집단 무의식에 의해서 UFO라는 생각을 가지는 순간부터 사람의 눈에 UFO가 보인 것이라고 말하기도 합니다.

또 한 가지 예를 들자면 여러분들이 관음기도, 지장기도 등을 하는데, 불자들 중에 관세음보살, 지장보살을 봤다는 사람은 있어도 하나님을 봤다는 사람은 하나도 없습니다. 또 반대로 기독교인들이 기도를 하면서 하나님을 봤다는 사람은 있어도 관세음보살을 봤다는 사람은 하나도 없습니다. 그렇다면 관세음보살님은 기독교를 믿는 사람은 쳐다보지도 않는다는 말입니까? 그리고 하나님은 다른 종교를 믿는 사람은 쳐다보지도 않는다는 말인가요?

관세음보살님이 그렇게 큰 가피를 주실 것 같으면 하나님 아버지를 찾는 사람한테도 관세음보살님의 모습을 나타내야 될 것 아닙니까? 이 세상을 창조했다는 하나님 아버지도 마찬가지입니다. 만일 하나님 아버지가 다른 종교를 믿는 사람한테도 나타나 보인다면 악마다, 사탄이다, 우상종교다 떠들면서 길 가는 스님들한테까지 전도를 하며 붙들고 늘어지는 그런 무식하고 경우 없는 짓은 하지 않아도 될 것 아니겠습니까?

제가 언젠가 교계 신문에 인터뷰를 하면서 지나가는 말로 요즘은 종교가 타락 정도가 아니라 중생들한테 협박을 하는 수준까지 와 있다고 한 적이 있습니다. 기도에 동참하지 않고 종교를 믿지 않으면 전부 큰일 날 것처럼 공갈하고 협박하는 수준까지 와 있다는 이야기를 했었습니다.

상식적으로 말이 안 되는 상황입니다. 불교가 넘어야 될 벽이 이것입니다. 21세기 과학의 시대에 종교의 성숙이 필요한 것은 이러한 심각한 문제들이 있기 때문입니다. 오늘날 물질문명은 첨단을 걷고 있는데 우리의 의식이 정체되어 있다는 게 아주 큰 문제입니다.

그래서 '무아'라는 개념과 '윤회'라는 개념은 단어 자체로만 볼 때는 같이 양립할 수 없는 것이 분명합니다. 그렇지 않습니까? '내가 없다'고 하는데, 내가 없으면 진여가 어디에 존재할 수 있으며 어떻게 윤회가 될 수 있겠습니까? 둘 중의 하나를 포기해야지요. 이것 또한 넘어야 될 벽임이 분명합니다. 그런데 우리가 '없음[無]'에 얽매여 있는 한 이것을 대한민국의 어느 스님한테 물어도 답이 절대 나오지 않을 것입니다.

전문 학자들이 논쟁을 벌이고 있지만 이 문제를 어떻게 해결할 수 있겠습니까? '무아'를 '내가 없다'라는 뜻으로만 풀이를 하게 되면 분명히 무아와 윤회가 양립할 수가 없는데 이걸 억지로 공존시키려고 하니까 무리수가 나오는 것입니다.

이 '무아'라는 단어는 중국에서 불경을 번역할 때 적당한 단어를 찾지 못해서 당시에 쓰던 용어 중에서 가장 알맞은 단어를 찾다가 '무無'라는 단어를 선택하게 된 것입니다. 그 이후 생각이 진전되어 이게 '그냥 무가 아니구나', '없는 게 아니구나' 해서 '공아空我'라는 말을 썼습니다. 정확한 경전 속 개념으로 볼 때는 '공아'라고 해야 맞습니다. '무아'라는 말은 애초에 불교 경전에 없는 말입니다. 산스끄리뜨어를 한역漢譯하면서 가장 뜻이 가까운 단어를 찾다 보니 결국 '무아'가 된 것이고, 훨씬 후대에 『반야심경』을 한역할 때는 '공空'이라는 더 좋은 단어를 발견해서 '공'으로 대체해서 쓰기 시작한 것입니다. 그래서 '공아空我'와 '윤회'의 관계를 설정해 놓으면 무아와 윤회의 모순이 해결된다고 봅니다.

●

# 고해苦海를 건너는 뗏목–계율

○

## 초기 계율의 성립에서 대승불교에 이르기까지
### – 계율의 성립

계는 마치 청량한 못과 같아서
능히 좋은 꽃들을 피우며
또한 맹렬한 불길과 같아서
나쁜 풀들을 태워 버리네.

– 『대살차니건자소설경大薩遮尼乾子所說經』

　일반적으로 '계戒, 계율戒律'이라고 하면 '살생하지 말라, 음주하지 말라.' 등과 같이 불교에서 말하는 규칙 같은 걸 연상합니다. 불자들은 5계五戒를 받고 불명佛名을 받는데, 그때의 계를 생각하면 훨씬 이해하기 쉬울 것입니다. 그런데 불교에서 말하는 계와 율은 단순하게 어떤 것을 금지하는 것이라고 말할 수만은 없습니다. 불교에서 말하는 계를 제대로 알려면 계와 율이 왜, 어떻게 형성이 됐는지 먼저 알아야 합니다. 사전적인 설명을 넘어 불교 교단에 대한 이해가 우선적으로 필요하다는 말입니다.

깨달음을 구하는 데 있어서 먼저 계를 지키지 않으면 안 된다고 합니다. 즉 수행을 하기 위해서는 반드시 계를 지켜야 된다는 말입니다. 마치 강을 건널 때 뗏목이 필요하듯이 계라는 것은 뗏목과 같다고 할 수 있습니다. 기독교에도 십계명十誡命이라고 해서 율법律法이 있습니다.

우리가 흔히 『범망경梵網經』이라고 부르는 『범망경노사나불설보살심지계품梵網經盧舍那佛說菩薩心地戒品』 제10에는 스님들이 출가하면서 받는 사미 5계에서부터 10계, 불자들이 받는 48보살계菩薩戒 등이 세세하게 실려 있습니다.

계라는 것은 종교의 헌법이라고 말할 수 있습니다. 계율이 없으면 교단이 형성될 수가 없습니다. 만일 교단이 형성되지 않았다면 계는 필요했을지 몰라도 율은 필요 없었을 것입니다. 다시 말해 불교가 성립된 초창기에서부터 부처님이 계율을 만들어 놓고 불교에 입문하는 사람들에게 "이것을 지켜야 된다."고 말씀하신 것은 아닙니다.

불교 교단은 언제 어떻게 형성되었을까요? 부처님이 출가해서 깨달음을 이루시고 처음으로 녹야원에서 5비구에게 설법한 것, 8상성도에서의 녹원전법상을 그 효시로 삼아야 할 것입니다. 5비구는 훗날 부처님이 되신 고따마 싯다르타가 출가한다고 하니 아버지인 정반왕이 마지못해 허락하면서 아들을 보호하라는 의미에서 함께 출가시킨 고따마 싯다르타의 친구들이라고 보면 됩니다.

부처님도 출가 초기에는 인도 전역의 여러 가지 다양한 수행법을 모두 섭렵했습니다. 지금 우리가 6사외도六師外道라고 말하는 외도들의 수행법을 두루 경험했지요. 그러다가 그 수행 방식에 한계를 느껴서 설산으로 들어가 나름대로의 방법으로 4념처와 4선정을 거쳐 연기의 도리를 터득하여 깨달음을 얻었습니다. 좁은 범위 내에서 간단하게 얘기하자면 그렇다는 겁니다.

부처님이 고행을 하실 때 피골이 상접해질 정도로 몸이 쇠약해진 상태에서 네란자라 강에 가서 목욕을 하시고 정신을 잃고 쓰러져 계셨습니다. 그때 마침 수자타라고 하는 여인이 우유로 만든 죽을 가지고 자기가 모시는 신한테 공양을 올리러 가다가 한 수행자가 강가에 실신해 있는 걸 발견합니다.

이에 수자타는 수행자가 지쳐서 죽을 지경에 이르렀으니 '이 공양을 내가 섬기는 신에게 올리지 않고 이 수행자를 돕는다 하더라도 신이 이해할 것이다.'라고 기특한 마음을 내어 고따마 싯다르타에게 공양을 올렸습니다. 그런데 싯다르타 태자가 여인이 주는 죽을 먹는 걸 본 5비구들과 다른 수행자들은 그걸 파계했다고 본 겁니다. 말하자면 여인과 입맞춤을 했다고 착각한 것이지요.

그래서 그들은 싯다르타에게 실망하면서 더 이상 계를 어긴 싯다르타와는 같이 수행을 할 수 없다고 떠나게 됩니다. 수자타에게 우유죽을 공양 받은 싯다르타는 기운을 차린 후 설산에 들어가 보리수나무 아래에서 수행에 들어갑니다. 수행에 전념한 지 7일 만에 깨달음을 얻고 산에서 내려오면서 누구에게 법을 전할까 고민하십니다. 부처님은 예전 스승이었던 알라라깔라마와 웃다까라마뿟따라면 당신의 깨달음을 쉽게 이해할 수 있으리라 생각하고 떠올렸는데, 두 분 다 이 세상 사람이 아니었습니다. 이어서 떠올린 사람들이 바로 함께 동고동락하며 고행을 했던 5비구였습니다.

사실 이 다섯 비구는 싯다르타에게 실망하고 수행을 같이 할 수 없다고 떠나갔던 분들입니다. 그때 다섯 비구가 수행하고 있던 바라나시 녹야원은 부처님이 깨달음을 이루신 보드가야와 250여 km나 떨어진 곳입니다. 서울에서 대구까지가 232km이니 얼마나 먼 거리인지 가늠할 수 있겠지요. 그 험난하고 머나먼 길을 맨발로 걷고 또 걸어서 5비구에게 법을 전하러 길을 떠나시는 부처님을 생각하면 가슴이 뭉클합니다.

마침내 부처님께서 다섯 비구가 수행하고 있는 녹야원에 도착하셨습니다. 비구들은 멀리서 부처님이 오시는 것을 보고 서로 약속을 합니다. "저기 고따마가 온다. 맛있는 음식을 탐하고 파계한 고따마는 타락한 자다. 우리 모두 그를 쳐다보지도 말고 아는 체도 하지 말자."고 약속한 것입니다. 그런데 부처님이 가까이 오시자 빛나는 부처님의 위엄에 압도당해 서로 약속이나 한 듯이 무릎을 꿇고 귀의를 합니다. 바로 거기서 부처님이 5비구를 위해 최초로 설법을 하신 겁니다.

이렇게 5비구를 중심으로 처음으로 교단이 이루어졌습니다. 그 다음에 점점 수행자들이 기하급수적으로 불어나는데, 그때까지는 교단이 정식으로 형성된 것은 아니었습니다.『금강경』에 보면, 1250인의 비구가 모여 있는데, 그렇게 점점 부처님을 따라 출가하는 사람이 늘어서 출가자들이 집단생활을 하기 시작했습니다.

집단생활이라는 게 그렇습니다. 아무리 수행하려고 출가한 사람들이라 할지라도 성격도 다르고 자라온 환경도 다른 여러 부류의 사람들이 같이 모여 생활하다 보니 여러 가지 문제가 발생하게 됩니다. 그러한 문제들을 해결하기 위해서는 규칙이 필요합니다. 잠은 몇 시에 자고, 아침에는 몇 시에 일어나자는 등 세세한 규칙들이 필요하게 되었습니다. 그렇게 하나 둘씩 만들어지게 된 것이 집단생활을 할 때 지켜야 할 덕목인 율律입니다.

또한 출가해서 수행하겠다고 부처님 앞에 귀의는 했지만 사람에 따라 세속적인 때가 쉽게 벗겨지지 않는 사람들도 있었습니다. 세속의 때가 벗겨지지 않아서 부처님 앞에서도 거짓말을 한다거나 욕심을 낸다거나 하는 이들이 있었다는 말입니다. 그럴 때마다 부처님께서 많은 대중들이 있는 데서 한 명씩 한 명씩 참회를 시키면서 앞으로는 다른 사람들도 이러이러한 일은 하지 말라고 규율을 한 가지씩 말씀하셨습니다. 즉 개인이 지켜야 할 수행 덕목인 계戒가 만들어지기 시작한 것이지요.

그러한 내용들이 상당히 오랜 시간에 걸쳐 모아지면서 계율이 제정되기 시작한 것입니다. 하루아침에 5계나 10계가 만들어진 게 아니라는 말입니다. 수행집단을 운영해 나가면서 하나 둘씩 규율을 정하게 된 것들이 모여져서 지금의 계율이 만들어진 것이지요. 실로 계율은 오랜 시간에 걸쳐서 하나씩 하나씩 상황에 맞게 만들어진 것입니다.

요즘 출가자들이 계율을 어겨 많은 문제가 발생하기에 계와 율로 나누어서 좀 더 세세하게 개념에 대해 말씀드리겠습니다. 계는 수행을 해 나가는 데 방해가 되는 것을 제거하고 막아주기 위한 목적으로 제정된 것으로 자발적이고 능동적으로 지켜나가는 도덕과 같은 것입니다. 율은 수행집단의 구성원이 함께 생활하고 수행하기 위해서는 몇 시에 기상을 하고 몇 시에 공양을 하고 오후에는 불식不食이다 하는 식으로 승가의 강제적·타율적 규칙으로 법률과 비슷한 것입니다.

재가 신자들은 단체로 수행생활을 하지 않으므로 계戒만 받습니다. 살생[殺]·도둑질[盜]·사음邪淫·망언妄言·음주飮酒로부터 벗어날 것을 맹세하는 5계五戒와 15일마다 한 달에 두 번씩 지켜야 할 8재계八齋戒가 있습니다.

8재계란 24시간 동안 단식·금욕 등의 8계를 지키고 출가자와 똑같은 수행을 하는 계입니다. 반면에 출가자에게는 연소자인 사미·사미니의 10계와 비구의 250계, 비구니의 348계가 있습니다. 덧붙여 말씀드리면 계율을 청정하게 잘 지켜나가는 분을 보고 율사律師라 하고, 스님들이 출가하면서 부모처럼 모시는 자기의 스승을 은사恩師라고 하고, 따로 계를 설해 주는 분은 계사戒師라고 합니다.

《 죽비 소리 》

참으로 언급조차 부끄러운 일입니다만, 최근 세상에 다 알려져 버린 출가자들의 계를 어기는 정도가 너무나도 심각해 불교의 위기를 자초하고 있습니다.

# 계율을 이해하는 방식의 차이에서
# 부파불교시대가 열리다
- 계율과 부파불교

우리 불교계에는 조계종, 태고종, 법화종, 천태종, 진언종, 진각종 등 여러 종단이 셀 수 없이 많습니다. 종교의 계율이라는 것은 국가의 헌법과 같은데 만약에 헌법에 대한 해석이 다르다면 나라가 분열되는 것 아니겠습니까? 정당政黨으로 말하자면 당론黨論이 다를 때 당이 쪼개지거나 탈당해서 새로운 당을 세우기도 하는 것처럼 말입니다.

불교의 경우 애초에 계율이 일시에 형성된 것이 아니라 상당한 시간을 두고 형성되었다고 이미 말씀드렸습니다. 그런데 부처님이 계실 때와 적어도 부처님의 직계제자들이 살아 있었던 불멸 후 200~300년까지는 교단 내에서 어떤 문제가 발생했을 때 교단에서 직접 해결할 수가 있었겠지요. 부처님이 입멸하신 다음에라도 부처님의 제자들에게는 그만한 권위가 있었을 테니까요. 그러나 수백 년이 흐른 뒤에는 누군가 그 시대에 적절한 대안을 마련해 놓고 다른 주장을 하더라도 그것을 막을 수 있는 권위가 사라졌다고 볼 수 있지 않겠습니까?

예를 들면 초기에 교단을 형성할 때 부처님이 "출가 수행자는 소금을 몸에 지녀서는 안 된다."고 하셨습니다. 지금 생각하면 이해가 잘 안 되지만, 인도처럼 더운 나라에서는 여행을 하려면 소금을 가지고 다니면서 먹어야 합니다. 그리고 지금은 소금이 흔하지만, 과거

기원전 5~6세기 불교 교단 형성기에는 소금이 굉장히 귀했습니다. 그 당시에는 출가자가 부의 상징인 소금을 절대로 가지고 있으면 안 된다는 계율이 제정된 것이었지요.

그런데 인도에서 널리 전법傳法을 하려면 사막도 지나가야 됩니다. 소금을 몸에 지니고 다니지 않으면 죽을 수도 있지요. 그런데도 계율에 출가자는 소금을 지닐 수 없다고 했으니, 소금을 지니고 가는 것이 부처님 말씀하신 계율에 위배되느냐 하는 문제에 봉착하게 되겠지요.

어떤 이는 부처님이 말씀하신 것이기 때문에 반드시 지켜야 된다고 주장합니다. 또 어떤 이는 소금을 몸에 지니지 않고 사막을 지나가다가는 자칫하면 목숨을 잃을 수도 있으니 지킬 수 없다고 했겠지요. 부처님께서 소금을 지니지 말라는 의미는 소유하지는 말고, 필요할 때마다 동네에 들러서 걸식을 하라는 뜻이라고 보면 됩니다. 그러나 사막을 지나가기 위해서는 몇 달을 걸어서 사막을 횡단해야 되는 경우도 있는데, 만약 사막 중간에 마을이 없거나 혹 마을이 있더라도 그 마을에서 소금을 구할 수 없으면 어떻게 사막을 횡단할 수 있겠습니까? 이런 상황에서는 예비로라도 소금을 지니고 있어야 할 것 아닙니까? 그래서 계를 이해하고 실천함에 있어 온건파와 강경파로 나뉘는 일이 생기게 됩니다.

계율의 조목에는 이런 예가 아주 많습니다. 요즘의 우리가 생각할 때는 아주 사소한 문제로 볼 수도 있지만 그때는 계율에 대한 의견 차이로 파가 나누어졌던 것입니다. 예를 들어, 오후불식午後不食이라 해서 정오가 넘으면 밥을 먹지 말라는 계율이 있었습니다. 어떤 공적인 일이라든가 신도들에게 법문을 하다 조금 늦을 때는 예외로 해야 하지 않겠는가 하는 주장도 있을 수 있고, 그것조차 안 된다고 하는 주장도 있을 수 있겠지요. 여기서 의견이 대립되기 시작하면서 파가 나눠지기 시작하는 것입니다.

그러한 문제들이 지금 볼 땐 아주 사소한 문제일 수도 있겠지만 2600여 년 전의 당시로 볼 때에는 대단히 심각한 문제였습니다. 그걸 수십 년 수백 년 동안 논쟁하다가 상좌부上座部와 대중부大衆部로 나눠지기 시작합니다.

상좌라는 것은 말 그대로 윗자리에 앉은 승려들이 태반이었지요. 그러니까 노장들, 보수적인 승려들, "죽으면 죽었지 소금을 손톱만큼도 지니면 안 돼. 부처님이 안 된다고 했으면 안 되는 거지 무슨 젊은 것들이 말이 많아."라고 보수적인 성향을 가진 승려들, 상좌부에서는 그렇게 했다는 말입니다.

그런데 대중부에서는 "부처님이 소금을 지니지 말라고 계율을 제정하셨던 것은 욕심을 부리지 말라는 의미다. 목숨을 부지하기 위해서는 소금을 지니고 다녀도 된다."고 주장합니다. 그렇기 때문에 한 가마를 지고 다니면 어떠랴, 욕심을 부리지만 않으면 되는 것 아니겠느냐고 합니다. 생명을 담보로 할 만큼 엄격하게 부처님이 말씀하신 건 아니라고 주장했습니다. 이렇듯 개혁적인 성향을 가진 승려들의 모임을 대중부라고 했습니다.

최초로 교단이 상좌부와 대중부로 확실히 나눠지는 계기는 불멸 후 100년경 웨살리의 한 승가에서 발생한 열 가지 사건[十事] 때문이었습니다. 그 당시에 비구는 직접 손으로 금전을 받을 수 없었습니다. 그런데 웨살리의 왓지족 출신의 비구들은 포살일布薩日에 커다란 그릇에 물을 채워놓고 재가신자들에게 그릇에 금전을 넣게 하는 방법으로 보시를 받고 있었습니다. 편법을 사용한 것이지요. 웨살리의 비구들은 이 일을 포함하여 율에 어긋나는 열 가지 일[十事]을 하고 있었습니다.

웨살리 비구들의 열 가지 일을 다른 지방에서 온 야사라는 비구가 보고 이의를 제기하게 되었습니다. 마침내 이 일의 옳고 그름을 판명하기 위해 웨살리에서 회의가 열렸습니다. 이때 10사가 다 옳지 않다는 판명이 났고, 이를 토대로 웨살리 결집이 이루어집니다. 이때 웨살리의 비구들은 판결에 불만을 품고 자기들 나름대로 대합송이라 불리는 결집을 했습니다. 이 일을 계기로 상좌부와 대중부로 나뉘게 된 것입니다.

그 후 각각 새로운 종파가 생겨나면서 여기서부터 부파불교의 시대가 열리게 되었습니다. 사실 엄밀한 의미에서 이것을 분열이라고 할 수는 없습니다. 나중에는 계의 해석뿐만 아니라 교리에 대한 해석의 차이, 부처님이 말씀하신 경 가운데에서 어느 것을 더 중히 여기느냐 하는 등 다양한 이유로 새로운 종파가 생기게 됩니다. 어찌 보면 부파불교시대는 이론적인 부분에만 치우쳐 일반 대중들의 정서와는 상당히 동떨어진 시기였다고 볼 수 있습니다.

지금도 부파불교를 연구하다 보면 상당히 희한한 이론들을 내세우고 있다는 것을 알 수 있습니다. 나중에는 지나치게 현학적인 논쟁으로 비약되었습니다. 학술적으로는 연구할 만한 가치가 있을지는 모르겠지만 대중들과는 거리가 먼 소모적인 논쟁만을 유발하는 결과가 되기도 했습니다.

이러한 부파불교의 맹점 때문에 중생구제의 실천적 수행체계인 대승불교운동이 일어나게 된 것입니다. 대승불교운동이 일어나는 시점을 보통 서력기원 전후, 부처님께서 입멸하신 후 5, 6백년 정도 지난 다음으로 봅니다. 물론 대승불교의 발생이 계율과 직접 관계가 있는 것은 아닙니다. 하지만 위의 내용에서도 알 수 있듯 연관성에 대해서는 알아야 합니다.

또한 이 시기는 중국에 불교가 전래되기 시작하는 시기이기도 합니다. 인도에서 이러한 부파불교에 대한 모순들을 극복하고자 대승불교운동이 일어날 때쯤 본격적으로 중국에 불교가 전해진 것입니다. 이는 동아시아불교의 특성을 규정짓는 원인이 되었다고 할 수 있습니다. 우리나라에 불교가 전래된 것은 공식적으로는 372년, 고구려 소수림왕 2년입니다. 하지만 사실은 그 이전에 이미 인도에서 직접 들어왔다는 여러 가지 설이 있습니다. 앞으로 연구가 더욱 진척되면 도래 시기가 상당히 앞당겨질 가능성이 크다고 봅니다. 우리나라 불교 전래와 관련된 연구가 부족해서 그렇지 실지로 역사적인 근거들은 아주 많습니다.

곁가지 얘기가 너무 길어졌습니다만, 정리하자면 종교에서 계율은 국가의 헌법과도 같은 것입니다. 그렇기 때문에 계율은 부처님이 이렇게 저렇게 말씀하셨으니까 지키면 되는 것이라고 하는 단순한 문제로 받아들여서는 안 됩니다. 역사적 측면에서 들여다보면 이러한 다양한 의미들이 있기 때문에 시대상황을 고려해서 잘 생각하고 새롭게 정립해 나가야 할 것입니다.

부처님께서 열반에 드신다고 하자 충실한 시자인 아난은 몹시 당황합니다. 입멸 후 무엇을 어찌 해야 할지 조목조목 부처님께 여쭈었습니다. 장례의 방법과 교단이 지켜야 할 지계持戒의 범주에 대한 아난의 질문에 부처님께서 대답하십니다. 장례는 전륜성왕의 예에 준하게 하고, 교단에서 '소소한' 계는 버리도록 하라고 말씀하셨습니다. 후에 이 '소소한'의 한 계를 놓고 의견이 대립되었는데, 이는 당연한 일이라는 생각이 듭니다.

# 승僧과 속俗의 덕목 48보살계
## – 보살계

이즈음 일부 승려의 파계破戒가 일반인의 도덕적 수준보다 못해 보입니다. 이러한 상황은 계의 현실성 문제를 감안하더라도 불교가 일반인의 신뢰를 얻지 못하는 큰 요인 가운데 하나입니다. 재가불자들의 종교적 생활 기준 또한 유일신을 섬기는 기독교에 비해 기준이 모호합니다. 그런 의미에서 종교적으로는 기본적인 예禮에 해당하는 계에 대해 더 자세히 살펴보겠습니다.

불교에서 가장 근본이 되는 계는 5계입니다. 출가·재가를 막론하고 5계를 반드시 지켜야 합니다. 5계 가운데에서 살생殺生·투도偷盜·음행淫行·망어妄語는 특히 더 중요한데, 출가자에게는 4바라이죄에 해당됩니다. 바라이죄는 출가자의 자격을 박탈당하고 승단에서 쫓겨나게 되는 대죄입니다. 5계 가운데 하나인 음주飮酒는 그것 자체로는 죄가 되진 않지만, 음주로 인해 앞의 계를 모두 어길 수 있기 때문에 5계 중의 하나가 된 것입니다.

다음에 스님들이 출가할 때 받는 사미 10계를 살펴보겠습니다.

살생하지 말고, 도둑질하지 말고, 음행하지 말고, 거짓말하지 말고, 술 마시지 말라, 꽃다발을 쓰거나 향을 바르지 말라, 노래하고 춤추고 풍류 잡히지 말며, 그런 곳에 가서 구경하지도 말라, 높고 큰 평상에 앉지도 말라, 때 아닌 때에 먹지 말라, 금이나 은 같은 보물로 만든 장신구를 달지 말라 등등이 있습니다. 그런데 만일 이와 같다면 면도하고 나서 로션 바르는 것도 파계이고, TV나 영화를 보는 것도 전부 파계라고 볼 수 있습니다. 그리고 250계 중에 담배와 마약에 대한 조항이 없다 해서 해도 되는 것은 아니잖습니까. 그러한 관점에서 볼 때는 현실에 맞게 계를 보완할 필요가 있습니다.

요즘 실정으로 볼 때, 비구계에 방을 몇 평 이상 쓰지 마라, 여인과 함께 길을 갈 때는 얘기도 하지 말고 떨어져서 가라, 밤에 신도 집을 방문하지 말라와 같은 것들은 현실적으로 지켜지기 힘든 부분이 있습니다. 그야말로 가만히 앉아서 아무 것도 하지 않고 있지 않는 한은 파계하지 않을 수 없는 조목도 있습니다. 그래서 계를 통해 수행을 하면서 신심을 더 증장시키는 개념으로 받아들이는 것이 좋다는 것입니다.

우리가 보통 보살이라고 할 때는 승과 속을 떠난, 출가자와 재가자의 구별이 없는 오로지 부처님의 뜻에 따라 수행을 하면서 깨달음을 얻으려고 노력하고 정진하는 사람들, 또는 깨달음을 성취한 사람들을 보살이라고 합니다. 그렇기 때문에 보살계는 승속을 떠나서 모두가 다 지켜야 되는 것입니다.

어느 절에서는 1년에 서너 번씩 이 보살계를 주고 있는데, 요즘 신도들은 "아직 계 받을 준비가 되어 있지 않다, 계 받을 자격이 없다." 라고 하면서 계 받기를 주저하는 분들이 많습니다. 그러면 스님들은 "원래 계라는 것은 앉아서 받고 서서 파해도 그 공덕이 무량한 것이 니까 받으라."고 하면서 계를 받는 게 좋다고 합니다.

그러나 그 또한 옳지 않다고 봅니다. 불교의 여러 문제점들이 원칙에 충실하지 않기 때문에 생긴다고 봅니다. 모든 문제가 경전의 내용에 충실하지 않기 때문에 생긴다는 것입니다. 결국 모든 문제는 경전의 내용에 의거하면 다 해결된다는 것을 뜻합니다.

부처님 당시에는 승단에 귀의할 때 "저는 부처님께 귀의합니다."라고 꾸벅 인사 한 번 하면 되었습니다. 당시에는 특별한 격식이 필요 없었지요. 처음에는 "거짓말 하지 말라, 도둑질 하지 말라."는 등의 계를 주는 절차도 없었습니다. 거리가 너무 멀거나 병이 들거나 거동이 불편해서 부처님 앞에 나아가서 직접 귀의할 수 없는 사람은 마음으로 '부처님께 귀의합니다. 부처님의 제자가 되겠습니다.'라고 생각하면 된다고 말씀하셨습니다.

그러나 저는 처음 불교에 입문할 때 최소한 3귀의三歸依 계를 주어야 한다고 봅니다. 귀의불歸依佛·귀의법歸依法·귀의승歸依僧 3귀의 계를 주고, 그 다음 10계十戒나 5계五戒를 주고 보살계를 줘야 된다고 생각합니다.

3귀의 계도 안 주고 무조건 절에 다니는 신도라고 해서 동참금을 받고 보살계를 주고 법명法名을 주는 것은 경전의 내용에 충실한 처사가 아니라고 봅니다. 앉아서 받고 일어나서 깨도 공덕이 되는 것이라고 하는 사고방식도 사소한 것 같지만 원론적인 측면에서 문제가 있습니다. 참으로 아쉬운 부분이지요.

어찌 됐든 이 48보살계는 승속을 막론하고 불교 수행을 하고자 하는 사람은 반드시 지켜야 될 덕목입니다. 5계, 10계 등이 있지만 어찌 보면 이 48보살계가 가장 근본이 된다고 볼 수 있습니다. 비구 250계, 비구니 348계는 요즘엔 지키기 힘든 조목들이 많습니다. 하지만 제가 볼 때 이 48보살계는 시대가 지난 지금에도 상당히 큰 의미가 있습니다.

## 상황에 맞게 계의 문을 잘 열고 닫는 공덕
### – 계와 공덕

불교에는 개차법開遮法이라는 용어가 있습니다. 계라는 것은 앞에서도 말씀드렸듯이 세속적으로는 헌법과 같고, 불교적으로는 차안此岸에서 피안彼岸의 세계로 이끌어 주는 뗏목과 같은 구실을 합니다. 그래서 계 또한 하나의 방편으로서 잘 열고 닫을 줄 아는 개차법이 필요한 것입니다.

예를 들어 미친 사람이 칼을 들고 쫓아와서 어떤 사람을 죽이려고 그 사람의 행방을 묻는데, 거짓말 하지 말라는 계를 지키려고 곧이곧대로 그 사람이 어디 있는지 일러주면 되겠습니까? 계를 지키다가 오히려 사람을 죽게 만들 수도 있기 때문에 그럴 때는 상황에 맞게 방편을 써야 합니다. 이럴 때, 계의 문구 자체에 얽매이지 않고 지혜롭게 계를 잘 지켜야 할 때 개차법이 필요한 것입니다. 하지만 계의 근본 의미는 반드시 알고 가능한 한 지키려고 노력해야 합니다.

예를 들어서 직업도 다른 사람에게 이롭지 않은 직종은 될 수 있으면 갖지 말아야 합니다. 하지만 어쩔 수 없이 계율을 위반하기 쉬운 직업을 갖게 되었다면 그만큼 더 참회하고 공덕을 쌓는 게 좋습니다. 의도하진 않았더라도 다른 사람, 다른 중생이 피해를 보게 되는 일이 생길 여지가 많은 직업도 있습니다. 그런 직업과 인연을 맺은 분들은 특히 더 그런 부분에 대해 깊이 참회하고 선행을 통해 그것을 만회하겠다는 생각을 가지고 실천해야 된다는 말입니다. 어떠한 경우라도 윤리 의식을 고양하고 몇 배의 선행을 짓겠다는 각오와 실천행을 해야 합니다.

어떤 분은 어려서부터 먹고 살 수 있는 기술을 배운 게 매운탕 끓이는 것밖에 없었습니다. 또한 평생 도축장에서 도살하는 일을 할 수도 있습니다. 이러한 직업은 비록 계율을 지키기 어려운 일이지만 누군가는 꼭 해야 하는 일이기도 합니다. 어쩔 수 없이 그러한 직업을 가졌다 해도 계의 근본정신을 알고 참회하고 기도하고 회향을 잘 하겠다는 마음을 갖고 살아야 됩니다. 실지로 도축을 할 때 재를 올리고 기도를 하는 곳이 있습니다. 또한 의과대학에서 실험실용으로 쓰인 동물들을 위해서 재도 지내주고 위령탑을 세워주기도 합니다.

올바른 수행을 하기 위해서는 부처님이 말씀하신 모든 계율의 정신만큼은 이해해야 하고 지녀야 된다는 것을 명심하시기 바랍니다. 석가모니 부처님 이전의 과거 일곱 부처님께서 공통적으로 설하신 가르침이 바로 칠불통계게七佛通戒偈입니다.

모든 악을 짓지 말고〔諸惡莫作〕
모든 선을 받들어 행하며〔衆善奉行〕
스스로 그 뜻을 맑게 하는 것〔自淨其意〕
이것이 모든 부처님의 가르침이다〔是諸佛敎〕.

악한 일을 하지 않고 착한 일을 받들어 행하며, 자신의 뜻과 마음이 정화되어 저절로 성품이 드러나는 것, 이것이 모든 부처님의 가르침입니다. 칠불통계게는 단순히 권선징악의 의미만 있는 게 아닙니다. 공부해 보신 분은 아실 겁니다. 공덕을 쌓고 선한 일을 하게 되면 공부하는 마음이 저절로 이루어집니다. 한편 선한 마음이 아니면 수행이 잘 안 됩니다. 남에 대한 원망심이 가득하여 속이 부글부글 끓고 있는 상태에서 수행을 할 수 있겠습니까? 악한 마음을 가지고 있으면 공부할 수 있는 인연조차 잘 닿지 않습니다. 하지만 성격이 포악한 사람도 염불을 하고 사경을 하고 참선을 하면 순해지고 선해지기 때문에 반드시 수행을 해야 하는 것입니다.

여기서 공덕이라는 것은, 물질의 공덕만이 아닙니다. 가장 큰 공덕은 공부하고 수행하는 것입니다. 오죽하면 『금강경』에서 삼천대천세계를 칠보로써 장엄을 한다고 하더라도 사구게 등을 한 구절만이라도 읽거나 쓰거나 또는 다른 사람을 위해 설한다면 그 공덕이 훨씬 크다고 했겠습니까. 『법화경』에도 그런 얘기가 나오고 경전마다 무수하게 나옵니다. 재물보시가 사람의 육신을 살릴 수 있다면 법보시는 사람의 정신을 근본적으로 변화시키기 때문에 법보시의 공덕이 훨씬 더 큰 것입니다.

물질은 결국엔 없어지는 것입니다. 하지만 법보시의 공덕은 차원이 다릅니다. 직접 부처님의 가르침을 말해 준다거나, 또는 부처님의 말씀이 적힌 책을 선물로 줬을 때 선물 받은 사람이 그 책을 읽는 동안 부처님께서 말씀하신 한 구절이 그 사람의 가슴에 와 닿아서 그 사람의 인생이 긍정적으로 바뀐다면 그것보다 더 큰 공덕이 어디 있겠습니까.

가장 큰 공덕이 수행이라고 한 것은 수행을 통해 지혜가 열려야 법보시를 제대로 할 수 있기 때문입니다. 또한 법보시를 우선하는 선행 공덕을 지어야 선신의 옹호를 받는다는 것도 알아야 합니다. 신심 깊은 불자들께서는 이러한 경지는 이심전심으로 이미 체득하셨으리라 봅니다.

> 가난한 자에게 보시할 때에는 연민의 마음을 가져야 하며,
> 부처님께 보시할 때에는 기쁘고 공경한 마음을 가져야 하며,
> 친구에게 보시할 때에는 경건한 마음을 가져야 한다.
>
> — 『보살본행경』

경전을 읽다 보면 정말 깜짝깜짝 놀라는 일이 많습니다. 하나에서부터 열까지 어떻게 살아가야 하는지, 심지어 어떻게 보시해야 하는지에 대해서까지 세세하게 알려주시기 때문입니다. 『보살본행경』의 말씀처럼 상대방에 따라 보시하는 마음가짐도 달라야 합니다. 이러한 마음가짐을 가지고 제대로 보시할 때 상대방은 물론이고 자기 자신의 삶도 더욱 멋지게 향상될 수 있습니다.

한편 여기서 한 걸음 더 나아가 원효 스님과 설총의 일화에서 보듯이 착한 일도 악한 일도 분별하는 마음 없이 공덕을 쌓더라도 무주상 보시의 공덕을 쌓는다면 말로 표현할 수 없는, 온 우주에 충만한 부처님들이 함께 기뻐하고 칭찬하는 공덕이 될 것입니다.

《 죽비 소리 》

안타깝게도 세상은 점차 분노의 분출과 개인의 이익 추구를 정의의 실현[善]이라고 착각하는 것 같습니다. 그 결과 우리는 '분노조절장애'와 집단 이익 충돌의 세분화 같은 심각한 패거리 문화의 피해자이자 가해자이기도 한 처지가 되어 버렸습니다.

●

# 부처님은 법이요, 진리 자체다

○

## 몸을 청정하고 조화롭게 하라
### – 6근 다스리기

마음은 담백하고 고요하게 가질 것이며,
6근六根을 잘 거두어 지켜서 흔들리지 않게 하여야 한다.
입은 삼가고 조심하여 아첨하고 속이는 일이 없어야 한다.
시끄럽거나 험악한 곳을 버리고 조용한 곳에 편안히 거처하여
그 육체를 청정하고 조화롭게 하라.

　육체를 청정하고 조화롭게 하라는 것은 매우 의미 깊은 말입니다.
6근은 눈[眼]·귀[耳]·코[鼻]·혀[舌]·몸[身]·뜻[意], 즉 흔히 말하는 이
목구비耳目口鼻로 이해하면 쉽습니다. 6근이 청정하다는 것은 눈으
로 보고 귀로 듣고 코로 냄새 맡고 혀로 맛보고 뜻으로 생각하는, 이

러한 활동을 잘 거두고 지켜서 흔들리지 않게 하여야 한다는 것입니다. 즉 6근으로 접촉하는 모든 것에 마음을 뺏겨서는 안 된다는 뜻이지요.

6근을 잘 거두어 지켜서 마음이 흔들리지 않게 해야 한다는 것은, 내가 내 눈으로 보고 예쁘다, 밉다는 생각을 갖고 '내가 꼭 사고 싶다, 저 옷은 꼭 내가 입고 싶다.'라는 생각을 한다면 그것은 내 눈의 '본다'라는 작용에 의해서 갖고 싶고 입고 싶다는 욕심과 번뇌가 생김으로 인해 내 마음을 빼앗기는 것이지요. 남이 싫은 소리를 하면 화를 내게 되고, 칭찬하는 소리나 아부하는 소리를 들으면 좋다고 하고, 화장실 냄새는 싫어하고, 향냄새는 좋아하는 이런 것이 모두가 6근에 마음을 빼앗기고 흔들리는 것이지요. 그래서 청정한 본래 마음을 빼앗기 때문에 6근을 여섯 도둑, 6적六賊이라고도 합니다.

『아함경』과 같은 초기경전에도 나옵니다만, 어찌 보면 초기 수행의 기본은 우리의 이목구비를 다스리는 것이 아닌가 합니다. 어렵게 말할 것 없이, 마음을 닦는다, 수행을 한다는 것의 기본은 우리의 감각 기관부터 다스려야 한다는 말입니다. 왜냐하면 모든 욕심은 따지고 보면 이 이목구비에서 벗어나는 게 하나도 없기 때문입니다. 이것만 잘 다스려도 상당히 마음을 안정시킬 수 있고 또 많은 번뇌에서 벗어날 수 있다고 봅니다.

혀를 즐겁게 하기 위한 맛있는 음식이 있는 곳, 좋은 소리가 있는 곳, 보드라운 것들, 좋은 물건을 파는 곳에 관한 정보들이 넘쳐나는 이유는 세상이 욕심을 자꾸 충족시키는 방향으로만 흘러가기 때문일 것입니다.

가만히 생각해 보면, 내 몸 안의 모든 감각기관 안에 번뇌 덩어리가 다 있습니다. 대부분의 사람들이 여기에 묶여 있어요. 그러니까 평상시에 내 몸 안에 있는 우리 감각기관인 6근을 다스리고 조절하는 습관을 들이는 게 필요합니다.

저는 사람이 병들고 허약한 것이 때로는 축복일 수도 있다는 생각을 해 보았습니다. 육신은 아프고 괴롭지만 한편으로는 이러한 감각기관들이 다 약화가 돼서 의도와는 상관없이 입맛도 없고 별로 보고 싶은 것도 없고 돌아다니고 싶지도 않게 됩니다. 그 대신에 자신의 뜻만은 생생하게 그야말로 성성적적惺惺寂寂할 수 있습니다. 그런데 만약 혈기 왕성해서 바람맞은 가을 잎처럼 맨날 쏘다닌다면 여기저기 쓸데없는 인연이 맺어져 번뇌 망상이 수미산처럼 커질 수도 있기 때문입니다.

수행자와 보통사람들이 다른 점이 있다면, 수행하는 사람은 인연을 자꾸 줄이려고 합니다. 인연에는 과果가 따르기 마련이거든요. 그래서 『법구경』에도 "사랑하는 사람을 만들지 말라. 미워하는 사람도 만들지 말라. 사랑하는 사람은 못 만나 괴롭고 미워하는 사람은 만나서 괴롭다."라는 구절이 있습니다. 언젠가는 헤어져서 괴롭고, 만나고 싶지 않아도 만나게 되어 괴로운 인연은 수행에 마이너스 요소임이 분명하기 때문에 인연을 줄이는 것입니다.

몇 년씩 절에 다니면서 신앙생활을 했으면서도 긍정적인 변화가 없다면 깊이 생각해 볼 문제입니다. 일상생활 속에서 편리한 것에만 길들여져 조금만 불편해도 불평을 하고 있지는 않은지, 일상의 대화에서도 진지함 없이 무미건조한 대화만 하면서 지내고 있지는 않은

지 반조返照해 봐야 할 것입니다. 무엇보다 6근, 이목구비를 잘 다스리는 것이 모든 수행의 기본입니다.

《 죽비 소리 》

대표적으로, 6근을 현혹하여 돈을 버는 게임 산업이 엄청난 성장을 하고 있는데, 이것이 무엇을 의미하는지 한 번 생각해 보십시오.

## 선입견과 집착의 색안경을 벗어버리고 수행하라

진리를 보는 자는 마치 횃불을 들고 캄캄한 방에 들어간 것과 같아서 어둠은 곧 없어지고 밝음이 나타난다. 그와 같이 도를 닦아 진리를 보면 무지無知는 없어지고 지혜의 밝음만이 영원히 남게 된다.

- 『사십이장경四十二章經』

『사십이장경』은 불교가 중국에 들어올 때 가장 먼저 번역된 경이라고 합니다. 여기에도 진리라는 단어가 나오는데, 이쯤에서 진리와 마음에 대해서 정리를 해 보겠습니다.

앞에서 기본적으로 6근을 잘 다스려야 된다고 했습니다. 그런데 이것만 가지고 될까요? 그렇지 않습니다. 왜냐하면 이목구비를 다스리는 것은 어떤 면에서 볼 땐 그 자체가 수행이기도 하지만 근본적인 수행을 하기 위한 예비단계라고 할 수 있기 때문입니다.

그림 그리는 사람이 풍경화를 그리는데 선글라스를 끼고 그리는 것을 봤습니까? 여러 색을 세세하게 표현해야 하는 풍경화를 그리는데 선글라스를 끼고 그릴 수는 없잖아요. 이와 마찬가지로 수행하는 사람이 세상을 선글라스를 끼고 보듯이 안·이·비·설·신·의 그 자체에만 고착이 되어 있다면 올바른 수행이 되겠습니까?

여러분은 색안경을 벗고 풍경화를 그리듯 각자의 선입견과 집착의 색안경을 벗고 수행을 하셔야 합니다. 안·이·비·설·신·의를 다스리는 것은 각자의 선입견과 집착의 색안경을 벗어버리는 단계라고 생각하시면 됩니다.

『금강경』에 "약견제상비상若見諸相非相 즉견여래卽見如來", 모양이 모양 아닌 것을 볼 때 곧 부처를 보는 것이라는 구절이 있습니다. 여기서 부처는 진리를 말합니다. 모양이 모양 아닌 것으로 본다는 얘기는 비유하자면 색안경을 벗어놓고 보는 것입니다.

아래는 『화엄경』「수미정상게찬품須彌頂上偈讚品」에 나오는 진리에 대한 구절입니다. 진리에 대해서 부처님 법을 우리가 어떻게 올바르게 볼 수 있는지 설한 것 중에서 여러 보살들이 부처님 말씀을 듣고 남방南方의 일체 보살들이 게송으로 찬탄하는 내용입니다.

그때에 일체혜 보살이 부처님의 신력을 받들어 널리 시방을 관찰하고 게송으로 말씀하셨느니라.

설사 백 천 겁 동안에
항상 여래를 보더라도

진실한 뜻에 의지하지 않고
세상을 구원하는 자를 볼진댄

이 사람은 모든 모양에 집착하여
어리석고 미혹한 그물만 증장하며
생사의 지옥에 얽매여서
눈이 멀어 부처님을 보지 못하리.

– 중략 –

온갖 법이 나지도 않고
온갖 법이 없어지지도 않나니
만약 능히 이와 같이 안다면
모든 부처님께서 항상 그 앞에 계시리.

법의 성품은 본래 공적하여
취할 수도 없고 또한 볼 수도 없어
성품이 공한 것이 곧 이 부처라
생각으론 얻을 수 없네.

만약 온갖 법들이
자체의 성품이 모두 이런 줄 알면
이 사람은 곧

번뇌에 물들지 아니하리라.

– 중략 –

내가 모든 법을 관찰하고
모두 다 분명하게 요지하니
이제 여래를 뵈옴에
결정코 의심이 없네.

법혜보살 나보다 먼저
여래의 진실한 성품 말하시니
나는 그를 따라서
난사의難思議한 보리를 알았다네.

화엄사상은 어렵지만 『화엄경』은 이렇듯 어렵지 않습니다. 거듭거
듭 자상하게 나열이 되어 있어서 어떤 해설서들을 보는 것보다 어렵
게 느껴지지 않습니다.

《 죽비 소리 》
『금강경』의 대표적 게송인 "약견제상비상若見諸相非相 즉견여래卽見如來"
에서 상相(모양 상)은 상想(생각 상)으로 하는 것이, 『화엄경』 게송의 의미에
더 근원적이라고 생각합니다.

# 법계는 오직 마음이 지은 세상〔一切唯心造〕

　다음은 『화엄경』의 게송으로 불교의 대의를 대표하는 유명한 게송입니다. 불교의 처음과 끝은 모두 이 '마음'을 말하는 것일 뿐이라는 결론을 각인시켜 주는 어마어마한 구절입니다.

　　약인욕요지若人欲了知
　　삼세일체불三世一切佛
　　응관법계성應觀法界性
　　일체유심조一切唯心造

　"만약에 어떤 사람이 과거·현재·미래 삼세 모든 부처님에 대해서 알기를 원한다면 마땅히 법계의 성품 일체유심조를 관해야 한다."라는 뜻입니다. 법계의 성품이란 "일체유심조一切唯心造, 모든 것은 오직 마음에서 만들어진다."라는 한마디로 말할 수 있다는 것입니다. 다시 또 한 글자 더 줄여서 말한다면 "유심소작唯心所作, 오직 마음이 만드는 바이다."라고 할 수 있습니다. 일체가 오직 마음에서 만들어진다는 것이지요.

　[이것은 아주 중요한 문제 제기라 다음 설명을 하기 전에 꼭 짚고 가야 하겠습니다.
　나는 '일체유심조一切唯心造'의 조造(만들 조)를 작作(지을 작)으로 번역하는 것이 옳다고 생각합니다. 물론 『화엄경』 번역이 이루어진

2,000년 전에 조造와 작作의 쓰임새가 지금과 어떻게 다른가 하는 골치 아픈 문제가 있긴 합니다. 하지만, 조는 '만들어 냄, 창조', 작은 '사용하고, 잘 씀'으로 뉘앙스 차이가 분명합니다.

일체유심조(造)는 마음이 법계의 물리적 재료인 미립자까지 만들어낸다는 가정이 되어야 합니다. 일체유심작(作)은 인연에 의한 과의 세계를 인식하고 연緣의 작용으로 마음을 여실如實하게 잘 운영한다는 의미의 해석이 가능합니다. 너무나 심각한 사안이라 이쯤만 해 두고 본래의 흐름에 따라 설명을 이어가겠습니다.]

게송에 따르면, 우리가 삼세 일체의 모든 부처님에 대해서 알면 진리나 법은 이미 다 아는 것 아니겠습니까? 왜냐하면 부처님 자체가 하나의 진리이고 법이기 때문입니다. 불자들은 경에서 말하는 '부처[佛]'를 법당에 앉아 있는 쇳덩어리, 번쩍번쩍 빛나는 금부처, 멍텅구리 돌부처로 생각해서는 안 됩니다.

'부처'라는 말이 경전에 나올 때는 바로 '진리'라고 받아들여야 됩니다. '깨달음의 극치, 깨달음의 완성'인 것이지요. 저는 부처를 '인간의 진화'에서 '궁극의 단계'라고 봅니다. 또한 이렇게도 봅니다. 부처를 하나의 인격체로 형상이 있는 어떤 것으로 보지 말고 진리 자체의 상징으로 보라는 것이지요.

그러니까 부처는 있지도 않지만 없지도 않아요. 부처님이 어디 어떤 곳에 존재한다고 하면 안 됩니다. 어디 존재한다는 것은 거기 아니면 다른 데는 존재하지 않는다는 얘기가 되기 때문입니다. 어딘가 존재한다는 얘기는 맞지 않는 얘기라는 말이지요.

극락세계에는 아미타부처님이 계시고, 지옥에는 지장보살님이 계신다고 했는데, 그것은 무슨 뜻일까요? 이 사바세계는 지금 우리가 살고 있는 세계지만 그 밖에도 여러 세계가 있다는 말입니다. 그렇다면 인간 중생들을 구제하기 위해서는 어떤 몸을 가지고 나와야 될까요? 인간을 구제하려면 인간 몸을 받아야 되고, 지옥에 있는 중생들을 구제하기 위해서는 지옥으로 가야 합니다. 만약 축생계에 있는 중생들을 구제하려면 축생으로 나투어야 하겠지요. 그래서 부처님은 수많은 몸으로 변화하여 나투시는 것입니다.

천백 억 화신化身 석가모니부처님이라고 하는데, 이렇듯 여러 변화신變化身 가운데 하나가 석가모니부처님인 것이지요. 천백 억의 중생들을 구제하기 위해서는 각각 천백 억의 모습으로 나타나야 한다는 말입니다.

관세음보살님도 마찬가지예요. 관세음보살님은 32응신應身이라고 해서 중생들이 원하는 바에 따라서 몸을 나투신다고 합니다. 물론 진리의 부처님을 상징하는 것은 법신불인 비로자나불입니다. 그래서 유독 『화엄경』은 설법의 주체를 법신불인 비로자나불이 설하는 것으로 설정하고 있는 것입니다. 이 법신불의 가르침을 보현·문수 등 상수上首 보살들이 입으로 전하며 찬탄하고 있습니다.

화신化身은 부처님이 방편으로 몸을 변화시켜서 중생세계로 나온 것을 이르는 말입니다. 여기서 지장보살님은 지옥세계에 있는 중생들을 구제할 뿐만 아니라 미륵보살님이 출현하기 전까지 모든 중생들을 구제하라는 부처님의 부촉付屬을 받으신 보살님이기도 합니다. 이렇게 볼 때 지옥에서는 지장보살님이 지옥 중생을 끌어 올려 주시고, 현세에서 살아가면서 느끼는 우리의 고통은 관세음보살님이 덜어주고 계시고, 아미타부처님은 극락세계에서 우리를 오라고 손짓을 하십니다. 이렇게 3박자가 딱 맞습니다.

　모든 것은 마음에서 조작된다는 사실을 알아야 하는데(마음이 만드는 것이 아니라 조작함), 앞에서 말했듯이 눈에 색안경을 쓰고 있는데도 자기가 색안경을 쓰고 있는지를 모르니까 제대로 볼 수 없는 것입니다. 제대로 봐야 공부든 뭐든 시작할 수 있는데 시작조차도 안 되는 게 우리의 현 실정입니다. 그러니 "모든 것이 마음에서 이루어진다."라는 이 궁극적인 깨달음에 이르는 말들을 이해하기 어려운 것입니다.

《 죽비 소리 》

불교가 어려운 것은 당연합니다. 마음 작용의 궁극적 경지를 체득한다는 말인데 이게 '쉽다'라는 것은 애초에 말이 안 되는 말입니다. 경전을 떠나 불교를 논하는 것은 산에서 물고기를 찾는 것과 같습니다.


## 부처님의 지혜와 복덕에 주파수를 맞추라
### – 과학으로 푼 법의 성품


　물리학이 발전하면서 좀 더 쉽게 불법佛法을 이해할 수 있게 된 측면이 있습니다. 물리학 중 양자론을 통해서 보는 일체유심조가 어떤 의미가 있는지 살펴보겠습니다. 원자가 있으면 원자핵이 있고 전자가 그 주위에 무작위적으로 존재한다는 사실을 배워서 알고 있을 겁니다. 예를 들어서 야구공 한가운데가 원자핵이라고 가정할 때 어떠한 범위 안에서 입체적으로 보면 전자가 야구공 표면에 언제 어디에 어떤 식으로 나타날지 모릅니다. 우리가 생각할 때는 규칙을 가지고 원형궤도를 도는 걸로 보이겠지만 전자가 이렇게 돌지는 않는다고 합니다. 궤도 중 어느 지점에 나타날 확률은 몇 퍼센트라고밖에 말할 수 없는 것입니다.

실험실에서 전자의 질량을 측정하려면 그 위치를 측정하는 걸 포기해야 하고 또 전자가 어디에 나타날 지를 예상해서 그것을 포착하려면 질량을 측정하는 걸 포기해야 된다고 합니다. 그러니까 전자의 위치와 질량을 실험실에서 한꺼번에 규명할 수는 없다는 것이지요.

질량을 측정해야 되겠다고 하면 위치를 측정할 수 없고, 또 위치를 측정하려면 질량을 측정할 수 없다는 말입니다. 그렇다면 인간의 마음 자체가 물질에 직접적인 관여를 한다는 것 아니겠습니까. 관찰자의 마음에 따라서 물질이 영향을 받는다는 말입니다. 관찰자의 마음이 물질을 만들어 내는 건 아니라도 '관여'는 가능하다는 말이 됩니다.

그러면 생각을 해 봅시다. 사람이 갖는 마음에 따라서 이것이 변하니까 이런 것이 모여서 이루어지는 모든 물질들은 어떻겠습니까? 그래서 중중무진연기라든가 "하나 속에 모든 것이 있고 모든 것 가운데 하나가 있어 하나가 곧 모든 것이고 모든 것이 곧 하나라네[ 一中一切多中一 一卽一切多卽一]."라는 의상 조사 법성게의 구절이 전부 과학적으로 접근이 가능한 겁니다.

이런 극미시極微示 세계의 양자론에서만 마음의 관여가 허락되는 것은 아닙니다. 선풍기나 가전제품을 마음으로 전력을 일으켜서 마음으로 켰다 껐다 할 수 있게 하는 일이 가능하다는 것을 외국의 방송에서 본 적도 있습니다.

일파만파一波萬波라는 말과도 같이 부처님 한 분의 깨달음의 위신력이 얼마나 큰가 하면, 그 깨달은 힘의 방대함과 무량함이 우리 중생들 전부에게 각각의 중생들에게 영향을 미칠 수 있습니다. 그래서 우리도 깨달을 수 있다는 것입니다. 마치 뜨거운 불기운이 있으면 모든 사람들이 그 뜨거움을 느낄 수 있듯이 말입니다. 부처님의 깨달으신 지혜와 복덕은 그와 같기 때문에 우리 모두 깨달음에 이를 수 있다는 희망을 갖게 되고, 성불이라는 약속을 할 수 있는 것입니다. 즉, 깨달음이라는 것은 어떻게 보면 우주 법계에 존재하는 부처님의 주파수와 하나가 된다는 것이지요.

그런데 앞에서 얘기했듯이 6근이 조절이 안 되도록 화가 나서, 심장이 팍팍 뛰고 할 때는 파장이 다를 것 아니겠습니까. 분노가 치성할 때의 주파수는 우주법계에 퍼져 있는 부처님의 주파수와 멀어진다는 말입니다. 그러나 참회기도를 하고 절을 하면 조금 가까워진다고 볼 수 있다는 것입니다.

법당에서 기도를 열심히 하다 보면 환희심도 나고 때로는 참회의 눈물도 흘리고 뭔가가 척 보이는 것 같기도 하고 날아갈 듯한 기분도 드는 체험을 하셨다는 분들이 많습니다. 또는 법문을 듣다 보면 마음도 가벼워지고 희열을 느끼실 때도 있을 것입니다. 그럴 땐 잠깐 부처님의 주파수에 가까워진 것이라고 볼 수 있습니다. 그래서 주파수를 부처님께 자꾸 맞춰야 된다고 거듭 말씀드리는 것입니다.

참선을 하거나 선정에 들어가면 내 주파수가 우주에 가득한 부처님의 주파수와 가까워진다는 거예요. 제가 볼 때 이 깨달음에 대한 문제는 궁극적으로는 단순히 정신적인 작용이 아니라 어떤 과학적인 메커니즘을 통해서 상당 부분 근접할 수 있는 날이 올 것입니다. 아주 오래 전부터 그렇게 생각해 왔고, 요즘에는 더욱더 확신이 듭니다.

이미 귀에 꽂고 일정한 파장을 듣고 있으면 정신 집중이 잘 돼서 성적이 좋아지기도 하고 숙면을 취한다거나 마음이 안정된다는 기계도 만들어져 있습니다. 이런 방식으로 우리 정신과 물질이 계합契合하는 경계를 넓혀나갈 수도 있다고 봅니다.

《 죽비 소리 》

그렇다고 마음이 물질을 창조해 낸다고 단정해 버리면, 신이 세상을 창조하는 것과 다를 바 없으니 마음이 곧 전지전능한 신과 같다는 오해를 불러 올 겁니다.

## 번뇌의 한가운데로 출가하기
### - 4종 출가

"가정을 이끌어 갈 가장이나 중요한 의무를 이행해야 할 사람이 모든 것을 버리고 끝없이 떠도는 수행자가 된다면, 이런 출가는 자기 자신에게나 남에게나 아무런 도움이 되지 못한다. 그러므로 성자는 번뇌의 한가운데 묻혀 살면서도 자기 자신을 필요로 하는 모든 사람들에게 빛이 되어 주어야 한다. 이것이야말로 어설픈 현실 도피가 아닌 진정한 의미에서의 출가인 것이다."

－『대승본생심지관경大乘本生心地觀經』

출가出家란 간단하게 말하자면 집을 떠나 승려가 되는 것입니다. 그런데 원래 출가는 크게 심心출가와 신身출가 두 가지 종류가 있습니다. 여기에서 심출가라는 것은 말 그대로 마음이 출가를 하는 것이고, 신출가라는 것은 몸이 출가를 한다는 뜻입니다. 불교에서는 보통 4종 출가라고 해서 네 가지의 출가가 있다고 말합니다.

4종 출가란 마음도 출가하고 몸도 출가한 경우, 그 다음에 마음은 출가하였지만 몸은 출가하지 않은 경우, 비록 몸은 출가하였지만 마음은 출가하지 않은 경우, 그리고 몸도 마음도 출가하지 않은 경우 이렇게 네 가지를 말합니다. 네 가지의 출가에서 가장 수승한 것은 무엇이겠습니까? 마음도 출가하고 몸도 출가한 것이겠지요.

『대승본생심지관경』에서는 진정한 의미의 출가에 대해 설하고 있습니다. 가족 친지 등 여러 인연들 때문에 비록 출가하지는 않았지만 출가한 것과 같이 6바라밀을 행하고 도를 닦는다면, 비록 몸은 출가하지 않았지만 어설프게 몸만 출가해서 엉뚱한 짓을 하는 것보다 훨씬 낫다는 말입니다.

어찌 됐든 우리가 근본적으로 생각할 때 경에서 말하고자 하는 의도는 한 가지입니다. 비록 어지럽고 험악한 세상 속에 살면서 출가할 인연은 안 됐다 하더라도 재가불자로서 수행을 잘하고 사람들을 이롭게 하면서 살면, 사람들이 승려라고 떠받들진 않지만 몸만 출가한 것보다 훨씬 낫다는 것입니다. 모양새가 중요한 게 아니라는 말입니다.

# 건강한 몸도 수행의 경쟁력이다
## – 정신과 육체

　불자님들과 대화를 나누다 보면 다음 생에 대한 이야기를 할 때가 있습니다. "다음 생에는 수행자가 되겠다."는 분들이 생각보다 많아서 반갑기도 했습니다. 수행자가 되어 수행하겠다는 마음을 갖는 것도 중요한데, 저는 거꾸로 이런 생각도 해 봅니다.

　요즘 재가불자들 가운데 수행도 잘하고 보살행도 잘하는 분들이 아주 많습니다. 무엇보다 출가 승단이 문제가 많기 때문에 다음 생에 승려가 되는 것도 좋지만 유마 거사처럼 재가불자로서 보살도를 행해 모범을 보이는 것이 더 낫지 않겠느냐 하는 생각이 듭니다.

　또 다른 개념이긴 합니다만, 출가할 때 승려들에게 계를 주면서 '대장부'라고 합니다. "진정한 대장부다, 세상의 애욕을 떨쳐 버리고 출가할 마음을 내었으니 얼마나 기특한 대장부냐."라는 말을 합니다. 아울러 출가하게 되면 9족九族이 복을 받는다고도 합니다. 또한 3대가 공을 들이고 큰 공덕을 쌓아야 그 집안에 출가 수행자가 하나 나온다고도 합니다. 사실 이러한 말은 긍정적인 측면에서 좋게 봐주느라고 하는 말입니다. 출가를 하되, 몸 출가와 마음 출가가 완전히 되어서 보살의 경지를 여실하게 지켜나갈 때라야 9족이 복을 받는다든지, 3대가 공을 쌓아야 집안에 출가 수행자가 태어난다든지 하는 말에 합당한 것이지요.

　어찌 생각해 보면, 참으로 업장이 두터운 사람들이 출가 수행자가 되는 것이 아닌가 하는 생각도 해 봅니다. 하도 공덕을 쌓은 게 없으니까 공덕도 좀 쌓고 보시하는 것도 좀 배워야 해서 출가 수행자가된 것은 아닌지 모르겠습니다.

> "앞에서도 버리고 뒤에서도 버리고 중간에서도 버려라. 생존의피안에 도달한 사람은 모든 이치에서 마음이 해탈되어 있어 다시 생로병사의 윤회를 받지 않는다."
>
> － 『소부경전』

> "오늘, 여기 이렇게 살아 있는 이 목숨은 너무나 귀중한 것이다.보라, 이 얼마나 귀중한 육신인가를!"
>
> － 『정법안장』

여기 이렇게 살아 있다는 것이 얼마나 축복인지 솔직히 실감이 나지는 않을 겁니다. 그리고 지금까지 살면서 이 육신이 얼마나 중요한지도 못 느끼셨을 것입니다. 저는 여러 차례 육신의 고통을 겪어봐서이 말이 얼마나 의미 있는 말인지를 압니다.

1988년도에서 1989년도 겨울에 두 달 동안 입원해 있었습니다. 그때 체중이 38킬로까지 빠졌지요. 고열인 상태로 한 20일 동안을 아무 것도 넘기지 못해서 주위에선 다들 죽는다고 했었습니다. 그런데기적처럼 살아났습니다. 지금 그 고통당한 이야기를 하자는 게 아니라 재미나는 이야기가 있어서 꺼내 봅니다.

몸이 너무 아프니까 병실에서 소리 내서 관세음보살님을 부르면서울면서 기도를 했습니다. 그렇게 사경을 헤매면서 관음기도를 했는데, 마침내 몸이 차츰 나아져서 겨우 음식을 조금씩 먹기 시작했습니다. 처음엔 미음부터 시작해서 차츰차츰 음식을 찾아 먹기 시작했습니다. 그런데 굶주리다 먹어서 그런지 어찌나 식욕이 왕성해지는지 그 무렵의 나를 생각하면 정말 내가 아닌 것 같았습니다. 음식이 그렇게 맛있을 수가 없었어요.

그런데 먹었으면 배설을 해야 하는데, 20여 일을 먹지 못한 상태이니 변비가 생길 수밖에 없었겠지요. 배가 아파 화장실에 가면 쥐어짜듯이 아프기만 하지 몇 십 분을 실랑이해도 변은 겨우 쥐똥만큼 나왔습니다. 그렇게 아파도 배가 고프니 또 먹어야 했습니다. 며칠 동안 그런 고통 속에 지내면서 깨달은 게 있습니다. '사람이 잘 먹고 잘 배설하는 게 도道로구나. 잘 먹고 잘 싸면 고통이 없겠구나.' 하는 생각이 절실해진 겁니다.

앞에서 말씀드렸듯이 건강한 육신이 얼마나 중요한지 알아야 합니다. 겪어 보니 건강한 육체에 건강한 정신이 깃든다는 말이 일리가 있더군요. 그런데 사실은 육체와 마음이 둘이 아닙니다. 육체와 마음이 둘이 아니기 때문에 두 가지가 다 건강해야 됩니다. 부처님께서 도를 이룰 수 있었던 것도 건장한 체력이 바탕이 되어 있었기 때문입니다. 저처럼 비실비실한 사람은 몇 시간씩 서서 백일이고 천일이고 하루 여덟 시간씩 기도하는 일은 힘들어서 못합니다. 그래서 다른 방법으로 몸과 마음이 할 수 있는 수행방법을 개발해서 수행해 나가고 있긴 합니다.

이 몸을 잘 다스려야 된다는 의미는 6근을 잘 다스려야 된다는 것과 욕망에서 벗어나야 된다는 뜻도 있지만, 사실은 자신의 건강을 유지하는 것도 하나의 수행입니다. 왜냐하면 마인드 컨트롤이 되지 않고 셀프컨트롤이 되지 않으면 육신도 자제가 되지 않는다고 보기 때문입니다.

> "병을 간호하는 사람은 병자가 꼭 죽을 것을 안다 해도 죽음을 입 밖에 내서는 안 되며, 마땅히 타일러 부처님의 가르침에 귀의하도록 인도해 줘야 한다. 그리고 병의 괴로움은 다 전생의 좋지 않은 인연으로 해서 받는 것이니 지금 마땅히 참회하라고 설해야 하며 만일 병자가 이 말을 듣고 성낸다든가 욕을 하더라도 인내로 견뎌 그를 버리는 일이 없어야 한다."
>
> – 『선생경』

사람이 임종했을 때, 순전히 불교식으로 장례를 치른다면 수의를 입힐 필요 없이 스님들 가사 장삼 입듯이 보살복을 입힙니다. 그리고 죽기 직전이나 죽은 다음에라도 스님을 모셔다가 뒤에서 사람이 받치더라도 시신을 앉혀놓고 부처님한테 귀의하는 계를 설합니다.

아직 그렇게 하는 것을 직접 보진 못했지만 경전에 보면 그런 이야기들이 있습니다. 부처님께 귀의하고 저승을 가는 것과 귀의하지 않고 가는 것은 아무래도 차이가 좀 있겠지요.

【 질문 】 우리가 이 세상을 떠나야 할 때 사랑하는 가족들을 비롯한 남겨진 사람들에 대한 마음을 어떻게 갈무리하고 떠나야 할까요?

솔직히 제가 죽음의 문턱을 두세 번 넘나들면서 겪어 봤지만, 죽음이라는 게 막상 닥치게 되면 오로지 살고 싶다는 그 생각밖에 없습니다. 자기 목숨에 대한 집착만 남아서 살고 싶다는 생각이 먼저 들기 때문에 아내 걱정, 자식 걱정 그런 걱정은 하지 않아도 됩니다.

'로미오와 줄리엣'은 그냥 소설이에요. 진짜 죽음을 맞게 된다면 그것은 결국 자신과의 싸움으로 귀결됩니다. 처음에는 자신의 죽음이 받아들여지질 않아요. '왜 하필이면 내가 암에 걸렸을까, 다른 나쁜 인간들도 많은데' 하는 갈등이 생깁니다. 그 다음에 자신이 처한 상황을 겨우 받아들이고, 그 다음엔 인생을 정리하기 시작하는 게 전형적인 순서입니다. 죽음에 당면했을 때는 자신과의 문제를 해결한 다음에 사랑이 보이지, 죽음의 문턱에서는 다른 것은 전혀 들어오지 않기 때문에 인연에 얽힌 걱정은 하지 않아도 됩니다.

> "수천의 생을 반복한다 해도 사랑하는 사람과 다시 만난다는 것은 드문 일이다. 그러므로 지금 후회 없이 사랑하라. 사랑할 시간은 그리 많지 않다."
>
> – 『입보리행론』

**《 죽비 소리 》**

『입보리행론』은 7~8세기경으로 추정되는 인도의 논사 산티데바 Santideva의 저술입니다. 밀교가 흥기하던 시기이고, 이 논서는 티벳불교에 많은 영향을 주었습니다. 생이 둥근 궤도를 돌듯이 단순 윤회한다는 설은 원래 힌두교의 핵심 사상이지 불교의 고유 사상은 아닙니다. 다만 '지금 후회 없이 사랑하라'는 말이 너무나 인간적인 공감이 가서 소개를 했습니다.

●

# 믿음은 도의 근본이요,
# 모든 공덕의 샘물이다

○

## 믿음은 깨달음의 나무를 키우는 공덕의 어머니
### – 믿음의 공덕

현수보살의 게송

믿음은 도의 근본 공덕의 어머니라
온갖 모든 선법을 찬양하며
의심의 그물 끊고 애착을 벗어나
위없는 열반의 도 열어 보이네.

믿음은 때 묻고 흐림이 없어 마음이 청정하고
교만을 없애고 공경의 근본이며

또한 법의 창고의 제일가는 재물이요,
청정한 손이 되어 온갖 행을 받네.


믿음은 은혜로이 보시하여 마음에 인색함이 없고
믿음은 환희하여 불법에 들게 하며
믿음은 지혜 공덕을 증장하고
믿음은 반드시 여래의 지위에 이르게 하네.


믿음은 모든 근을 깨끗하고 밝고 이롭게 하고
믿음의 힘은 견고하여 능히 깨뜨릴 수 없고
믿음은 길이 번뇌의 근본을 멸하며
믿음은 오로지 부처님의 공덕을 향하게 하네.


믿음은 경계에 집착함이 없고
모든 어려움을 멀리 여의어서 어렵지 않게 하며
믿음은 온갖 마의 길에서 뛰어나
위없는 해탈의 도를 나타내 보이네.


믿음은 공덕의 파괴되지 않는 종자요,
믿음은 깨달음의 나무를 생장케 하며
믿음은 가장 수승한 지혜를 증익케 하고
믿음은 온갖 부처님을 나타내 보이네.

이런 까닭에 행을 의지해 차례를 말할진대
믿는 즐거움 가장 수승해 심히 얻기 어려우니
비유하면 온갖 세간 가운데
뜻을 따라 묘한 보배 구슬 소유함과 같네.

- 『화엄경』

　여러분은 불교를 믿습니까? 내가 곧 부처라는 것을 믿습니까? 지금 현수보살의 게송을 통해 분명히 확인시켜 드렸는데, 아직도 미심쩍으십니까? 열심히 절에 다니면서 어려운 살림살이 속에서도 시주를 하고 불사를 했는데, 왜 이 질문 앞에서 자신의 믿음에 주저하고 확신이 허물어지는 것입니까?

　실망하지 마십시오. 이것이 대한민국 불자들의 현실이기 때문입니다. 불교에서 믿음이라는 것은 내가 부처임을 확신하는 것입니다. 비록 지금은 부처가 아니더라도 수행하여 번뇌를 모두 여의면 부처가 될 수 있다고 확실하게 믿는 것이 확신입니다. 만일 이러한 확신이 없다면 믿음이 부족하다고 할 수 있을 것입니다. 이렇게 믿음에 대한 확신 없이 절에 다닌다면 종교생활을 하는 의미가 어디에 있겠습니까?

　'나는 사바세계의 여러 가지 인연과 정에 얽혀서 이런 짓을 하며 살고 있고, 이러한 업보를 받고 있으니 어떻게 〈내가 부처다〉라고 확신할 수가 있겠는가?'라고 생각하실 수 있겠지만, 불교신자라면 적어도 '나는 언젠가는 부처가 될 것이다, 나의 최종 목표는 부처다.'라는 생각 정도는 가져야 된다는 것입니다. 그 정도의 확고함이 없으면 믿음이 뿌리내릴 수가 없습니다.

부처님 가르침의 핵심이라는 측면에서 봐도 '장차 부처가 될 것'이라는 의지를 가지고 있지 않다면 그 사람은 불교신자가 아닙니다. 또 만일 부처가 될 거라고 가르치지 않는다면 그는 방장이고 조실이고 자격이 없는 사람입니다.

어떤 문을 통해 불자가 되었든 '나는 부처님께서 얻으신 깨달음과 그 가르침을 따라서 부처가 되어야 한다.'라는 서원을 발하지 않고, 나도 깨달아 부처를 이룰 수 있다는 믿음이 없다면 그 사람에겐 불법이 없는 것이나 마찬가지입니다. 따라서 그는 불자가 아니므로 다가올 미래에는 어떤 불법의 인연도 바랄 수 없을 것입니다. 더구나 이러한 믿음에서 오는 신심은 결코 물러날 수 없는 것이므로 자신의 이익이라는 조건이 있는 신앙에서 오는 신심에는 비할 바도 아닙니다.

『법화경』의 요지는 '있는 그대로의 실상'을 보는 것입니다. 이 믿음이라는 것도 '내가 부처다, 각자가 다 부처가 될 수 있다'는 사실 그대로를 본다는 것입니다. 왜냐하면 부처님이 온 누리에 강조해서 보여주신 것이기 때문입니다. 내가 믿지 않는다고 해도 믿음이란 실상을 그대로 인식하는 것입니다.

정월 대보름에 쥐불놀이를 하느라 깡통에 불을 넣어 돌립니다. 불을 빠르게 돌리면 깡통이 원처럼 보입니다. 완벽한 원으로 보이지요? 원이라고 하지 않는 사람이 오히려 이상한 사람이에요. 눈에 보이는 게 원인데 원이 아니라고 하면 이상한 사람 아닙니까? 그런데 처음부터 불을 지피고 돌리는 것을 본 사람은 원이 아니라는 것을 확실히 알고 있습니다. 그래서 사람들에게 그것은 원이 아니라고 말해 줍니다. 하지만 중생은 보이는 대로 믿기 때문에 그 사람의 말을 믿지 않습니다. 『법화경』에 그러한 과정이 자세히 나와 있습니다. 여러분들이 쥐불놀이에 쓰이는 깡통의 불이 원이 아니라는 것을 믿지 못하는 것은 '내가 부처'라는 것을 못 믿는 것과 마찬가지입니다. 그런데 깡통의 불이 돌아갈 때는 분명히 중생의 눈에 원이 보이는 게 사실입니다. 그런데도 공부하는 스님들은 원이 아니라고 해야 맞는다고만 주장합니다.

"저 앞산에 있는 돌이 저 앞산에 있는 것이냐, 네 마음속에 있는 것이냐?"라는 질문을 받았을 때, 어떻게 대답해야 되나요? 앞산에 있다고 하면 그는 아무것도 모르는 사람이고, 마음속에 있다고 대답을 해야 뭘 좀 아는 사람이라고 하죠? 그럴 때 "마음속에 들고 다니느라 무겁겠구나." 이런 추론까지 해야 좀 더 나아간 사람인 것처럼 생각을 한단 말이지요.

그런데 제 생각은 이렇습니다. 그렇게 복잡하게 말하지 말자는 것입니다. 그게 왜 마음속에 있는 것입니까? 저기 앞산에 있는 것이지요. 저라면 '이것이 현재 내 눈에 보이는 실제의 모양'이라고 말하겠습니다. 일체유심조라는 입장에서도 그렇고 깨침의 단계에서 말할 때는 물론 다양한 대답이 허용되겠지요. 그러나 정월 대보름에 쥐불놀이를 하느라고 신나게 깡통의 불을 돌리고 있는데, '이것은 둥근 원이 아니다.'라고 한다면 맞는 말이겠습니까? 이것이 쉴 새 없이 돌아가고 있을 때는 분명한 원이고 멈췄을 때는 원이 아닌데 원처럼 보였다는 것을 총체적으로 이해해야 맞다는 것입니다.

스님들에게 이러한 인식이 생긴 것은 6조 혜능의 영향이 컸을 거라고 봅니다. 제가 『법화경』 총론편에서도 이 문제에 대해 비판적으로 다루었습니다만, 실질적으로 불교를 이해하는 데 있어서 이와 같은 사고는 하나의 걸림돌이 될 수도 있습니다. 물론 이러한 제 생각을 비판하는 분도 있을 수 있겠지만 제 생각은 그렇다는 말입니다.

조선시대 이후, 원효와 의상 같은 걸출한 논사論師를 배출하지 못한데다가, 선 수행에 대한 편식으로 교학을 홀대한 결과 한국불교는 허약할 대로 허약해졌습니다. 반면에 서구와 일본은 이미 100여 년 전부터 불교를 신앙만이 아닌 인문학적이고 사상적인 가치로 접근하여 불교학을 학문의 관점에서 연구하고 있습니다. 오늘날 논리적이고 합리적인 세계관을 가진 사람들에게 불교를 전하는 데 있어 그들의 연구는 든든한 주춧돌이 되어 준다고 봅니다. 늘 강조하는 말씀이지만, 교教와 선禪, 지智와 행行은 수레의 바퀴처럼 새의 양 날개처럼 함께해야 합니다.


## 헛꽃은 예뻐도 꺾을 수가 없다
### – 경전 속의 믿음


4년에 한 번씩 윤달이 듭니다. 예로부터 윤달은 공달이라 하고, 하늘과 땅의 신들이 사람들에 대한 감시를 쉬기 때문에 모든 일을 꺼리지 않는다고 했습니다. 혼인하기에도 좋고 수의壽衣 만들기에도 좋고, 이장移葬을 해도 좋다고 합니다. 특히 윤달에 민가에서는 수의를 만들거나 산소를 옮기는 일을 많이 했습니다. 절에서는 윤달에 살아 있을 때 미리 자신들의 사후를 위해서 재를 지내는 의식인 생전예수재를 많이 지냅니다. 그런데 저는 이러한 모습을 보면서 탄식이 절로 나옵니다.

우리가 추구해야 되는 불교는 과학 불교이며 열린 불교여야 한다고 생각합니다. 오픈 마인드와 셀프컨트롤이 앞으로의 시대를 살아갈수록 얼마나 중요한지 알아야 하고, 세상의 종교 중에서 가장 합리적이고 과학적인 불교가 우리 시대를 선도해야 한다고 생각합니다. 왜 과학불교가 설득력이 있는가 하면, 여러분들한테 인과를 말할 때나 업을 말할 때 옛날 얘기 하듯이 늘 해 왔던 구태의연한 방식으로 해 드리면 금방 수긍이 되나요?

업을 말하자면, 앞에서 현세現世에 받는 업도 있고 후세後世에 받는 업도 있다고 했습니다. 순현업順現業, 순생업順生業, 순후업順後業 이렇게 3시三時의 업을 받는다고 했잖아요. 즉 내 자손한테 가는 업도 있다는 것입니다. 그럴 때 단순하게 과보가 자손한테 가니까 지금 착한 일을 해야 된다, 옛날에 누구누구가 태교를 잘해서 훌륭한 자손을 낳았다고 하면서 얘기만 해 준다면 태교를 실천하겠습니까? 초음파로 태아의 숨소리도 들려주고, 손 모양과 발 모양도 보여주고, 태아에게 좋은 음악을 들려 줬을 때, 또는 화가 나거나 욕하고 기분 나쁠 때 나타나는 태아의 반응들을 과학적인 근거와 결과로 보여 주며 설득한다면 태교에 신경을 안 쓸 수가 없게 된다는 말입니다.

마찬가지로 업이라는 것도 유전 인자가 자손한테 전해지는 것입니다. 그러면 그 유전인자가 어떻게 만들어 지는지 알려줘야 합니다.

유전인자가 무엇입니까? 모양을 갖추게 하는 것도 유전인자지만 어떠한 성향을 갖게 하는 것도 유전인자에서 오지 않을까요?

예를 들어서 예술가의 집안, 학자가 많이 배출된 집안이라고 하면 유전자의 힘에 대해서 그렇다는 것을 그 누구도 부정하지 못합니다. 흔히들 말하는 그 집안의 내력이라는 게 결국은 유전자의 차이 아닐까요? 우리가 갖는 생각과 마음까지도 유전자화된 정보로 입력이 되어 후대까지도 유전적으로 전달이 된다고 볼 수 있지 않겠습니까?

한편으로는 후천적으로 갖게 되는 예도 많겠지요. 어떤 사람이 술을 잘 마실 줄 몰랐는데 사업을 하다 보니 술을 잘 마시게 됐다고 합시다. 애초에 태어날 때에는 유전인자에 술을 잘 마시는 유전인자가 없었더라도 이게 길들여지고 숙달이 된 결과 자손한테도 술을 잘 마시는 유전인자가 전달될 수 있다는 겁니다.

다시 말하면 나쁜 마음을 먹고, 벌컥벌컥 화를 잘 내는 사람이 있다면 그러한 것들이 뇌에 저장이 되어 있다가, 마음과 물질은 하나이니 그것이 육신에 박혀 그 기질의 유전자들이 정자와 난자를 통해 자손한테 유전이 된다는 말입니다. 그렇기 때문에 아이를 갖게 되면 이러이러한 게 태교에 좋다더라 하면 대부분 지키려고 하는 것입니다.

제가 왜 이런 예를 구구절절 드는지 짐작할 수 있을 것입니다. 똑같은 인과 업에 대해 설명해 주더라도 좀 더 과학적이고 논리적인 방식으로 설명을 하자는 뜻입니다. 그럼 이해하기도 쉽고, 수긍하기도 쉬워지잖아요. 이젠 불교를 과학적인 분석과 실증을 가지고 말하자는 것이지요.

"과실過失은 어떤 현명한 이에게도 있다. 그러나 그 과실이 현
명한 사람을 상처 입히지 않는 것은 그가 그 과실을 잘 알고 고
쳐 나가기 때문이다."

－『화엄경』「현수품」

누구에게나 허물이 있고 실수를 할 수 있습니다. 그러나 잘못을
인정하느냐, 인정하지 않느냐는 큰 차이가 있습니다. 실수를 실수에
만 머물게 할 수도 있고 성숙의 동력이 되게 할 수도 있기 때문입니
다. 잘못을 저질렀느냐, 아니냐가 중요한 문제가 아니라는 겁니다. 부
부간이나 형제간에도 그렇고 친구지간에도 불화가 생기는 원인이 무
엇일까요? 잘 살펴보면 다 자기가 잘났다고 생각하기 때문입니다. 또
자신의 잘못을 알지만 인정하지 않기 때문이고, 먼저 기선을 제압하
려는 고집 때문입니다.

사람들은 대부분 '나[我]'라는 생각, 내가 최고라는 생각을 갖고 있
습니다. 이것이 아상我相이라는 것인데, 결국은 이러한 아상을 없애
기 위해 불교 수행을 하는 것입니다. 수행을 통해 지혜로워지고 아
상이 없어지면 허물을 바로잡을 수 있고, 허물을 바로잡으면 허물이

더 이상 자신에게 상처를 입히지 못하게 됩니다.

인간에게는 생명체로서 살고자 하는 본능적인 집착이 있습니다. 예를 들면 천둥번개가 치면 놀라서 숨게 됩니다. 그건 생존에 대한 본능적인 집착이거든요. 새끼강아지조차도 자신의 영역을 표시하느라고 배우지 않아도 본능적으로 길가에 오줌을 찔끔찔끔 싸 놓는 것을 볼 수 있습니다. 인간도 마찬가지로 자기가 설정해 놓은 테두리가 있어서 그 범위만 넘어서면 아상이 발동이 됩니다. 부부지간에도 '선만 넘어서 봐라, 가만 안 두겠다'는 그런 경계선들이 마음속에 있단 말입니다.

그런데 불교에서는 무아無我를 강조합니다. 나[我]라고 할 만한 것이 사실은 존재하지 않는 겁니다. 4대와 5온이 인연에 의해 가화합되어서 일시적으로 생각도 일으키고 형상도 만들었을 뿐인데 그것을 진짜 있는 것으로 착각하고 있단 말이지요. 그런데 그 착각이 또 경계선을 만든단 말입니다. 그렇다면 본래 내가 무아인데 무아가 만들어 놓은 경계선이 어디 있겠습니까? 그래서 그런 나를 비유하기를 모래성과 같다고 합니다.

아이들이 모래사장에서 땅따먹기를 하고 모래성을 쌓고 영토 싸움을 하며 놀고 있는데, 파도가 한번 몰아쳐서 싹 흩어버리면 네 땅 내 땅이 어디 있겠습니까? 자기가 여기저기 쳐 놓은 경계선에 또 경계병도 세워 놓고 경계하는데 잘 살펴보면 본래 타결해야 할 본거지가 어디에 있습니까? 결국 아상이 없어야 된다는 말입니다.

『원각경』「보현보살장普賢菩薩章」에 환화幻化의 비유가 있습니다. 눈에 티끌이 들어가 아른거리는데 그걸 보고 꽃으로 착각한다는 비유입니다. 눈에 들어간 티끌이 공중에 헛꽃으로 보이는데도 중생심은 그것을 실제 존재하는 것으로 확신한다는 뜻이지요.

그때 보현보살普賢菩薩이 대중 가운데 있다가 곧 자리에서 일어나 부처님 발에 정례하며 오른쪽으로 세 번 돌고 두 무릎을 꿇고 합장하고서 부처님께 말씀드렸다.
"대비하신 세존이시여, 원하옵니다. 이 모임의 여러 보살들을 위하시며, 또 말세의 모든 중생들로서 대승을 닦는 이들을 위하소서. 이 원각의 청정한 경계를 듣고 어떻게 수행하여야 합니까? 세존이시여, 만일 저 중생이 환幻과 같은 줄 아는 자이면 몸과 마음도 또한 환이거늘 어떻게 환으로써 환을 닦습니까? 만일 모든 환성幻性이 일체가 다 멸했다면 곧 마음이 없으니 누가 수행함이 되며, 어찌하여 또 수행함이 환과 같다고 하겠습니까? 만일 중생들이 본래 수행하지 않는다면 생사 가운데 항상 환화幻化에 머물러 있어 일찍이 환 같은 경계를 요지了知하지 못하리니, 망상심으로 하여금 어떻게 해탈케 하겠습니까?"

– 『원각경』「보현보살장普賢菩薩章」

우리가 깨닫는다는 것은 헛꽃이 눈에 들어간 티끌이라는 것을 확인하는 것입니다. 쓸데없는 고집이나 집착·아집 등을 내세우지 말라는 것입니다. 자기 자신이 항상 옳다는 생각을 경계해야 합니다. 심지어 부처님의 가르침에도 집착하지 말라고 하셨는데 그릇된 것에 집착해서야 되겠습니까?

우리가 불교 공부를 하다 보면 마음이 달라지는 것을 느끼는 순간이 있습니다. 수행의 4과四果라고 해서 신信·해解·행行·증證이라고 말합니다. 믿는 마음을 내고, 그 다음에 무엇을 어떻게 믿을 것인가 이해해야 되고, 이해하는 대로 행해서 얻어지는 결과가 있습니다. 그러려면 신심은 견고해야 하고, 이해도 잘하고, 행을 많이 해서 증득해야 되겠지요?

> 그때에 문수사리 보살이 흐리고 어지러움이 없는 청정한 행의 큰 공덕을 설하고 나서 보리심의 공덕을 나타내 보이고자 한 까닭에 게송으로 현수 보살에게 물었다.

> 내가 이제 이미 모든 보살을 위해서
> 부처님의 옛적에 닦으신 청정한 행을 말했으니
> 어지신 이도 또한 마땅히 이 모임 가운데서
> 수행의 훌륭한 공덕을 연설하소서.

> 그때에 현수 보살이 게송으로 대답하였다.

> 훌륭하도다. 어진 이여, 자세히 들으소서.
> 저 모든 공덕 헤아릴 수 없어
> 내가 이제 힘을 따라 조금만 말하리니
> 마치 큰 바다의 한 방울 물과 같다네.

만약 보살이 처음 발심함에
맹세코 부처님의 보리를 증득하려 하면
그 공덕 끝이 없어서
헤아릴 수 없고 같을 이 없는데

어찌 하물며 한량없고 끝없는 겁에
지위와 바라밀을 갖추어 닦은 모든 공덕은
시방의 온갖 모든 여래께서
다 함께 칭양稱揚해도 다함이 없네.

이러한 끝없는 큰 공덕을
내가 이제 그 가운데 조금만 설하리니
비유컨대 새의 발로 밟은 허공과 같고
또한 대지의 한 티끌과 같네.

보살이 뜻을 내어 보리를 구함은
인因이 없고 연緣이 없음이 아니니
불·법·승에 깨끗한 믿음을 낼 새
이로써 넓고 큰 마음을 내었네.

5욕과 왕위와 부유함과
즐거움과 명예를 구하지 아니하고
다만 길이 중생고를 멸하여

세간을 이익 되게 하려 발심하였네.

늘 모든 중생 이익 되고 즐겁게 하고자
국토를 장엄하고 부처님을 공양하며
바른 법 받아 지니고 모든 지혜 닦아서
보리를 증득한 연고로 발심하였네.

믿고 이해하는 깊은 마음 늘 청정해
모든 부처님을 공경하고 존중하며
법과 스님들께도 또한 그러하여
지성으로 공양하려 발심하였네.

부처님과 부처님 법 깊이 믿고
불자들이 행하는 도리 또한 믿으며
위없는 큰 보리를 믿어서
보살이 이로써 처음 발심하였네.

믿음은 도의 근본 공덕의 어머니라
온갖 모든 선법을 찬양하며
의심의 그물 끊고 애착을 벗어나
위없는 열반의 도 열어 보이네.

저는 『화엄경』을 독경할 때마다 상당 기간 위의 대목에서 깊은 희

열을 느꼈습니다. 이 게송에서 가슴 벅찬 희열에 독경을 잠시 멈출
정도였습니다.

"믿음은 도의 근본이고 공덕의 어머니다."

사실은 이러한 믿음, 이것이 완성이에요. 올바른 믿음을 내는 게
가장 큰 공덕입니다. 믿음을 가지고 공부하고 수행하는 것보다 더
큰 공덕이 없다는 것입니다. 신심 내어 기도하고 염불하는 것보다 더
큰 공덕이 없습니다. 믿음을 발판으로 삼아 욕망에서 벗어나면 이미
도가 이루어진 것입니다. 굳센 신심을 가지고 욕망을 떨쳐버렸으면
수행을 끝마친 것이라 할 수 있습니다.

> 믿음은 때 묻고 흐림이 없어 마음이 청정하고
> 교만을 없애고 공경의 근본이며
> 또한 법의 창고의 제일가는 재물이요,
> 청정한 손이 되어 온갖 행을 받네.

> 믿음은 은혜로이 보시하여 마음에 인색함이 없고
> 믿음은 환희하여 불법에 들게 하며
> 믿음은 지혜 공덕을 증장케 하고
> 믿음은 반드시 여래의 지위에 이르게 하네.

> 믿음은 모든 근을 깨끗하고 밝고 이롭게 하고
> 믿음의 힘은 견고하여 능히 깨뜨릴 수 없고
> 믿음은 길이 번뇌의 근본을 멸하며

믿음은 오로지 부처님의 공덕을 향하게 하네.

믿음은 경계에 집착함이 없고
모든 어려움을 멀리 여의어서 어렵지 않게 하며
믿음은 온갖 마의 길에서 뛰어나
위 없는 해탈의 도를 나타내 보이네.

믿음은 공덕의 파괴되지 않는 종자요,
믿음은 깨달음의 나무를 생장케 하며
믿음은 가장 수승한 지혜를 증익케 하고
믿음은 온갖 부처님을 나타내 보이네.

이런 까닭에 행을 의지해 차례를 말할진대
믿는 즐거움 가장 수승해 심히 얻기 어려우니
비유하면 온갖 세간 가운데
뜻을 따라 묘한 보배 구슬 소유함과 같네.

이쯤 되면 믿음에서 오는 즐거움보다 더 큰 것이 없다는 것을 아시겠지요?

"성내지도 않고 원한도 없는 그대를 보고 욕하고 손가락질하는 자가 있더라도 마음을 깨끗이 하여 앙심을 품지 않는다면 그 허물은 도리어 그대를 손가락질한 자에게 돌아가나니, 마치 흙을

끼얹더라도 역풍이 불어와 오히려 자신을 더럽히는 것과 같네."

- 『잡아함경』

## 재가불자는 출가자의 진정한 도반이 되어야…
### - 올바른 불자

　믿음이 바로 신信·해解·행行·증證의 시작입니다. 올바른 믿음이 확립되어 있지 않으면 해·행·증이 안 된다고 할 수 있습니다. 한편 올바른 믿음이 되려면 산전수전 다 겪어 봐야 됩니다. 절에 다니면서 온갖 풍파를 다 견뎌내야 한다는 것입니다. 스님한테 실망도 해 보고, 절이라는 곳에 이골도 나 보고, 나름대로 이 일 저 일 다 겪은 다음에 이뤄지는 게 올바른 믿음인 신信이 시작되는 것입니다. 어떤 풍파에도 흔들리지 않을 정도로 믿음이 견고해져야만 도의 근본이 된다는 말입니다.

　예를 들어, 어느 날 스님이 술집에서 나오는 걸 봤다고 가정해 보세요. 그 일 때문에 정나미가 뚝 떨어져서 그 스님이 주지로 있는 절에 가기 싫을 수가 있습니다. 그런데 재가불자들이 이걸 알아야 해요. 산전수전을 다 겪는다는 게 뭐냐 하면 제가 전에도 말씀드렸듯이 '왜 그랬을까?' 하는 생각을 한번쯤은 해 봐야 된다는 것입니다. 최소한 친구지간이나 부부 사이, 자기 자식도 평소에 안 하던 짓을 하게 되면 '왜 그랬을까?' 하는 생각을 한번쯤 해 보지 않습니까?

　제 경우에도 오해 받기 쉬운 일이 있습니다. 술집을 운영하는 신도

가 봄·가을에 한 번씩 기도를 부탁하는데, 기도 시간을 항상 오후 5
~7시 사이에 해 달라고 합니다. 그런데 기도를 하고 나오면 이미 밖
은 어둑어둑하고, 주당들이 술집에 몰려드는 시간이 됩니다. 술집에
오는 사람들, 술집 앞을 지나가는 많은 사람들이 저를 봤겠지요. 신
촌 로터리 유흥가의 한 술집에서 나오는 스님을 봤을 때, 사람들이
무슨 생각을 하겠어요? '땡중이 초저녁부터 술 마시고 나오나 보다'
하는 생각을 할 수도 있습니다. 바로 그런 잘못된 오해가 있을 수 있
다는 겁니다.

　그리고 설령 어떤 수행자가 일탈을 하는 것을 알았다면 '그 스님
이 왜 그랬을까?' 하고 먼저 돌이켜 헤아려 보고, 또 '그 스님이 요즘
마음이 좀 흐트러진 것 같은데 무슨 불편한 일이라도 있나? 아니면
무슨 고민이라도 있나?' 하고 한번쯤 생각해 주세요. 출가자의 심정
이 되어 역지사지해 보는 것이 올바른 신도의 자세가 아니겠습니까?
재가자이지만 출가자의 심정이 되고, 그의 절친한 도반의 심정이 되
어서 '평소에 안 하던 행동을 왜 했을까?' 하고 아픔을 같이 헤아려
보려는 게 진정한 신도가 아닌가 합니다.

　그런데 술집에서 나오는 것만 보고, '어휴, 저 중은 글렀어.'라고 생
각하고 차갑게 외면한다면 많은 것을 잃을 수 있습니다. 그 옛날 부
처님이 고행을 하다가 네란자라 강가에 쓰러진 것을 보고 수자타가
부처님께 입으로 타락죽을 먹여주는 것을 보고 다섯 비구가 도망간
일과 똑같을 것입니다.

　번뇌가 크면 깨달음도 크다고 했습니다. 비록 출가자는 재가자를
이끌어야 할 사명이 있지만, 깨닫기 전까지는 출가자도 재가자와 똑

같은 사람입니다. 출가자가 번뇌로 인해 괴로워하고 있다면 그가 바른 수행의 길로 들어갈 수 있도록 음으로 양으로 도와줄 수 있는 재가불자가 되었으면 합니다.

물론 이렇게 재가불자들의 의식 수준이 높아지려면 먼저 출가자들의 설법 수준이 높아져야 한다고 생각합니다. 평소에 체계적이고 깊이 있는 교리 교육이 이루어져야 하는데, 그런 교육은 하지 않고 오히려 재가불자들의 의식 수준에도 미치지 못하는 개인적인 경험담이나 영험담식 내용만으로 설법 시간을 메우고 있는 것은 아닌지 돌아보게 됩니다. 어쨌든 우리 모두에게 순수하고도 깊은 믿음이 있다면 매사 눈에 보이는 것만으로 쉽게 마음이 흔들리는 일은 없을 것입니다.

# 보살, 성불을 미룬 능력자

○

## 보살님, 번뇌하는 부처님
− 보살의 사랑

"세속 사람들은 모두 자기 자신을 사랑하지만 막상 자신을 편
안하고 이롭게 하지는 못한다. 하물며 이런 사람들이 남을 편안
하게 하고 남을 이롭게 하는 사랑을 베풀 수 있겠는가. 보살(구
도자)은 그렇지 않아서 자신에 대한 사랑을 버리고 오직 남만을
사랑한다."

− 『대승장엄경론』

"자기 자신을 사랑하지만"이라고 했습니다. 그런데 부처님은 "천상
천하天上天下 유아독존唯我獨尊"이라고 말씀하셨습니다. '천상천하 유
아독존'의 의미는 자기 자신을 사랑하라는 말이거든요. 글자 그대로

풀면 '세상에서 나 자신만이 가장 존귀한 존재'라는 뜻입니다. 그런데 여기에서 '나'라는 것은 석가모니 부처님만을 말하는 것이 아닙니다. 인간 모두 각자가 그렇게 외쳐야 된다는 것을 일깨워 주기 위해 부처님께서 대표로 외치신 것입니다.

이 세상의 모든 사람이 다 존귀하므로 자기가 자신을 사랑하듯 다른 사람도 사랑할 줄 알아야 된다는 말씀입니다. 자신을 사랑할 줄 아는 사람이 넘치는 사랑으로 다른 사람을 아끼고 사랑할 수 있다는 것은 평소에 체험하셨을 것입니다. 그럴 때 불교의 천상천하 유아독존을 떠올리셨다면 공부가 아주 잘 된 분입니다.

그런데 요즘 사람들 중에는 사랑을 하는 방법에 있어서 자기의 욕망을 채우고 자신이 갖고 싶은 것에 집착하는 것이 자신을 사랑하는 것이라고 착각하는 경우가 많은 것 같습니다. 또한 남녀 간에 연애를 할 때 '사랑을 한다.'라는 표현을 쓰는데, 서로 사랑한다는 미명 하에 상대에게 무례하거나 상식적으로 말도 안 되는 요구를 해서 서로 상처만 입게 되는 경우도 많습니다.

자식에 대한 사랑도 마찬가지입니다. 그건 사랑이 아니라 사랑이라고 착각한 사랑이라는 이름의 집착입니다. 사랑한다는 것과 애착·집착은 다릅니다. 자신을 사랑한다는 것은, 인간으로서의 본성, 본래의 참되고 물들지 않는 성품 그 자체를 사랑할 줄 알아야 된다는 것입니다. 요즘 말로 하면 인간성人間性, 본래의 물들지 않는 인간성을 사랑하는 것이지요.

따라서 욕심에 물든 어리석은 행동은 버려야 합니다. 그것은 미워할 일이지 사랑할 대상이 아닙니다. 사랑할 것과 미워할 것을 구별할 줄 알아야 자신을 올바르게 사랑할 줄 알게 됩니다. 속이 깊지 못하여 화를 내며 집착하고 괴로워하는 그 마음, 그러한 상황에 빠져 마음이 흔들리고 거짓된 망상에 사로잡히는 자신은 미워하고 반성할 대상이지 사랑할 대상이 되어서는 안 됩니다. 이러한 것을 인식하고 자신을 진정으로 사랑할 수 있도록 수행하고 실천해야 합니다.

무엇보다 자신을 아낄 줄 아는 사람이라야 타인을 아낄 줄 압니다. 서로 마음이 통하고 편안해지면 앞뒤를 돌아볼 수 있는 마음의 여유가 생기고, 도량이 넓어지면서 마음의 근육이 단련되는 그런 상호작용의 과정 속에서 진정한 사랑이 생깁니다. 지금 사랑이라는 표현을 썼지만, 사랑보다 한 차원 높은 자비慈悲를 체득해야 합니다.

자비의 자慈는 상대로 하여금 환희심을 일으키게 하고 즐거움을 주는 것입니다. 불교를 공부하는 이들에게 자비를 베푸는 것은, 불자들이 불교를 통해 불법을 만남으로써 기쁨이 충만하고 부처님의 자비광명을 느끼고 스스로 부처님 믿기를 잘했다는 환희심이 나도록 이끌어 주는 역할이라 할 수 있습니다. 이러한 것이 '자'입니다.

그런데 어떻습니까? 솔직히 불교뿐만 아니라 모든 종교가 일종의 보험 회사 같다는 생각이 듭니다. 그나마 보험회사는 사고가 나면 보상이라도 해 주고 만기가 되면 돈이라도 돌려주는데 종교는 어떻습니까? 잠깐 마음에 위안이 될 수 있을지는 몰라도 제대로 공부하고 수행하지 않으면 오히려 미혹해지는 경우가 많습니다.

암튼 윤달이 되면 절에서는 생전예수재라는 의식을 많이들 합니다만, 저는 예수재 폐지론자입니다. 아시다시피 예수재라는 게 '미리 닦는다'라고 해서 생전에 자신의 49재를 미리 지내는 것을 말합니다.

7·7재부터 시작해서 49재까지 천도재 지내듯이 미리 재를 지냄으로써 그 공덕으로 지옥에 떨어지지 않고 좋은 데 태어나기 위해서 예수재를 지낸다고 합니다. 솔직히 사찰을 유지하고 보수하는 과정에서 재정에 대한 고뇌가 없을 수는 없지만 저는 이처럼 형식적인 이벤트는 못 받아들이겠습니다.

또한 부처님의 사리를 친견하면 부처님을 친견한 것과 같아서 그 공덕이 무량하다고 합니다. 그래서 우리나라 스님들이 스리랑카나 태국 등 동남아 국가에 가면 그 나라 스님들이 인사치레로 사리를 줍니다. 그 사리가 부처님 진신사리라는 것을 본인들도 믿지 않으면서 절마다 그걸 안치해 놓고는 진신사리 친견법회를 합니다. 그렇게 해서 순진한 신도들을 현혹시키고 있습니다. 죄책감도 없이 마치 큰 공덕과 복덕이 이루어지는 것처럼, 미혹에 빠트리고 있으니 지옥에 종교인들이 우글우글하다는 우스갯소리가 예사로 들리지 않습니다. 사실 그것이 부처님 진신사리라면 뜻이 없진 않겠지요. 하지만 본래의 불교 정신은 그러한 상相에 있지 않습니다. 『금강경』에서도 "부처님을 모습으로나 음성으로 보려고 하면 여래를 볼 수 없다."고 말씀하셨잖습니까?

경전에는 도솔천에 법문을 하러 갔다가 돌아오실 적에도 아난이 제일 먼저 부처님을 맞이한 것이 아니고 숲속에서 아란야행을 하며 공空을 관하고 있던 수보리가 제일 먼저 부처님을 맞이했다고 하셨습니다. 그런 것으로 볼 때 부처님께서는 형상에 집착하는 것을 철저하게 부정하고 있다는 것을 알 수 있습니다.

불교의 근본정신에도 위배되고, 지각 있는 사람들로부터 비난이 쏟아지는데도 불구하고 잠자리 알을 우담바라 꽃이라고 하면서 줄을 서서 친견하게 하는 것을 보고 실소가 터져 나왔습니다. 이처럼 감정에 호소하는 시대는 이미 지났습니다. 지금 사찰에서 이루어지고 있는 신앙의 행태들이 실은 종교의 역할을 제대로 하는 게 아니라 인간의 값싼 감정에만 호소하고 있는 것이라고 봅니다.

자비에서 '자'라는 것은 절에 가서 부처님 진신사리도 보고 우담바라 꽃도 보면서 기분이 좋아지게 하는 것이 아닙니다. 일회적이고 감각적인 신앙행태에서 얻어지는 즐거움이 아니라 이성을 바탕으로 합리적인 생각을 통해 삶의 고통에서 벗어나 진정으로 즐거운 마음을 갖는 것이 '자'의 올바른 의미입니다.

다음으로 '비悲'라는 것은 수많은 고통 속에서 괴로워하는 중생들의 고통을 함께 느끼고 그것을 덜어주기 위한 노력을 말합니다. '자'가 즐거움을 주는 것이라면 '비'는 고통을 제거해 주는 것이지요. '자비'를 베푼다고 함은 즐거움을 주고 고통을 제거시키는 것을 말하는 것입니다.

자비의 화신化身으로 제일 먼저 생각나는 보살님은 관세음보살觀世音菩薩님입니다. 이름 그대로 '세상의 소리를 관觀해서' 자비를 베풀어 주고 중생을 고苦에서 벗어나게 해 주는 분입니다. 중생들이 갖고 있는 현실적인 모든 어려움을 해결해 주는 해결사 역할을 하는 분이 바로 관세음보살입니다.

『관세음보살보문품觀世音菩薩普門品』에 의하면, 관세음보살은 자비를 베풀어 고통을 제거하고 기쁨을 주기 위해서 모든 국토에 나타나지 않는 곳이 없다고 했습니다. 관세음보살님이 온갖 곳에서 온갖 모습으로 우리 앞에 나타납니다. 때로는 제석천왕의 모습으로 나타나기도 하고, 때로는 장자長者의 모습으로 나타나기도 하고, 때로는 비구·비구니의 모습으로 나타나기도 하고, 때로는 장사꾼의 모습으로 나타나기도 하고, 때로는 술집 작부의 모습으로 나타나기도 하는 등 여러 모습으로 나타난다고 합니다.

수없이 많은 모습으로 나타난다 해서 흔히 천수천안관세음보살이라고 합니다. 또한 열한 가지 모습을 형상화한 11면관세음보살이 있습니다. 그 모습 중에 엄하게 화를 내는 모습의 진노상震怒相이 있습니다. 때로는 말을 안 듣는 중생들한테는 엄한 모습을 보임으로써 조복을 시켜 스스로 잘못을 깨닫게 해 준다는 의미의 보살상입니다. 그렇게 중생이 고통에서 벗어날 수 있도록 진노의 방편을 쓰는 모습도 자비의 여러 형태 가운데 하나입니다.

"보살(구도자)은 그렇지 않아서 자신에 대한 사랑을 버리고 오직 남만을 사랑한다."는 경전 구절처럼 보살은 남을 사랑하기 위해 즐거운 모습만 보여주는 것이 아니라 노여운 모습도 보여주고 고통 받는 모습도 보여줍니다. 보살을 각유정覺有情이라고 합니다. 글자 그대로 보면 깨달았으되 정情이 있는 중생입니다. 이 점이 중요합니다. 저 높은 부처의 지위에서는 오히려 중생을 이끌어 주기가 어렵습니다. 어린아이들과 제대로 소통하기 위해서는 어린아이가 되어 어린이들의 용어로 말해야 하는 것과 마찬가지 이치입니다. 보살은 중생들을 바르게 이끌어 주기 위해 번뇌하는 부처님입니다. 한편 우리 곁의 모든 사람들이 곧 우리를 이끌어주는 보살님, 번뇌하는 부처님임을 안다면 우리의 수행이 완성된 것이라고 할 수 있습니다.

# 구제하는 관세음보살,
# 깨달음을 이룬 관자재보살
## - 보살의 구분

『화엄경』 중에서 가장 중요한 위치를 차지하고 있는 「십지품十地品」에서 보살 10지十地에 대해 설하고 있습니다. 보살 10지는 보살 수행의 단계를 열 가지로 나눈 것을 말합니다.

앞에서 말씀드렸듯이 『대승장엄경론』에 의하면, 보살의 역할은 자신에 대한 사랑은 버리고 오직 타인만을 사랑하는 것이라고 했습니다. 보살의 역할이 그러한데, 그렇다면 보살은 왜 이런 마음을 일으키는 것일까요? 바로 보살이 세운 '원願' 때문이라는 것입니다. 보살의 실천 수행 덕목인 6바라밀은 보시·지계·인욕·정진·선정·지혜입니다. 또 보살이 닦아야 할 수행인 10바라밀 중에는 원願바라밀이 있고 역力바라밀도 있습니다.

역바라밀은 중생을 조복시키고 제도할 수 있는 힘을 말하는 것인데 그 힘이라는 것은 '원'과 '력'도 필요하지만 그렇게 할 수 있는 방편도 있어야 됩니다. 이 방편이라는 것도 바라밀에 속하는 것입니다. 방편바라밀에서 방편은 절에서 부적을 나눠 주고 하는 것이 아니라 바라밀 수행 과정에 속하는 것으로서 거저 생기는 것이 아닙니다. 보살이 중생들을 구제하고자 방편을 얻고 원을 세우고 힘을 갖는 것도 부처의 경계에 이르기 위한 수행과정이라고 『화엄경』에 자세하게 설해져 있습니다.

또한 보살의 지위에도 52위 점차라고 해서 10신身, 10주住, 10행

行, 10회향回向, 10지地, 등각等覺, 묘각妙覺의 지위가 있습니다. 중생들을 구제하기 위해서 이러한 방편을 포함한 여러 바라밀을 두루 갖추고 52위의 보살 수행단계를 다 거쳐야 비로소 성불成佛할 수 있다는 것입니다. 물론 보살 중에는 부처의 지위에 올라갈 수 있는 충분한 능력을 가지고 있지만 일부러 성불을 미루고 중생들을 구제하는 보살도 있고, 또 수행이 아직 부처에 이르지 못했기 때문에 닦아 나가는 보살도 있습니다.

이쯤에서 '보살'과 '보살마하살菩薩摩訶薩'의 차이를 잠시 짚어보겠습니다. 보살이란 대승불교에서 만들어진 말인데, 산스끄리뜨어로는 보디사뜨와Bodhisattva로서 '깨달은 중생[覺有情]'이라는 뜻입니다. 보살이 아직 번뇌가 남아 있는, 수행을 해 나가는 단계에 있는 중생을 뜻하는 것이라면, 부처의 지위에 가까워진 보살들을 이들과 구별해서 보살마하살, 즉 수행이 완성된 보살이라고 한 것이지요. 반면에 아직도 닦을 것이 남아 있긴 하지만 상당한 원력願力이 있는 분들, 중생이 보기엔 성불의 단계에 있는 것같이 보이지만, 부처의 입장에서 볼 때는 미세한 티끌 같은 번뇌가 남아 있는 분들을 보살이라 해도 될 것 같습니다. 하지만 보살이든 보살마하살이든 대승사상의 핵심인 위로는 깨달음을 추구하며 아래로는 중생을 구제하는, 자신보다 남을 더 사랑하는 큰 원력을 세운 분들이라는 면에서는 다르지 않습니다.

이왕 말이 나온 김에 더 짚어보자면, 관세음보살이라고도 하고 관자재보살觀自在菩薩이라고도 하는데, 어떻게 다를까요?

『반야심경』은 "관자재보살이 깊은 반야바라밀다를 행할 때에[觀自

在菩薩 行深般若波羅蜜多時]"로 시작됩니다. 관자재보살이 깨달은 내용을 설하면서 수행에서 얻은 결과와 관자재보살의 수행을 본받으라는 내용이 반야심경의 주된 내용입니다. 즉, 관자재보살이 5온이 모두 공空한 것을 본 것처럼, 이러한 이치를 알아야 아뇩다라삼먁삼보리[無上正等正覺]에 들어간다는 것입니다.

관자재보살이 차안의 세계에서 저 피안의 세계로 가는 길인 공의 이치를 볼 줄 알고 공한 이치를 깨달았기 때문에 관세음보살이 『반야심경』에서는 관자재보살로 등장하고 있는 것입니다. 왜 다르게 썼는지 그 이유를 확인하기 위해서 관계되는 경전들을 모두 살펴보았습니다. 그리고 제 생각이 옳다는 것을 어느 정도 확신했습니다.

경전마다 중생을 구제하는 모습으로 관세음보살이 나타날 때는 전부 관세음보살이라는 표현을 쓰고 있습니다. 그런데 부처님과 문답을 하고 불법佛法을 설할 때는 전부 관자재라는 표현을 쓰고 있었습니다. 이렇듯 경전에는 한 글자 한 글자마다 그럴 만한 이유가 있습니다. 이런 소소한 깨달음이 경전을 보는 의미와 즐거움을 배가시킵니다.

제가 경전 전산화 작업을 하는 제일 큰 목적은 경전에 나오는 단어 하나라도 정확한 의미와 규칙이 있기 때문에 모르는 단어나 문장들이 나오면 스스로 찾아보고 확인하고 정확하게 이해하도록 돕고자 하는 것입니다. 말로만 일러줘서는 본인들의 것이 되지 않으므로 혼자서도 스스로 찾아가면서 공부할 수 있도록 여건을 만들어 보려는 것이니 기대하셔도 좋을 것입니다.

예를 들어서 업業, 인연因緣, 인과응보因果應報라고 하는 것도 경전

속에서 찾아보고 사전 속에서 찾아보고 또 다시 경전을 통해 확인을 해 봄으로써 스스로 개념이 확립되어야 체득할 수 있습니다. 그렇지 않으면 막연하고 모호한 개념으로만 남게 됩니다.

《 죽비 소리 》

몇 년 사이에 조선시대의 구체적 인물이나 정치적 상황을 소재로 한 영화가 급증하고 있습니다. 이것은 『조선왕조실록』이 우리말로 완역되고 전산화가 잘 이루어져 검색이 가능하기 때문입니다. 한글 완역된 대장경을 이처럼 전산화해 일반에게 제공하지 못하는 점은 참 이해하기 어렵습니다.

## 오직 부처님만이 아시는 공덕
### - 화엄과 보살

"불자여, 이 비유는 차치하고, 가령 어떤 사람이 온갖 즐길 거리로써 시방의 10아승기阿僧祇 세계에 있는 중생들에게 백 겁 동안 공양하고, 그런 뒤에 가르쳐서 10선도善道를 닦게 하고, 이렇게 천 겁 동안 공양한 뒤에 4선에 머물게 하고, 백천 겁을 지낸 뒤에 4무량심無量心에 머물게 하고, 억 겁을 지낸 뒤에 4무색정無色定에 머물게 하고, 백 억 겁을 지낸 뒤에 수다원과須陀洹果에 머물게 하고, 천 억 겁을 지낸 뒤에 사다함과斯多含果에 머물게 하고, 백천 억 겁을 지낸 뒤에 아나함과阿那含果에 머물게 하고, 나유타那由陀 억 겁을 지낸 뒤에 아라한과阿羅漢果에 머물게 하고, 백천 나유타 억 겁을 지낸 뒤에 가르쳐서 벽지불도辟支佛道에 머물게 하였다면, 불자여, 어떻게 생각합니까? 이 사람의 공덕이 많다고 하겠습니까?"

- 『화엄경』 「초발심공덕품」

　자비를 베풀고, 많은 공양을 올리고, 공부를 시키고, 수행을 시키고 해서 아라한의 경지에 이르게 하거나 소승에서 말하는 깨달음에 이르게 만들었다면 그 공덕이 얼마나 크겠습니까? 고민거리 하나를 해결해 줘도 그 공덕이 큰데 깨달음의 경계에 이르도록 만들었으면 그 공덕이 얼마나 클지 말로 표현하기 힘들겠지요.

　그러니까 제석천왕이 말하기를, "불자여, 이 사람의 공덕은 오직 부처님만이 압니다."라고 했습니다. 공덕이 매우 커서 말로 표현할 수 없고 오직 부처님만이 아신다는 것이지요. 제석천왕이 그렇게 말하자 이제 법혜 보살이 말합니다.

　"불자여, 이 사람의 공덕을 보살이 처음 발심한 공덕에 비교하면 백 분의 일에도 미치지 못하고, 천 분의 일에도 미치지 못하고, 내지 우파니사타 분의 일에도 미치지 못한다. 무슨 까닭인가? 불자여, 모든 부처님께서 처음 발심할 때에, 다만 온갖 즐길 거리로써 시방의 10아승기 세계에 있는 중생들에게 공양하기를, 백 겁 동안이나 내지 백 천 나유타 억 겁 동안을 지내기 위하여 보리심을 낸 것이 아니고, 그렇게 많은 중생들을 가르쳐서 5계와 10선업도를 닦게 하거나, 4선정·4무량심·4무색정에 머물게 하거나, 수다원과·사다함과·아나함과·아라한과 벽지불도를 얻게 하기 위하여 보리심을 낸 것이 아니다. 다만 여래의 종성種性이 끊어지지 않게 하기 위한 연고며, 일체 세계에 두루 가득하게 하기 위한 연고며, 일체 세계의 중생을 제도하여 해탈케 하기 위한 연고며, 일체 세계의 이루고 무너짐을 알기 위한 연고며, 일체 세계에 있는 중생의 때 묻고 깨끗함을 알기 위한 연고며, 일체 세계의 성품이 청정함을 알기 위한 연고며, 일체 중생의 욕락과 번뇌와 습기를 알기 위한 연고며, 일체 중생이 여기서 죽어 저기 나는 것을 알기 위한 연고며, 일체 중생의 근성과 방편을 알기 위한 연고며, 일체 중생의 마음과 행을 알기 위한 연고며, 일체 중생의 삼세의 지혜를 알기 위한 연고며, 일체 부처님의 경계가 평등함을 알기 위한 연고로 위없는 보리심을 내는 것이다."

— 『화엄경』「초발심공덕품」

위 내용을 보면 그렇게 보리심을 낸 것도 보살이 원을 세웠기 때문이라는 것을 분명히 알 수 있습니다.

"불자여, 또 이 비유는 그만두고, 가령 어떤 사람이 한 생각 동안에 동방의 아승기 세계에 있는 중생들의 갖가지 차별한 이해를 능히 알며, 생각 생각마다 이와 같이 하여 아승기겁이 다하도록 하였고, 또 두 번째 사람은 한 생각 동안에 앞에 사람이 아승기겁 동안에 아는 중생들의 여러 가지 차별한 이해를 능히 알아서, 이와 같이 아승기겁이 다하도록 하였으며, 이렇게 차례차례로 그렇게 하여 열 번째 사람에 이르렀고, 남방·서방·북방

과 네 간방과 상방·하방도 역시 그러하였다 하면, 불자여, 이 시
방 중생들의 가지가지로 차별한 지혜를 끝까지 알 수 있다 하더
라도, 보살이 처음으로 아뇩다라삼먁삼보리심을 낸 공덕과 선
근은 그 끝 간 데를 알 수 없다."

- 『화엄경』「초발심공덕품」

지금 이 내용은 이 공덕을 다른 사람을 위해서 많이 베풀었다는
것인데 그런 공덕이라고 할지라도 초발심初發心의 공덕만은 못하다
는 겁니다. 즉 처음에 깨달음을 얻고자 하는 발심을 낸 것보다 못하
다는 거예요. 여기서 결론을 잠깐 말씀드리면, 초발심 공덕을 내는
것이 곧 성불과 연결됩니다. 그러니 성불보다 더 큰 가치가 어디 있겠
습니까?

"무슨 까닭인가? 불자여, 보살은 다만 저러한 중생들의 이해를
알기 위해서만 아뇩다라삼먁삼보리심을 내는 데 제한한 것이
아니고, 일체 세계에 있는 중생의 가지가지로 차별한 이해를 모
두 알기 위하여 아뇩다라삼먁삼보리심을 내는 것이다.
이른바 일체 차별한 이해의 그지없음을 알려는 연고며, 한 중생
의 이해가 무수한 중생의 이해와 평등함을 알려는 연고며, 말할
수 없이 차별한 이해를 아는 방편 지혜 광명을 얻으려는 연고
며, 중생들의 제각기 차별한 이해를 모두 알아서 남음이 없으려
는 연고며, 과거·현재·미래의 선하고 선하지 못한 가지가지 한량
없는 이해를 모두 알려는 연고며, 비슷한 이해와 비슷하지 않은

이해를 모두 알려는 연고며, 일체 이해가 곧 하나의 이해요 하나의 이해가 곧 일체 이해임을 모두 알려는 연고며, 여래의 이해하는 힘을 얻으려는 연고이다.

또 위가 있는 이해와 위가 없는 이해와 남음이 있는 이해와 남음이 없는 이해와 평등한 이해와 평등치 않은 이해의 차별함을 모두 알려는 연고며, 또 의지 있는 이해와 의지 없는 이해와 함께하는 이해와 함께하지 않는 이해와 끝 있는 이해와 끝 없는 이해와 차별 있는 이해와 차별 없는 이해와 선한 이해와 선하지 못한 이해와 세간의 이해와 출세간의 이해가 차별한 것을 모두 알려는 연고이다.

또 일체의 묘한 이해, 큰 이해, 한량없는 이해, 정위正位의 이해 가운데서 여래 해탈의 걸림 없는 지혜를 얻으려는 연고며, 또 한량없는 방편으로 시방의 일체 중생계에 있는 낱낱 중생의 깨끗한 이해·물든 이해·넓은 이해·간략한 이해·세밀한 이해·거친 이해를 모두 알아서 남음이 없게 하려는 연고며, 또 깊고 비밀한 이해·방편의 이해·분별한 이해·자연의 이해·인을 따라 일어나는 이해·연을 따라 일어나는 이해를 모두 알아서, 일체 이해의 그물을 끝까지 다하여 남음이 없게 하려는 연고로 아뇩다라삼먁삼보리심을 내는 것이다."

－『화엄경』「초발심공덕품」

웬만한 사람들은 경전을 잘 읽지 못하는 이유가 이런 점이 아닌가 싶습니다. 내용이 비슷비슷한 것을 표현하면서 차별이 있는 이해라고 말합니다. 경전에서 어찌 보면 지루하도록 거듭해서 표현하는 것은 사실은 다 그럴 만한 이유가 있습니다.

예를 들어서 『반야심경』에서도 "색즉시공色卽是空"이라고 한 뒤 다시 또 "공즉시색空卽是色"이라고 되풀이하고 있는데, 참 재미나는 반복이라고 생각합니다. 공부하다 보면 관세음보살과 관자재보살처럼 그 차이를 알면 아주 재미난 것들이 참 많습니다.

### 본격적인 수행은 견성부터, 견성보다 보임保任이 더 힘들다

"저 부처님들이 소유하신 공덕을 이 보살이 능히 믿고 능히 받고 능히 닦고 능히 얻고 능히 알고 능히 증득하고 능히 성취하며 여러 부처님과 더불어 한 성품이 평등하다. 무슨 까닭인가? 이 보살이 일체 여래의 종성種性을 끊지 않으려고 발심하며, 일체 세계에 가득하려고 발심하며, 일체 세계의 중생을 제도하여 해탈케 하려고 발심하며, 일체 세계의 이루고 무너짐을 모두 알려고 발심하며, 일체 중생의 때 묻고 깨끗함을 모두 알려고 발심하며, 일체 세계의 3유三有가 청정함을 모두 알려고 발심하며, 일체 중생의 욕락欲樂과 번뇌와 습기를 모두 알려고 발심하며, 일체 중생이 여기서 죽어 저기에 나는 것을 모두 알려고 발심하며, 일체 중생의 모든 근성과 방편을 모두 알려고 발심하며, 일체 중생의 마음과 행을 모두 알려고 발심하며, 일체 중생의 세 세상 지혜를 모두 알려고 발심한 것이다."

- 『화엄경』 제17 「초발심공덕품」

여기에서 여래의 종성이라는 말이 자꾸 나오는데 여래의 종성種性이란 부처님이 가지고 있는 성품을 말하는 것입니다. 『열반경』을 비롯한 다른 경전에서도 여러 가지 다른 말로 표현하는데, 여래의 종성은 여래장如來藏이라고 볼 수 있습니다. 여래의 성품이 갈무리된 곳, 눈에 띄지는 않지만 어딘가 안에 숨어 있다는 뜻이기도 합니다. 겉으로 나타나는 뚜렷한 성품은 아니지만 안에 내재되어 있는 것을 뜻하지요.

여래의 종성이라는 것이 본래 부처님의 성품을 말하는 것만은 분명합니다. 또한 이것을 불성佛性이라고 말합니다. '불성은 여래장이다, 여래심은 불성이다.'라고 표현할 수 있겠습니다만, 사실은 뉘앙스가 조금씩 다릅니다. 견성見性했다고 할 때의 '성性'은 개인의 참된 성품을 보았다는 뜻입니다. 개인의 참된 성품도 사실은 깊이가 여럿입니다. 견성했다고 해서 모두가 깨달은 것은 아닙니다. 보살은 견성을 몇 번씩 한 사람들입니다. 그런데도 6바라밀을 비롯해서 10바라밀까지도 기본 덕목으로 행합니다.

우리가 보통 말하는 경허 스님이 견성을 했다, 성철 스님이 견성을 했다고 할 때의 그 말은 성불했다는 말과는 의미가 다릅니다. 그것은 자신의 물들지 않는 본래의 성품을 본 것에 지나지 않습니다. 자신 속에 내재되어 있는 부처님의 종성, 그 부처의 종자를 보았다는 것입니다. 그런데 또 문제는 시간이 지나면서 잊는다는 데 있습니다. 견성한 상태를 계속 유지해야 하는데, 그게 더 어렵다는 것입니다. 견성한 상태를 유지하기 위해서는 견성할 때보다 더 많은 노력과 수행을 해야 됩니다. 이렇게 견성한 상태를 유지하는 것을 보임保任이라고 합니다. 보임은 보호임지保護任持의 준말인데 흔히 보림이라고 하지요. 보림한다는 것은 견성한 상태를 계속 유지해 나가는 것으로 제가 생각할 때는 성품을 보는 견성보다 보림이 더 어렵다고 생각됩니다. 윤회에서 벗어나는 본격적인 수행은 견성부터 시작하는 것입니다.

부처님이 말씀하신 수행이라는 개념은 적어도 견성을 한 다음에 이루어지는 것이라고 생각합니다. 제가 볼 땐 그 전까지는 견성을 하기 위해서 여러 가지 장애를 없애는 공덕을 쌓거나 업장을 소멸하는, 견성에 들어가기 위한 준비 단계에 지나지 않습니다.

## 공덕을 목적으로 삼으면 안 된다, 불자의 목적은 성불

"이 사람이 곧 세상 부처님과 평등하리니, 세 세상 부처님 여래의 경계와 평등하며, 세 세상 부처님 여래의 공덕과 평등하며, 여래의 한 몸과 여러 몸이 끝내 평등하고 진실한 지혜를 얻으리라."

"금방 발심하였을 적에, 곧 시방 모든 부처님의 함께 칭찬함이 될 것이며, 곧 능히 법을 말하며, 온갖 세계에 있는 중생들을 교화하고 조복할 것이며, 곧 능히 일체 세계를 진동시킬 것이며, 곧 능히 일체 세계를 비출 것이며, 곧 능히 일체 세계에서 나쁜 갈래의 고통을 멸할 것이며, 곧 능히 일체 국토를 깨끗이 장엄할 것이며, 곧 능히 일체 세계에서 성불함을 보일 것이며,

곧 능히 일체 중생으로 하여금 환희하게 할 것이며, 곧 능히 일체 법계의 성품에 들어갈 것이며, 곧 능히 일체 부처님의 종성을 지닐 것이며, 곧 능히 일체 부처님의 지혜 광명을 얻으리라."

우리가 부처님을 믿고 발심發心하는 것, 보살이 발심해서 중생들을 교화하는 이유는 여래의 종성, 즉 부처님의 종성을 끊이지 않게 하기 위해서라는 것입니다. 다른 말로 하면 부처님의 종성을 내가 잇는다는 것이에요. 내가 부처님의 종성을 이어 간다는 것은 불성이 내 마음속에서 끊어지지 않고 모든 중생들에게도 다 이어지게 하는 것, 다시 말해 모든 중생이 성불할 수 있도록 이끌어 준다는 것입니다. 이것이 곧 보살의 공덕이고 내가 발심한 공덕입니다. 발심을 했다는 것은 목적이 뚜렷해졌다는 것이므로 그 다음 목적은 성불이겠지요. 돈 잘 벌고, 오래 살고, 좋은 남편 만나고 하는 것이 삶의 목적이 아니라 성불이 목적인 것입니다.

모든 공덕에는 얻어지는 과果가 분명히 있습니다. 공덕 중에서 가장 큰 공덕은 역시 수행의 공덕입니다. 마음 닦는 수행이 가장 큰 공덕이 된다는 사실을 알아야 합니다. 마음 닦는 수행을 하다 보면 저절로 공덕이 쌓이고 공덕이 쌓이면 장애가 해결됩니다. 내가 안고 있는 문제를 공덕으로 탕감 받게 됩니다. 이는 남이 해 줄 수 있는 게 아니라 자기 자신이 해야 하는 겁니다.

그렇다고 해도 공덕에서 얻어지는 과를 목적으로 삼으면 안 됩니다. 수행의 과정에서 저절로 얻어지는 공덕이라야 하지, 공덕을 목적으로 삼으면 안 된다는 것입니다. 수행을 통해서 견성을 하고, 깨달음을 얻는 분명한 이치가 경전에 나와 있습니다. 불자佛子는 부처님의 자식이라는 뜻입니다. 저도 그렇고 여러분도 그렇고 불자는 모두 다 부처님의 자식입니다. 우리는 아버지의 유업을 이어받을 의무와 책임이 있는 사람들입니다. 그런데 어찌하여 그 뜻을 저버리고 공덕만을 목적으로 삼는지 모르겠습니다.

《 쭉비 소리 》

불교를 표방하는 대표적 사이비는 바로 '조상천도만능주의'의 기승입니다. 공덕은 물론 수행까지도 '조상천도'가 우선되지 않으면 불가능하다는 주장으로 혹세무민하는 집단이 번창하는 해괴한 일이 벌어지고 있습니다. 막대한 천도 비용을 요구하는 것은 그들에겐 당연한 일입니다. 피해를 호소하는 불자들이 늘어나는 것을 두고 볼 수 없었지요. 그에 대해 강한 비판을 했다는 이유로 나는 그 집단의 광신도들에게 수 시간 '감금'까지 당해 생명의 위협까지 받은 적이 있습니다. 바로 몇 년 전 일입니다.

●

# 개념을 세우고 제대로 수행하라

○

## 마음에 간절한 원을 세워서 염불하라
– 염불선의 세계

제가 위빠사나를 학문적으로 접한 것은 매우 오래 되었습니다. 하지만 일반 대중들이 수행의 한 방법으로 이해하고 직접 수행하는 것, 다시 말해 위빠사나가 대중화된 것은 그리 오래 되지 않았습니다.

조계종에서 참선이라 하면 화두를 참구하는 간화선을 말합니다. 공식적으로는 간화선이 아니면 올바른 수행법이 아니라고 하면서 여타 수행법은 사도邪道로 배척합니다. 하지만 저는 다른 생각을 갖고 있습니다. 거기에 대해선 상당히 여러 각도에서 문제점을 제기하고 비판한 적이 있습니다.

염불念佛은 불보살의 명호名號를 반복해서 부르는 것을 말합니다.

관세음보살을 반복해서 부르거나, 지장보살·석가모니불·나무아미타불을 반복해서 부르는 것입니다. 염불할 때 아무 생각 없이 불보살의 명호만 부르는 것은 호불呼佛밖에는 안 됩니다. 염불하는 방법이 매우 중요합니다. 염불을 어떤 방법으로 하느냐에 따라 공염불도 되고 선수행도 됩니다.

염불선이라 하면 2003년에 열반하신 청화 스님이 대표적인 분으로 알려져 있습니다. 사실 청화 스님의 은사인 금타 스님이 먼저 염불선을 주창하셨고, 제자인 청화 스님이 이어받아 염불선을 대중화시키셨습니다. 하지만 염불선은 간화선 이전부터 오랜 역사를 갖고 있는 수승한 선수행법입니다. 통일신라의 무상無相(680~756) 스님으로부터 고려·조선을 거쳐 근대의 경허鏡虛(1846~1912) 선사, 그리고 청화 스님에 이르기까지 염불선의 역사는 깊은 수행력과 함께 면면히 이어져 온 역사가 있습니다.

염불을 함에 있어서 우선 어떤 보살을 불러야 할 것인지가 중요합니다. 관세음보살, 화엄성중, 지장보살 등등 불보살의 이름을 많이 불러 보셨을 것입니다. 우리나라에서는 관세음보살 염불을 많이 하는데, 관세음보살 염불은 수행으로서의 실상 염불을 하는 게 아니고 기복으로서 관세음보살의 가피를 구하는 염불인 경우가 많아 보입니다. 대자대비하시고 중생구제의 큰 원을 세우신 분이기 때문에 관세음보살을 염하는 것일 겁니다.

『화엄경』에 보면 부처님 명호가 많기도 많아서 "천백억千百億 화신化身 석가모니불"이라고 하는데, 청화 스님의 말씀에 의하면 다 똑같다고 합니다. 다 같은데, 그 명호의 궁극은 법신불로서의 아미타불이라고 말씀하셨습니다. 관세음보살이다, 지장보살이다 해서 여러 보살들이 왜 그렇게 많은가 하면 중생 위주로 되어 있어서 중생의 마음에 따라 나타나게끔 되어 있기 때문입니다.

『화엄경』의 표현에 의하면, 부처님은 화장세계華藏世界에 있는 낱낱 중생들의 세계, 지구뿐만 아니라 갠지스 강의 모래알같이 많은 수의 법계, 삼천대천세계三千大千世界의 낱낱 중생들, 지렁이·파리·구더기 등 할 것 없이 모든 중생들의 온갖 인과 연과 업을 낱낱이 다 아신다고 합니다.

이걸 어떻게 받아들이면 되겠습니까? 그것은 바로 '부처가 곧 중생'이라는 것입니다. 부처와 중생이 둘이 아니라는 말은 많이 들었을 것입니다. 부처님은 삼천대천세계의 낱낱 중생들의 업과 과보를 다 아시는데, 이 중생들이 지금 현재 부처는 아니란 말입니다. 부처의 종자를 불성佛性이라 하고 그 불성을 갖고 있으면 부처인데, 모든 중생은 불성이 있다고 해 놓고는 중생이 부처는 아니라고 합니다. 부처의 종자를 가지고 있다는 것과 부처인 것은 다르지요. 중생이 부처의 종자임에는 틀림없지만 지금 부처가 아닌 것은 과거의 여러 업에 끄달려서 길을 잠깐 잘못 들어서 있기 때문입니다. 중생과 부처의 차이는 딱 그것입니다.

부처님이 보실 때는 분명히 중생이 부처의 성품을 갖고 있습니다. 불성을 다른 말로 여래장如來藏이라고 하는데, 여래의 성품이 감추어져 있다는 말입니다. 중생의 입장에서 말할 때는 그걸 여래장이라고 해야 됩니다. 불성과 여래장은, 부처와 중생이 같으니까 불성과 여래장도 같다는 것입니다. 중생의 입장에서 볼 때는 부처의 성품이 숨

겨져 있으니까 여래장이라고 표현하고, 부처의 입장에서 볼 때는 그
대로 부처의 성품이니까 불성이라고 한다는 것입니다. 어찌 됐든 불
성과 여래장은 한가지로 얘기하는데 보는 각도에 따라 다른 측면이
있습니다.

보살도 부처님이 구족하신 위신력으로 온 우주에 충만합니다. 지
금 보살이 온 우주에 충만해 있는데 지옥에 있는 중생들이 볼 때는
지장보살로 보이고, 병든 사람들에게는 약사藥師보살로 나타나고, 관
세음보살을 부르는 사람에게는 관세음보살로 나타나고, 아미타불을
부르면 아미타불로 나타난다고 볼 수 있습니다. 그냥 그렇게 중생들
이 자신의 처지에서 보살을 만들어 낸 것이지 보살이 애초부터 나
는 관세음보살이니까 그렇게 믿으라고 한 것이 아니라는 말입니다.

## 극락왕생을 발원하는 이유

아미타불은 좀 각별합니다. 수행을 하기 위해서 염불을 하거나 부
처님의 명호를 대변해서 말할 때는 꼭 이 아미타불을 거론하게 됩니
다. 아미타불은 모든 부처님의 깨달음을 의미하는 것입니다. 깨달음
의 인격체를 대표하는 명호라고 보면 됩니다. 그래서 아미타불을 한
문으로 번역하면 무량수불無量壽佛, 무량광불無量光佛이 되는 것입니
다. 아미타불은 말 그대로 한량없는 생명과 시간과 빛을 말합니다.
여기서 빛은 공간을 뜻합니다. 아미타불은 시간과 공간을 초월해서
존재하는 부처님입니다. 아미타불의 의미가 그래서 각별한 것입니다.
『아미타경』에는 사람이 죽기 전에 딱 한 번만이라도 아미타불을

부르면 극락으로 인도한다고 되어 있습니다. 사실 맞습니다. 죽기 전에 딱 한 번이라도 아미타불을 부르면 됩니다. 그러나 죽기 전에 숨이 넘어 가려고 하는 찰나에 아미타불이 불러지겠습니까? 죽을 고비를 몇 번 넘긴 터라 경험을 해 봐서 알지만 그게 쉬운 일이 아닙니다. 평상시에 자신의 마음속에 아미타불이 가득 차 있지 않으면 안 되는 것입니다.

그런데 우리가 착각하고 있는 게 무엇인가 하면, 아미타불 염불을 사람이 죽으면 하는 염불로만 생각하고, 극락은 죽어서 가는 곳이라고만 생각하고, 아미타불을 극락의 부처님으로만 생각합니다. 모두 잘못된 생각입니다. 우리나라 불교는 왜곡되어 있는 게 많습니다. 왜곡된 사실이 신행에 직접적인 영향을 미칩니다. 극락도 그 가운데 하나입니다. 극락이라는 곳이 죽어서나 가는 곳이 아닌데 다들 죽어서 극락 가기를 바랍니다. 왜 극락에 가야 할까요? 수행하기 위해서입니다. 극락세계에서 아미타부처님의 설법을 들으면 성불할 수 있습니다. 성불이 보장되어 있기 때문에 극락에 가야 된다는 것입니다. 극락은 돈을 많이 쓴다고 갈 수 있는 데도 아니고, 보시를 많이 하고 공덕을 많이 짓는다고 해서 갈 수 있는 데도 아닙니다. 보시 많이 하고 공덕을 쌓아서 갈 수 있는 곳은 천상의 세계입니다.

우리는 6도 즉 지옥·아귀·축생·아수라·인간·천상을 윤회한다고 합니다. 복을 많이 지으면 6도 중의 하나인 천상의 세계에 들어갈 수 있습니다. 천상의 세계는 복을 많이 받아서 생각만 해도 먹고 싶은 것, 입고 싶은 것, 하고 싶은 것을 할 수 있게 됩니다. 그러나 천상의 세계는 욕계欲界에 속하기 때문에 물질적으로 원하는 것은 이룰 수 있겠지만 깨달음과는 관계가 없습니다. 또한 저축한 금액을 다 쓰면 빈 통장이 되듯이 자신이 쌓은 복이 다하면 천상의 세계에 있다가 지옥으로 갈 수도 있고 축생으로 떨어질 수도 있고 인간으로 떨어질 수도 있다고 합니다.

그런데 불자들 중에 극락에 가야 하는 근본 이유를 착각하는 분들이 많습니다. 극락에 즐거움만 있어서 가야 하는 게 아닙니다. 극락에 가면 바로 아미타부처님의 법문을 듣고 윤회의 세계에서 벗어나 성불할 수 있기 때문에 가야 된다는 것입니다. 우리가 원願을 세워 극락에 가고자 노력해야 하는 이유가 바로 성불입니다. 극락세계는 원의 세계입니다. 다시 말해 스스로 가고자 하는 마음을 일으키지 않으면 못 가는 세계입니다. 그래서 아미타불을 부르는 것은 관세음보살이나 지장보살을 부르는 것과는 사실 다른 의미가 있다고 말씀드리는 것입니다.

거듭 말씀드리지만, 관세음보살·지장보살을 열심히 부르다가 죽을 때가 되니까, 죽어서 좋은 데 가기 위해서 아미타불을 부르는 것은 아니라는 것을 알아야 합니다. 부처님 법신불法身佛의 세계로 바로 들어가는 것이 아미타불이고, 그것이 염불의 세계입니다. "아미타불, 아미타불"을 부르면서 머릿속으로는 부처님의 깨달음으로 장엄된 아미타불의 극락세계를 그리면서 간절한 원을 세워서 염불을 하면 바로 염불선이 됩니다. 그것을 선정바라밀이라고 할 수 있습니다.

앞으로는 마음에 간절한 원을 세워서 염불선을 해 보세요. 염불을 하다가 마음이 흐트러질 것 같으면 빠르게도 하고 천천히도 하면서 마음과 마음 사이에 잡념이 들어가지 않도록 하는 것이 중요합니다.

일념으로 염불을 하다 보면 미처 손이 못 따라갈 정도로 빠져 들어가게 됩니다. 이제부턴 지금까지 해 왔던 염불수행 방법에서 방향의 전환을 해 보십시오. 이런 기본적인 개념부터 바꾸려고 노력해야 합니다. 오류와 착각을 번연히 알고 있으면서 제대로 바로잡지 않으면 신앙생활이 제대로 되질 않습니다. 개념조차도 올바로 서지 않은 채 수행과 깨달음을 논할 수는 없기 때문입니다.

## 번뇌를 번뇌로 다스리는 수행
### – 묵조법

부처님께서 녹야원에서 최초로 설법하신 내용이 바로 4성제입니다. '고집멸도苦集滅道' 4성제는 네 가지 성스러운 진리라는 말인데, 불교의 가장 기본적인 가르침입니다. 4성제를 살펴보면 다음과 같습니다.

먼저 고제苦諦는 현실의 모습을 보여주며 삶이 고苦라는 것입니다. 그 다음에 집제集諦는 고통의 원인이 무엇인지 말한 것인데, 갈애라는 것입니다. 멸제滅諦는 고통이 있으면 해결하는 방법도 있을 것이고, 고통이 없어져서 잔잔해지는 상태를 말합니다. 적멸寂滅·열반涅槃이라고 해서 번뇌의 불꽃이 다 타버려서 재만 남은 상태가 되면 더 이상 탈 게 없잖아요. 그랬을 때 '멸'이 되는 것입니다. 도제道諦는 열반에 이르는 방법, 8가지 구체적인 수행방법으로 8정도를 말합니다. 불교의 수행법은 아주 다양한데, 묵조선에 대해 말씀드리겠습니다.

예전에 어떤 스님과 묵조선黙照禪과 간화선看話禪에 대해 얘기를 나눈 적이 있습니다. 그 스님이 본인은 묵조선 수행을 하고 있다고 하면서 어떻게 해야 바른 수행인지 제게 질문을 하더군요. 그때 저는 이렇게 대답했습니다.

"번뇌를 번뇌로 다스리면 묵조선, 번뇌를 화두로 다스리면 간화선입니다."

번뇌를 번뇌로 다스린다는 것은 번뇌를 곧 깨달음의 원천으로 삼아야 된다는 것과 맥을 같이하는 것입니다. 땅에서 넘어진 자는 땅을 짚고 일어나야 한다는 것과도 같다고 보면 됩니다. 번뇌를 번뇌로써 다스릴 능력이 있는 사람이라면 묵조선을 하면 됩니다. '묵조'라는 것은 생각을 일으키지 않고 고요히 자기 마음을 비춰서 번뇌를 녹이는 수행 방법입니다. 곧 번뇌가 일어났을 때 '아, 이건 번뇌로구나' 하고 알아차림으로써 번뇌를 번뇌로써 다스릴 수 있는 나름대로의 방법을 찾아냅니다. 그러나 사람마다 성품과 습관이 다르듯이 마음도 다르고 신체 상태도 다릅니다. 그래서 스스로 판단해서 묵조선을 할 수 있을 것 같으면 묵조선을 하면 됩니다.

묵조선은 간화선 훨씬 이전에 나왔던 수행법입니다. 그런데 그 당시에는 농경시대였습니다. 당시에는 죽지 않고 살아가는 것, 생존, 인간이 가질 수 있는 본능적인 그것을 유지할 수 있느냐 하는 것, 기본적인 것 그 이상의 욕심은 상상할 수도 없었을 거예요. 번뇌라고 해봐야 하루하루 끼니를 해결하는 문제밖에 없었다고 볼 수도 있습니다. 하지만 오늘날은 오히려 먹고 사는 번뇌보다도 그 외적인 번뇌, 이를테면 욕심에 의한 번뇌가 헤아릴 수도 없이 많다고 볼 수 있습니다.

그래서 과거엔 묵조선이 가능했을 것입니다. 그래서 묵조선을 통해서 도인들이 나오고 깨달은 사람들도 나올 수 있었을 거예요. 그런데 지금은 번뇌의 크기가 과거와는 비교도 안 되게 커져서 묵조선으로는 더 이상 안 되므로 화두話頭라는 무기를 쥐어주고 번뇌를 다스리는 것이고, 그것이 간화선입니다. 사실 둘의 차이가 별거 아니에요. 지금도 묵조선을 할 수 있으면 하면 됩니다.


## 화두로 번뇌의 마군에 맞서는 수행법
### – 참선


간화선看話禪은 화두話頭를 잡고 참선하는 것을 말합니다. 여기서 화두란 말 그대로 '말머리'입니다.

누군가 조주 선사에게 "깨달음이 뭡니까?" 하고 물었습니다. 조주 선사는 "뜰 앞의 잣나무니라."라고 대답했습니다. '뜰 앞의 잣나무와 깨달음이 무슨 연관이 있나?' 하는 의문이 드시죠? 그래서 그 의문을 일으켜 왜 그런가 하는 것을 머릿속에 아주 간절한 마음으로 생각하는 것을 화두로 잡고 참구하는 선을 간화선이라고 합니다.

이러한 화두의 가짓수가 1,700여 개가 있다고 해서 '1700 공안公案'이라고 합니다. 화두를 공안이라고도 해요. 아주 짧은 공안인 '무無'자에서부터 모든 의심을 통틀어서 "이 뭐꼬[是甚麼]?" 하는 데에 이르기까지 다양하게 있습니다.

"이 뭐꼬?"는 간화선의 대표적인 화두로 생명의 근원체이고 나라는 존재에 관한 모든 물음을 함축한 것이라고 할 수 있습니다. 그러나 가만히 앉아서 '이 뭐꼬?', '무無, 무無'를 하려고 하면 동기 부여가 되지도 않고 정신집중도 안 되니까 힘이 들겠지요.

그럴 때 부처님 얼굴을 마음으로 그리면서 '나무아미타불, 나무아미타불' 하는 관상염불觀像念佛을 할 수도 있고, 참선을 하는 자세로 서방정토 극락세계를 상상하는 일상관日想觀을 하는 방법도 있습니다. 얼굴에 시름이 묻어나는 사람이 이런 관법을 하면 좋아집니다.

또는 몸에 대해 욕심이 많은 사람들은 자기 몸뚱이가 썩어 문드러진 시체를 독수리가 쪼아 먹고 있다고 상상한다든가 해서 육신에 대한 애착을 버리게 되는 식으로 동기부여를 하면서 수행할 수도 있습니다. 이런 것을 부정관不淨觀 또는 백골관白骨觀이라고 합니다. 묘지에 가서 이런 수행을 하면 얼마나 실감나는 수행이 되겠습니까.

성격이 아주 급하고 마음이 산란하고 불안한 사람들은 자세를 잡고 앉아서 숨을 들이 마시고 내 쉬면서 숫자를 헤아리는 수식관數息觀을 하면 좋습니다. 지금까지 말씀 드린 관상 염불, 일상관, 수식관 등은 초보적인 관법 수행이라고 할 수 있습니다.

간화선에 대해 말씀 드리고 싶은 게 있습니다. 실지로 간화선이 수승한 방법인 건 틀림없습니다. 그러나 간화선을 통해서 얻을 수 있는 게 완전하다고 쳐도 현재 간화선을 통해서 깨달았다고 할 수 있는 사람이 얼마나 있습니까? 우리나라에서 간화선이 시작된 이래로 이 수행법으로 깨달음을 이룬 분이 몇 분이나 됩니까?

부정관이나 수식관 등 경전에 다른 수행법이 있는데도 불구하고,

분명히 부처님도 하셨던 수행법을 왜 안 하는지 모르겠습니다. 중국의 선사들이 수행했던 간화선만을 내세우고 엄연히 경전에도 나와 있는 수행법들을 배척하는지 그 이유를 알고 싶습니다.

제가 왜 관법에 대해 말씀드리는가 하면 참선과 비교해서 자세나 호흡 등이 다 같기 때문입니다. 다만 무엇을 붙잡느냐 하는 것의 차이만 있을 뿐입니다. 그런데 여기서 만약 호흡법을 통한 기氣의 운용과 흐름을 말한다면 그것은 불교 수행이 아닙니다.

부처님께서 경전에 기에 대해서 자세하게 밝혀 놓지 않은 이유가 분명히 있습니다. 기의 운용과 흐름에 대해서 밝혀 놓으면 그걸 나름대로 해석해서 신선이 된다는 등 깨달음의 세계를 추구하는 것보다는 기의 흐름을 통한 몸의 변화에 더 신경을 쓰게 될 것이기 때문입니다. 불교 수행의 궁극과 다르기 때문에 부처님께서 기에 대해 언급하지 않으신 거라고 봅니다.

간화선과 수식관을 해 보면 아무래도 수식관이 쉽게 느껴집니다. 수식관은 수를 센다는 확실한 목적의식이 있으므로 동기부여가 쉽게 되기 때문입니다. 그러한 관점에서 볼 때 간화선은 평생 한다고 해도 인가 받기 힘듭니다. 조사어록에 보면 심지어 제자를 물속에 집어 넣고 꼬르륵꼬르륵 죽을 지경이 됐는데도 화두를 놓지 않을 정도가 됐을 때라야 비로소 인가를 해 줍니다. 그러니까 죽어도 좋다는 것입니다. 화두를 목숨과 바꿀 수 있을 정도가 되어야, 간화선은 살아 있을 수 있고 거기에 간화선의 생명이 있는 것입니다. 그게 안 되면 간화선은 아무것도 아닙니다.

그래서 저는 여러 가지 관법을 종합적으로 추천 드립니다. 특히 청화 스님이 말씀하신 염불선을 적극 추천하고 있습니다. 염불은 우리가 접하기도 쉽고, 많은 분들이 해 왔고, 바로 염불선으로 들어갈 수 있기 때문입니다. 실지로 나무아미타불을 해 보면 수식관보다 동기 부여가 쉽게 됩니다. 또한 자신이 입으로 내 놓은 나무아미타불을 다시 귀로 받아들이면서 나무아미타불의 본질을 생각할 수 있습니다. 저는 청화 스님이 주창하신 염불선이 현대인들에게 잘 맞기 때문에 염불선이 많이 보급되어야 한다고 생각합니다.

아무튼 간화선 때문에 다른 수행방법들이 외면 받는 현상이 안타깝습니다. 관세음보살 염불을 열심히 하는 신도에게 그거 해 가지고는 아무 것도 안 된다고 하면서 갑자기 '이 뭐꼬'를 하라는 식은 부처님의 가르침에 역행하는 것이라고 생각합니다.

여기서 제가 기존에 출간했던 『생각의 끝에도 머물지 말라』에 실었던 내용으로 간화선의 역사를 다시 한 번 짚어 보고 지나가겠습니다.

불교가 중국에 전래된 후 거의 천 년이라는 긴 세월이 지난 당말·송대인 10~11세기에 가장 중국적이면서도 독특한 불교가 출현하게 되는데 바로 선불교禪佛敎입니다.

중국 선종의 발달은 이미 제자백가諸子百家나 도가道家사상 등으로 정신적 사유의 방법론에 있어서는 독자적인 입장을 견지하고 있었기에, 불교를 언어가 아닌 직관으로 통찰하려는 방법론의 출현이 필연적인 측면도 있었을 것입니다.

중국의 선은 임제종臨濟宗, 위앙종潙仰宗, 조동종曹洞宗, 운문종

雲門宗, 법안종法眼宗의 소위 선종5가禪宗五家로 나뉘어 발전하게 됩니다.

우리나라에 절대적인 영향을 끼친 선종은 임제종으로, 조계종에서 유일하게 공인된 선수행법으로 인정하는 간화선을 주창한 종파입니다. 간화선看話禪은 묵조선默照禪 등 과거의 참선법을 비판하며 대혜종고大慧宗杲(1089~1163)에 이르러 크게 성행하게 됩니다.

대혜의 간화선은 조주趙州의 '무無'자 화두를 통해 가르쳐졌고, 고려의 지눌知訥이 대혜의 간화선을 받아들였다고 전해집니다. 지눌은 선禪과 교敎가 복합된 사상을 주창하였는데,『간화결의론看話決疑論』을 통해 간화선의 우수함을 주장하였습니다. 지눌은 여기서 한 걸음 더 나아가 한국 선의 사상적 핵심이자 특징이라 할 수 있는 사교입선捨敎入禪의 원류를 제시하였습니다.

간화선의 생명은 활구活句 화두를 참구하여 몰록 깨달음을 증득하는 데 있습니다. 지눌 이후 간화선은 휴정休靜의 『선가귀감』으로 맥을 이어 오늘날에 이릅니다.

최근에는 오직 화두 타파를 목표로 삼는 간화선의 형식 논리에 비판이 쏟아지기도 합니다. 가장 큰 문제로 스승과 제자 사이의 선문답으로 사자상승師資相承되어야 하는 것이 간화선의 생명인데, 화두를 이끌어 줄 큰 스승인 선지식의 부재를 논합니다. 아주 뼈아픈 부분입니다.

또한 간화선 수행자들이 다른 수행자들에게 배타적이고, 붓다의 깨달음을 추구하는 수행자치고는 이타행과 자비심이 부족하지 않느냐는 지적도 있습니다. 그리고 교학과 계율을 무시하는 듯한 선사들의 언행을 선가에서는 이를 무애행이라고 한다지만 이를 염려하는 시각도 있습니다.

간화선 이전에 실은 수승한 선수행법이 없었던 것은 아닙니다. 일찍이 통일신라의 무상無相(680~756) 스님은 한국인 최초로 중국에서 선을 공부한 분입니다. 그 선법禪法은 염불선念佛禪인데 고려, 조선을 거쳐 근대에는 경허鏡虛(1846~1912) 선사가 염불선을 간화선과 동등한 위치의 수행법으로 인정하셨습니다. 가장 최근의 대표적 염불 선사로는 2003년 열반하신 청화 스님이 계십니다. 스님은 40년 동안 장좌불와를 하실 정도로 깊은 수행력을 보이셨습니다.

통불교라고 하는 한국불교가 유독 선법禪法에서는 간화선 제일주의를 고수하고 있는데 이제부터라도 간화선의 독점보다 각기 근기에 맞는 수행법을 인정해 주는 것도 필요하다고 여겨집니다. 제 개인적 의견이지만 염불선이 좀 더 연구되고 보급되기를 바랍니다.

## 【 참선 실습 】

방석을 두 개 준비합니다. 선방에선 참선할 때 좌복이라고 해서 보통 방석 두 개를 씁니다. 방석 하나는 반으로 접어서 다른 방석에 걸치고 엉덩이를 걸치고 앉게 되면 다리에 압력이 덜 가서 자세가 더 편안해집니다.

다음에 결가부좌나 반가부좌를 하고 앉습니다. 그리고 전후좌우로 몸을 흔든 다음 척추를 곧추 세웁니다. 허리를 곧추 세운 다음 어깨 힘을 빼고 편안한 자세를 만듭니다. 중간에 다리가 저리면 자세를 바꿔도 됩니다. 오른손 위로 왼손을 놓고 엄지손가락끼리 자연스럽게 마주 댑니다. 그리고 배 쪽으로 약간 당기듯이 하면서 서서히 단전 근처에 내려놓습니다.

어깨에 힘이 안 들어가게 조심해야 됩니다. 어깨에 힘이 들어가면 절대로 오래 못 앉습니다.

턱은 약간 아래로 당기듯이 하면서 시선은 코 앞을 지나서 자기 앞 30~40cm를 보면서 눈은 반쯤 감는 둥 뜨는 둥 하고 혀는 넓게 펴 가지고 입천장에 붙입니다. 혀를 그렇게 하는 이유는 침이 원활하게 돌아가서 목구멍으로 넘어가도록 하기 위해서입니다. 호흡은 코로 들이마시고 코로 내 쉬는데 호흡을 의식하지 말고 자연스럽게 합니다.

다만 일반적으로 하는 호흡보다 약간 가늘고 길게 천천히 쉽니다. 코 앞에 깃털을 갖다 댔을 때 움직이지 않도록 미미하게 들이마시고 내 쉬는 것이 좋습니다. 화두는 각자가 선택을 하거나 지도해 주는 스님께 받아서 하시면 되겠습니다.

## 【 수식관 실습 】

수식관은 숨을 들이마실 때마다 하나, 둘, 셋⋯ 이렇게 세는 것입니다. 첫 번째 들이마시면서 내쉬면 하나, 두 번째 들이마시면서 내쉬면 둘이 되겠죠. 이런 식으로 열까지 올라가고 열까지 센 다음에는 역으로 내려오는 겁니다. 열, 아홉, 여덟… 이런 식으로 계속 반복하면 됩니다.

이렇게 수로 헤아리면서 호흡하며 관(觀)하는 것이 수식관인데 하다 보면 숫자를 잊을 겁니다. 숨을 쉴 때마다 열까지 세었다가 내려오는 것인데 숫자를 잊지 않고 내려갔다 올라갔다가 하는 것이 쉽지 않습니다. 자기가 자기 숨 쉬는 걸 열까지 세는 것인데도 정신 집중하기가 어렵습니다.

●

# 그래도 불교

○

## 세간해世間解의 눈으로 보기
### – 정견

정견正見은 12연기를 잘 관하는 것이라고 하는데, 제가 볼 때 이 말은 틀린 답입니다. 정견을 어떻게 설명해야 할까 두어 달을 고민했습니다. 제 마음속에는 뭔가 있지만, 밖으로 드러내 보여서 다른 사람에게 이해시키는 것이 어려웠습니다. 그래서 저는 이것을 부처님을 칭하는 열 가지 명호 가운데 하나인 '세간해世間解'와 연결을 해 봤습니다.

세간世間이란 사람들이 사는 세상을 말한다고 보면 됩니다. 출세간出世間이라고 하면 이러한 세상의 살림살이를 떠난 세계라고 보면 되겠지요. 세간해는 우리가 살고 있는 이 세상을 잘 알고 이해한다는 것입니다. 그렇다면 세상을 잘 안다는 것은 도대체 무엇을 뜻하는 것일까요?

예를 들어서 말씀드리겠습니다. 제가 병원에 입원해 있을 때, 마침 추석이 돌아올 무렵이었는데 입원한 환자들을 위로하기 위해 피아니스트와 아이돌 그룹이 공연을 한다고 해서 저도 공연을 보러 갔습니다. 병원에서 환자들을 위해 공연을 한다니까 여러 지상파 방송국에서 카메라를 들고 와서 취재를 하고 있었습니다.

그런데 공연을 보다가 무심코 카메라를 보았는데 3사 방송국 카메라들의 움직임에 일정한 패턴이 보이는 겁니다. 서로 좋은 화면을 내기 위해서 일방적으로 자리를 선점하는 것이 아니라 정연한 질서에 의해서 카메라들이 움직이고 있었어요. 서로 옆구리 찔러가며 비켜라 마라 하는 것도 없이 미리 약속이나 한 듯 시간 배분을 해 가며 규칙적으로 움직이는 게 보였습니다. 연출 전문가도 아닌 관중의 눈에도 그러한 질서가 보이면서 다음에는 무얼 하겠구나 하는 상황 판단이 저절로 되었습니다. 가만히 생각해 보니 눈에 보이지 않는 부분이 보이는 거예요.

부처님께 세간해라는 명호를 쓰는 것은 부처님께서는 중생들의 살림살이를 속속들이 다 보시고 이해하시기 때문입니다. 누구라도 자신의 생활 범위 안에서 이해가 깊어지게 되면 한정된 범위 내에서 세간해가 된 것입니다. 자식들도 그렇고 부부지간에도 오래 살다 보면 눈빛만 봐도 속마음까지 꿰뚫게 되잖아요. 이런 경우는 가족 간에도 세간해가 되어 있는 것이죠. 부처님은 어떤 경우라도, 어떤 중생이라도, 어떠한 삶의 형태라도 낱낱 중생의 업과 과보를 전부 알고 계시기 때문에 세간해인 것입니다.

부처님은 태양계뿐만 아니라 우주법계를 꿰뚫는 분이시니 모든 중생들을 내 손바닥 보듯이 다 알 수 있습니다. 그것이 바로 일체지一切智이기도 하고, 세간해이기도 한 것입니다. 세간해의 관점에서 모든 것을 볼 수 있으면 정견입니다. 부처님처럼 보지는 못하더라도 집착 없이 냉철하고 이성적인 마음으로 볼 수 있을 때 우리 중생들도 정견이 성립된다고 할 수 있지요.

예를 들어 부모들은 대부분 "자식이 친구를 잘못 사귀어서 나쁜 길로 빠져서 지금 교도소에서 고생을 하고 있다."고 하는데, 역지사지로 "내 아들이 친구를 잘못 사귀어서 나쁜 길에 들어선 것이 아니고 그 친구들이 내 아들을 잘못 사귀어서 나쁜 길로 들어가 고생을 하고 있는 것이다."라고 생각할 줄도 알아야 한다는 것입니다.

12연기를 제대로 관하는 것이 정견이라는 견해라기보다는 수행의 관점에서 본 정견을 말씀드렸습니다. 나머지 8정도의 항목들은 정견만 해결되면 그 다음은 간단해진다고 봅니다.

견성見性을 하면 성품을 보았다고 해서, 불성佛性을 보았기 때문에 '견성은 곧 성불成佛'이라는 주장과 논리로 이어집니다. 그런데 『화엄경』 「십지품」에 보면 10신十身·십주十住·10행十行의 순으로 보살 수행의 52단계를 말하고 있지 않습니까? 거기에서 10지보살의 단계에 이르게 되면 그 경지는 기독교에서 말하는 전지전능한 위치와 같은 경지라고 할 수가 있어요. 이 경지가 되면 성품을 보는 정도가 아니라 지옥에 있는 중생도 자유자재로 구제해 올릴 수가 있습니다.

욕계欲界의 타화자재천他化自在天 정도만 되더라도 물건을 자유자재로 만들어 내고 세상을 마음대로 만들어 내는데 10지보살의 지위에 오른 사람에게 그런 신통변화가 어려운 일이겠습니까? 그런데도 아직 성불의 관점에서 볼 때는 초보자에 불과하다는 것입니다.


## 침묵으로 설하는 법문
### — 불이법不二法


앞으로 30년 안에 우리가 가지고 있는 가치 체계를 다 버려야 할지도 모르는 일이 발생할지도 모릅니다. 갈릴레오 갈릴레이가 처음으로 지구가 돈다고 했을 때 그 사실을 받아들이기까지 얼마나 큰 진통이 있었습니까? 지금 우주 탐사선이 화성까지 탐사하고 있고 수성을 탐사한다고도 합니다.

우주 탐사의 성과로 몇 십만 년 전 화성에는 생물체가 있었고 지금도 박테리아나 바이러스 수준의 생명체가 존재한다고 합니다. 다른 어느 곳에는 지구 행성과 같은 곳이 존재한다는 사실이 확인될 수 있을지도 모릅니다. 기독교에서는 진화론을 방어하는 데만도 애를 먹고 있는데, 외계에서 생명체가 발견됐다고 하면 어떻게 반박할지 모르겠습니다.

과학의 진보는 여러 사상적인 변화를 초래할 수밖에 없습니다. 단한 사람의 과학자에 의해서 중세의 암흑이 걷혀 버렸는데, 오늘날 과학의 진보에 종교가 어떻게 발을 맞춰 나아갈지 함께 고민해야 할거라고 봅니다.

그러나 천체天體에서 미지의 어떤 것이 발견됐다고 하더라도 불법

佛法은 그런 현상에 대해 다 설명할 수 있습니다. 불법이야말로 어떤 문제라도 다 풀 수 있는 우주의 공식 같은 것이기 때문입니다. 불교는 과학이 진보할수록 오히려 유리합니다. 과학의 진보는 불교의 교리를 하나하나 증명해 주고 있는 셈이기 때문입니다. 그런데도 우리 불교계는 안타깝게도 이렇듯 유리한 국면을 긍정적으로 활용하지 못하고 있습니다.

『유마경』에 '불이법不二法'과 관련하여 여러 보살들이 자기의 견해를 말하는 대목이 나옵니다. 여기서 문수사리가 유마힐에게 어떻게 하면 보살이 절대 평등한 경지에 드는 지를 묻습니다. 그때 유마힐은 오직 묵연默然하게 아무런 대답이 없었다고 합니다.

> 문수사리가 감탄하여 말했다.
> "참으로 훌륭합니다. 문자도 언어도 없는 것이야말로 진실로 불이법문不二法門에 드는 길입니다."
> 이와 같이 절대평등의 불이법문에 드는 가르침이 설해졌을 때 이곳에 모인 5천의 보살이 모두 불이법문에 들었으며 무생법인無生法忍을 얻었다.
>
> – 『유마경』

불이법의 요점은 일체의 시비是非와 양변兩邊, 분별分別과 차별을 버리고 일체의 평등지平等智에 드는 것이라는 의미입니다. '불이'라는 것은 불교식으로 설명하면 진제眞諦와 속제俗諦가 다르지 않다는 것을 말합니다. 이理와 사事가 서로 걸림이 없다는 '이사무애理事無礙'와는 또 다릅니다. '불이不二'라는 건 또 '공空'과도 다릅니다.

또한 '불이법문'을 '불이의 법을 이야기 하는 법문'이라는 뜻으로 해석하는데, 저는 여기서 '불이'가 '둘이 아니고 하나'라고 했을 때 하나와는 다르다고 봅니다. 여기서 불이는 유일하다, 말 그대로 하나밖에 없다는 뜻으로 '하나의 사상'이라는 것은 '둘이 아닌 사상'과는 다르다는 말입니다.

그런데 저는 '불이법문不二法門'이라고 하지 않고 '불이법不二法 문門'이라고 합니다. 염불문念佛門이 있고 참선문參禪門이 있는 것처럼 불이의 법에 들어가는 문, 불이의 이치를 터득하는 법이라는 개념으로 '불이법 문' 하고 띄어서 해석하는 것입니다. 유마의 불이법은 대승에 있어서 '공'을 규정하는 것이기도 하다고 저는 생각하고 있습니다.

> 어떤 것을 세간이라 하고
> 어떤 것을 세간 아니라 하는가?
> 세간과 세간 아닌 것
> 이름만이 다를 뿐.
> ─『화엄경』 역림보살의 게송

게송에서는 세간과 세간이 아닌 것으로 말하고 있지만 보통 불교에서는 기세간器世間과 출세간出世間으로 구분합니다. 기세간이란 중생들이 몸담고 살아가게 될 우주를 뜻하는데, 이 세계를 삼천대천세계라고 하며 성成·주住·괴壞·공空의 우주적 윤회가 반복된다고 설명하는 것은 마치 기독교의 창조론에 대비해 불교의 우주관이라 해도 무방합니다. 『구사론俱舍論』 등에 묘사된 우주관을 자세히 풀어 드리면 아래와 같습니다.

## 성겁成劫, 세상이 형성되는 시기

기세간器世間과 유정세간有情世間, 생명체가 있는 세상이 형성되는 시기를 성겁이라 합니다. 성겁은 20소겁이 소요되는데. 중생들의 공업共業에 의해 허공에 바람이 일기 시작하여 풍륜風輪이 생기고, 그 위에 구름이 일어나 수륜水輪이 생기고, 수륜 위에 바람이 일어나 수면을 때리고 응결시켜 금륜金輪이 발생합니다. 금륜 위에 수미산須彌山, 우주의 중심에 있다고 하는 산이 생기고, 그 주위에 7산七山이 생긴 뒤, 그 가장자리에 철위산鐵圍山이 둘러앉아 각 산 사이에는 8해八海가 생기게 되고 수미산 부근의 7산 사이의 바다를 내해內海라 하며 그들과 맨 바깥쪽 철위산 사이에 나타난 바다를 외해外海라고 합니다.

이 외해 속에 4대주四大洲가 있어 수미산의 사방에 위치하게 됩니다. 우리가 살고 있는 곳은 수미산 남쪽의 섬부주贍部洲입니다. 스님들이 축원할 때 '사바세계 남섬부주 대한민국' 하는데, 남섬부주는 지구를 뜻합니다. 그리고 다음에 하늘이 이루어지게 됩니다. 이것이 중생들이 몸담고 살아가게 될 우주[器世間]가 형성되는 과정입니다. 최초의 풍륜으로부터 이러한 세계가 형성되는 데에 1소겁一小劫의 시간이 걸린다고 합니다.

그리고 기세간이 생긴 다음에는 욕계欲界·색계色界·무색계無色界

의 3계三界에 중생들이 생기게 되는데 이를 유정세간이라고 합니다. 욕계欲界는 애욕이 있는 경계로 애욕과 고통의 정도에 따라 천天·인간人間·아수라阿修羅·지옥地獄·아귀餓鬼·축생畜生의 6도六道(흔히 말하는 윤회의 세계입니다)의 중생들이 발생하게 됩니다. 색계色界는 애욕은 없어졌지만 물질에 대한 집착은 남아 있는 세계로 18천十八天으로 분류됩니다.

무색계無色界는 물질에 대한 집착마저 사라진 정신적인 세계로 4천四天이 있습니다. 이러한 유정세간이 생기게 되는데 소요되는 시간이 19소겁(1소겁은 대략 43억 2000만 년)이 걸리게 됩니다. 이처럼 기세간과 유정세간이 발생하게 되는 시기를 성겁成劫이라고 합니다.

## 주겁住劫, 세계가 형성된 이후 머무르는 기간

성겁 다음에 주겁의 시대가 옵니다. 주겁도 20소겁이 소요됩니다. 기세간은 별다른 변동이 없지만 유정有情의 과보에는 많은 변동이 있습니다. 인간들은 처음에는 빛을 내며 하늘을 날 수 있으며 수명도 길어서 8만세라고 합니다. 그러나 좋은 맛을 탐닉하고 나쁜 마음들로 악업惡業이 심해져 수명은 짧아지고 사고·질병 등의 3재三災(水·火·風)가 발생하여 많은 인간들이 죽어가며 수명이 10세까지 줄어든다고 합니다. 다시 인간은 죄업을 뉘우치고 선업善業을 행하여 그 수명이 8만세가 됩니다. 여기까지 시간을 1소겁이라고 하는데, 주겁의 기간 동안 20번을 계속합니다.

## 괴겁壞劫, 세계가 파괴되어 가는 기간

그 후 세계는 서서히 파괴되어 갑니다, 이를 괴겁 시대라 하는데 역시 20소겁이 소요됩니다. 먼저 유정세간이 파괴되는데 19소겁이 소요되고, 다음에 기세간이 파괴되는데 수水·화火·풍風의 3재가 발생하여 풍륜으로부터 색계 제3천에 이르는 세계를 모조리 소멸시켜 버리게 되는데 1겁이 걸리게 됩니다.

## 공겁空劫, 허공만이 존재하는 기간

괴겁의 시대가 지나면 허공만이 존재하는 공겁의 시대가 오는데 이 기간도 20소겁이 걸립니다. 공겁 다음에는 다시 중생들의 업력에 의해 성·주·괴·공이 반복하여 이 세계는 끊임없이 생성되고 소멸하게 됩니다. 20소겁을 1중겁이라 하고 4중겁을 1대겁大劫이라 하므로 결국 한 우주는 1대겁大劫을 시간단위로 하여 생성·소멸하고 있는 것입니다.

현대 과학의 우주론은 현재의 우주는 약 150억 년 전쯤 탄생되었고, 우리 지구의 생명의 근원인 태양은 그 질량이 지구의 거의 30만 배에 이르는데 99.9%가 수소와 헬륨으로 이루어져 약 50억 년 후쯤에는 이 에너지원이 다 타버리고, 부풀기 시작한 태양은 지구를 삼켜버리고 완전히 사라지는 데는 약 1조 년 정도 걸린다고 합니다.

먼저 게송에서 과학불교를 지향하자고 거론했는데 현대의 우주론이 불교의 우주론과 어떤 수치적 연관이 있는지 참으로 궁금합니다. 이제 게송에서 말하는 '세간이 아닌 것' 즉, 출세간에 대한 것을 설명해 드리겠습니다. 출세간이란 위에서 언급한 성주괴공으로 이루어진 세계가 아닌 깨달음의 경지, 말 그대로 세간을 벗어난[出] 경지를 뜻합니다. 게송에서는 '세간과 세간 아닌 것, 이름만이 다를 뿐'이라고 표현하고 있습니다만, 이 말은 세간과 출세간의 구별이 없다는 말이고 이 말을 함축하여 불이법不二法이라 하는 것입니다.

큰절들에 가보면 대웅전에 이르기 전에 몇 개의 문을 통과해야 합니다. 그 중 첫 번째 문이 일주문一柱門인데, 그 이름이 뜻하는 것은 구별 없는 '한 마음'으로 불법에 임하라는 것입니다. 대체로 일주문 다음에는 사천왕문, 그 다음에 맨 마지막 문이라 할 수 있는 불이문不二門도 큰 의미에서는 여기에서 벗어나지 않습니다. 불이문은 쉽게 설명하면, 출세간적인 부처님의 도량과 세간적인 일반인들의 세계가 본디 하나라는 것을 상징합니다. 좀 더 전문적인 설명은 세간과 출세간, 진제眞諦와 속제俗諦가 다르지 않다, 둘이 아니다(不二)라는 것입니다. 그렇다면 불이문이 상징하는 불이법은 구체적으로 무슨 법을 말하는 것일까요? 『유마경』의 관련 대목을 보십시오.

제가 경의 대목을 자주 인용하여 대면시켜 드리는 이유는 불법의 주요사상이나 용어들에 대해 불자들이 의외로 경전의 어느 대목에 그런 표현과 의미가 담겨져 있는지 잘 모르기 때문입니다. 일반 해설서나 개론槪論은 저자에 따른 해석의 오류나 견해의 차이가 있을 수 있는데, 경전의 내용을 직접 익히다 보면 처음에는 다소 어렵더라도 결국에는 핵심을 바로 이해할 수 있습니다. 일일이 찾아볼 수 없는 불자들을 위한 배려라고 생각해 주시면 고맙겠습니다. 『유마경』 중 유마힐 거사와 보살들이 나누는 불이법에 대한 내용입니다.

그때 유마힐이 수없는 보살들을 향하여 말했다.

"여러 어지신 분들이시여, 보살은 어떻게 상대적 차별을 끊고 절대 평등한 불이법문不二法門에 드는지 저마다 생각하는 대로 설해 주시기 바랍니다."

법자재法自在보살이 말했다.

"여러분, 생하는 것과 멸하는 것은 서로 대립(二)되어 있습니다. 그러나 존재하는 것은 본래 생하는 것이 아니므로 지금 멸하는 일도 없습니다. 그러므로 이 무생법인無生法忍을 체득하는 것이 불이법문에 드는 것입니다."

불사弗沙보살이 말했다.

"선善과 불선不善은 서로 대립하고 있습니다. 그러나 만약 선과 불선에도 집착하지 않고 평등하며 진실한 공空의 도리를 깨닫는다면 바로 불이법문에 드는 것입니다."

보수普守보살이 말했다.

"자아自我와 무아無我는 서로 대립하고 있습니다. 그러나 영원히 변하지 않는 실체적 자아도 인지認知할 수 없거니 어찌 무아가 인지될 수 있겠습니까? 자아의 본래 모습을 보는 사람은 이 두 가지 생각을 일으키지 않습니다. 이것이 불이법문에 드는 것입니다."

희견喜見보살이 말했다.

"물질적 현상(色)과 그 현상이 공한 것(色空)이 서로 대립하고 있습니다. 그러나 물질적 현상은 그대로가 공한 것으로서 물질적 현상이 멸하여 공한 것은 아닙니다. 물질적 현상의 본성이 공한 것입니다. 이와 같이 감각(受)·표상(想)·충동(行)·인식작용(識)도 그대로가 공한 것입니다. 인식작용 그대로가 공한 것이지 인식작용이 멸했기 때문에 공한 것은 아닙니다. 인식작용의 본성이 그대로 공한 것입니다. 이와 같이 체득하는 것이 불이법문에 드는 것입니다."

낙실樂實보살이 말했다.

"진실과 허위는 서로 대립하고 있습니다. 그러나 진실을 보는 사람은 진실까지도 보지 않습니다. 하물며 허위를 보겠습니까? 왜냐하면 진실은 육안肉眼으로 보는 것이 아니며 지혜의 눈으로 볼 수 있는 것이나, 이 지혜의 눈에는 본다고 하는 것도 보지 않는다고 하는 것도 없기 때문입니다. 이것이 절대평등의 불이법문에 드는 길이라고 생각합니다."

이와 같이 수많은 보살들이 제각기 자신의 견해를 설했다. 유마힐이 문수보살에게 다시 물었다.

"어떻게 하면 보살이 절대평등의 불이법문에 들 수 있습니까?" 문수사리가 대답했다.

"제가 생각하건대 모든 것에 있어서 말도 없고, 설說함도 없으며, 가리키는 일도, 인지認知하는 일도 없으며 모든 질문과 대답을 떠나는 것이 절대 평등한 경지에 드는 것이라고 생각합니다." 그때 문수사리가 유마힐에게 말했다.

"지금까지 여러 보살들이 자기의 견해를 말했습니다. 거사께서 말씀해 주실 차례입니다. 어떻게 하면 보살이 절대 평등한 경지에 드는 것입니까?"

그러나 유마힐은 오직 묵연默然하여 아무런 대답이 없었다.

문수사리가 감탄하여 말했다.

"참으로 훌륭합니다. 문자도 언어도 없는 것이야말로 진실로 불이법문不二法門에 드는 길입니다."

이와 같이 절대평등의 불이법문에 드는 가르침이 설해졌을 때 이곳에 모인 5천의 보살이 모두 불이법문에 들었으며 무생법인을 얻었다.

위 『유마경』의 요점은 모든 시비是非와 양변兩邊, 분별分別과 차별을 버리고 일체의 평등지平等智에 드는 것이 불이법이라는 말씀이고, 이것이 곧 게송의 '세간과 세간 아닌 것'이 이름만 다를 뿐 실제로는 하나라는 뜻입니다.


## 집착을 버린 곳이 공空한 곳이다
– 경과 수행단계


『법화경』의 일곱 가지 비유[法華七喩]는 부처님께서 『법화경』의 깊은 뜻을 우리들이 알기 쉽게 비유로 말씀해 주신 것입니다. 그 중 일곱 번째 비유인 '좋은 의사[良醫]의 비유'가 갖는 의미 또한 대단합니다.

훌륭한 의사가 있었는데 자식들이 너무나 말을 듣지 않았습니다. 어느 날 자식들이 독초를 먹고 죽을 지경이 됐는데도 의심이 많은 자식들은 아버지가 지어준 해독제를 먹지 않았습니다. 다급해진 아버지는 지혜를 내어 방편을 씁니다. 자식들이 먹어야 할 해독제를 만들어 놓고는 다른 지방으로 떠납니다. 그리고는 사람을 시켜서 거짓말로 아버지가 타국에서 돌아가셨다는 말을 전하면서 마지막으로 해독제를 만들어 놓았으니까 먹으라고 권유합니다. 자식들은 그제야 후회를 하면서 그 약을 먹는다는 비유인데, 부처님이 오죽 답답하면 중생들에게 그런 방법을 쓰셨겠습니까?

『화엄경』, 『반야심경』, 『금강경』, 『법화경』, 『지장경』 등 우리가 평소 가까이 하는 경전이 많습니다. 그 중에 부처님이 깨달으신 바를 21일에 걸쳐 설하신 경전인 『화엄경』에 대해서는 앞에서 자주 언급했습니다. 또한 『반야심경』, 『금강경』, 『법화경』 등도 자주 인용하면서 설명 드렸습니다. 그런데 『지장경』에 대해서는 한 번도 말씀드린 적이 없었기에 말씀드리겠습니다.

『지장경』은 지장보살님이 지옥에 떨어지는 중생이 한 명도 없을 때까지 성불하지 않겠다고 원을 세우고 지옥문 앞에 서서 지옥에 들어오는 중생들을 구제하고 계신다는 내용으로 알고 있으실 겁니다. 근래 몇 년 동안 지장도량이라 해서 영가천도, 낙태아 천도 등을 들먹이면서 지장신앙이 유행하고 있는데, 사실 『지장경』은 죄를 짓는 중생들이 많지만 최소한 지옥에 가지 않도록 이러이러한 방법을 쓰고 참회하라는 내용을 담고 있습니다.

우리나라 불자들이 가장 자주 접하는 경전이 『반야심경』과 『금강경』일 것입니다. 『반야심경』은 모든 불교 행사에서 빠짐없이 독송하는 경전이고, 『금강경』은 우리나라 최대 종단인 조계종의 소의경전이기도 합니다. 『반야심경』과 『금강경』에서 가장 많이 나오는 단어가 '공空'입니다. 부처님이 37세에 깨달음을 얻으신 후 80세에 열반에 이르시기까지 근 40년 동안을 인도 전역을 돌아다니시며 설법하셨는데, 그 중 3/2기간 동안 설법하신 내용이 주로 반야부 경전들입니다. 팔만대장경에도 보면 '공'에 대해 설한 내용이 제일 많습니다.

물질에 집착하지 마라, 너의 욕심을 만족시키지 마라, 그것은 모두 허망한 것이라는 말씀을 공이라는 용어로 말씀하신 것입니다. 무엇보다 '공'이 '없다[無]'는 의미는 아니라는 것을 알아야 합니다. 부처님의 말씀을 제대로 받아들이고 실제로 환골탈태하는 깨달음을 얻으려면 우선 자기 마음의 어두운 그림자부터 걷어내야 합니다. 걷어내야 실체를 볼 수 있지 않겠습니까? 그 실체를 올바르게 보려면 집착과 욕심에서 벗어나야 하니 거듭거듭 '공'을 설하신 것이지요. 또한 '공'을 모르고서는 수행하고자 하는 목적도 서지 않고 방법도 서지 않기 때문에 제일 많이 설하셨을 것입니다. 공을 아는 것이 기본이 되어야 발심發心이 됩니다.

부처님께서는 '공'에 대해서 말씀하시고 난 다음에 이러이러한 방편으로 중생을 구제하는 「화성유품化城喻品」과 같은 비유를 말씀하셔서 용기와 확신을 갖게 해 주셨습니다. 그리하여 지금 경을 보는 우리들에게까지 끝까지 공부를 할 수 있는 용기와 확신을 자비롭게 주고 계십니다.

그 다음에 부처님이 깨달음 직후 3·7일 동안 설하신 내용이 『화엄경』입니다. 여기서 잠깐, 통상적으로 부처님께서 이때 법열法悅을 즐기셨다고 합니다. 처음엔 저도 그렇게 생각했습니다. 그런데 저는 늘 불교를 재해석해 봅니다. 그래서 다시 곰곰이 생각해 보니 부처님이 그 자리에 머물러서 선정禪定을 즐겼다는 건 이치적으로 말이 안 됩니다. 왜냐하면 저 같은 사람도 불교를 올바르게 더 잘 이해시켜 줄 수 있는 무슨 방법이 없을까를 고민하느라고 생각이 항상 머리에서 떠나질 않는데 하물며 부처님께서 당신이 '자증自證'을 했다고 해서 그것을 즐기겠습니까? 만약 그렇게 생각한다면, 제가 볼 때는 그것은 아상我相이고 자기 집착입니다. 우주의 진리와 이치를 내 몸에 다 받아 들였는데 부처가 되어가지고 그걸 즐기겠습니까? 말이 안 되는 말입니다. 제가 볼 땐 3·7일이라는 것은 법열을 즐긴 게 아니라 다시 어떻게 내뿜을 것인가, 다시 어떻게 내뿜어서 우주를 가득 채울 것인가 이것을 생각하는 데 걸린 시간이 아닐까 싶습니다.

『화엄경』은 깨달음의 세계에 대한 모든 것을 완전하게 밝혀 놓은 경전입니다. 실제로 『화엄경』은 분량이 방대하고 심오합니다. 그야말로 당신이 하고 싶은 이야기를 다 했다고 볼 수 있습니다. 부처님께서는 중생들마다 근기의 높낮이가 다르기 때문에 방편으로 알기 쉬운 가르침부터 시작해서 의식을 끌어 올리는 방식을 취하신 것입니다. 그렇기 때문에 『화엄경』만 제대로 읽고 이해하면 교리의 많은 부분을 이해할 수 있다고 봅니다. 그래서 『화엄경』이 그만큼 중요하다고 자주 말씀드리는 것입니다.

공空의 체득과 구경각究竟覺에 이른다는 말은 같은 말입니까?

저는 다르다고 생각합니다. 깨달음도 여러 가지 종류가 있지만 최종적인 깨달음을 구경각이라고 말합니다. 부처님 경지의 깨달음을 '구경각'이라고 하는데, 이것을 아뇩다라삼먁삼보리라고도 합니다. 아뇩다라삼먁삼보리는 『금강경』에서 보다시피 공을 체득하는 것이 아뇩다라삼먁삼보리라고 볼 수도 있습니다. 만일 그렇다면 공을 체득하는 것이 성불이 되어 버립니다. 공이 곧 구경각이라는 것이 되어 버리기 때문입니다.

저는 그것에 찬성할 수가 없습니다. 앞에서도 말씀드렸듯이 공의 세계에서는 중생을 구제하겠다는 원력이 일어나지 않습니다. 6바라밀과 10바라밀의 차이가 방편·원·력·지의 네 가지에 있습니다. 6바라밀을 완성한 보살이 중생을 구제하기 위해서 갖추는 보살의 자질이 10바라밀입니다. 자기 수행하는 데 방편바라밀이 왜 필요하겠습니까. 중생 구제의 원력이 있기 때문에 방편바라밀이 필요한 것입니다. 이에 대한 자세한 내용은 이 책의 2부에서 말씀드리겠습니다.

# 2부

# 진리는 역시 '그래도 불교'라는
# 마음으로 공부하고 수행하라

– 『화엄경』 「십지품」과 10바라밀 –

# 『화엄경』 「십지품」과 10바라밀

○

　『화엄경』의 구체적인 경명은 '대방광불화엄경'으로 권수에 따라 40화엄, 60화엄, 80화엄으로 구별됩니다. 40화엄은 화엄경에서 「입법계품」만 떼어 반야삼장이 번역하였는데, 가장 후대에 만들어진 경입니다. 선재동자善財童子가 문수보살文殊菩薩을 만나 보리심菩提心을 내어 53선지식善知識을 차례로 찾아가 가르침을 받고, 마지막 보현보살에게 열 가지 수행을 서원하고, 그 공덕과 실천을 설한 내용으로 이루어져 있습니다. 선재동자의 구도 여정이 감동적으로 그려져 있는 40화엄은 가장 널리 알려진 내용이기도 합니다.

　60화엄은 동진 때 불타발타라(359-429)가 번역하였는데, 총 34품으로 이루어져 있습니다. 세 가지 화엄경본 중 가장 먼저 성립된 60화엄은 「십지품」으로 이루어진 것입니다. 보살 수행의 계위階位 중 마지막 10단계의 수행에 대해 대단히 구체적으로 밝히고 있지요. 1~2세기경에 성립된 것으로 추정되는 「십지품」은 단독으로 『십지경』이라고 부릅니다.

80화엄은 40화엄과 60화엄의 내용을 다 포함한 것으로 39품으로 이루어진 '완성된' 방대한 통상의 화엄경을 일컫는데, 당나라 때 우전국 삼장 실차난타(652-710)가 번역했습니다.


## 건너간 이라야 건네줄 수 있으리
### – 6바라밀과 10바라밀

먼저 보살의 실천 덕목인 6바라밀六波羅蜜과 10바라밀에 대해 말씀드리겠습니다.

바라밀은 차안此岸의 세계에서 피안彼岸의 세계로 건너가는 것이라는 뜻입니다. 우리가 사는 사바세계는 고통을 참고 견뎌야 하는 세계입니다. 이런 고통의 세계에서 부처님이 계시는 안락의 세계, 해탈의 세계로 이르게 하는 행行을 바라밀이라고 합니다. 6바라밀(보시, 지계, 인욕, 정진, 선정, 지혜)에 방편方便 · 원願 · 력力 · 지智바라밀을 더하면 10바라밀입니다.

중생을 구제하기 위해 꼭 필요한 것이 방편바라밀입니다. 즉, 중생을 구제하는 방법이 방편이라는 것이지요. 그렇다고 한다면 내가 중생을 구제하기 위한 전제 조건들이 이미 이루어진 상태여야 방편바라밀이 의미가 있는 것입니다. 애초에 이러한 전제 조건이 이미 이루어진 상태가 아니라면 방편바라밀이나 원願바라밀을 실현시킬 수 있는 힘이 이루어지는 역力바라밀이라든가 하는 것들이 이루어질 수가 없지 않겠습니까?

　방편바라밀을 쓰려고 해도 스스로 보시나 지계를 통해서 수행을 하는 무엇인가가 있어야 하지 않겠는가 생각합니다. 그래서 8정도의 정견과 바라밀행의 보시처럼 첫 번째가 중요하다는 것입니다. 이것이 안 되면 나머지가 다 뒤틀려버리기 때문입니다.

　대승불교는 8정도와 6바라밀만 면밀히 제대로 공부하면 된다고 봅니다. 제가 인터넷 사이트(세존사이트)를 운영하고 하는 이유도 실은 이것을 실현시키기 위해서입니다. 어려운 교리는 몰라도 불교의 기본적인 교리를 확고하게 체득해서 解와 행行이 온전히 일치하면 되는 것입니다. 일상생활에서 어떤 문제에 부딪혔을 때, 부처님의 가르침이 바로 떠올라서 가르침대로 대응할 수 있어야 합니다. 좋은 일이든 나쁜 일이든 어떠한 상황이 닥치더라도 불교 정신으로 꽉 차 있어야 된다는 것입니다.

　예를 들어 업이라는 것을 놓고 볼 때, 사찰에서 벌이는 이벤트와도 같은 어떤 행사에 참가한다고 해서 없어지지는 않습니다. 부처님께서 말씀하신 업業은 물에 가라앉는 돌을 뜨게 할 수는 없듯이 내가 어찌할 수 없는 '무엇'이라는 뜻입니다. 고통스럽고 원망스럽지만 참회를 하든지 어떤 형태로든 감당해야 하는 것입니다. 우리 불자들 가운데 몇 퍼센트나 이러한 사실을 이해하고 삶에 적용을 하고 있는지 궁금합니다.

　불자들은 기복적인 것에 대한 환상을 가지면 안 됩니다. 무엇이든지 다 가능하신 부처님이라는 생각을 버려야 한단 말입니다. 실지로 중생들의 소원을 들어주기 위해서 부처님이 이 세상에 오신 것은 절대 아닙니다.

요즘 불공을 하면서 신도님들의 요청에 상당히 당혹스러운 적이 있었습니다. 여자들이 술을 따라주는 술집을 하는 신도인데 장사가 너무 안 된다고 장사가 잘 되게 부처님께 축원을 해 달라고 하는 겁니다. 또 장의사를 하는 신도가 장사가 안 돼서 죽겠다고 하면서 불공을 올려 달라고 하는 거예요. 이런 요청을 받고 제가 "사람들이 계속 술과 여자를 찾아 우리 절 신도 술장사가 잘 되게 해 주십시오." "세상 사람들 많이 죽어서 장의사 신도가 돈 많이 벌게 해 주십시오."라고 기도할 수는 없잖아요. 부처님께서 이런 기도나 들어 주시려고 오신 게 아니지 않습니까. 물론 기도를 열심히 하면 소원 성취가 됩니다. 하지만 우리는 목적과 과정을 구분할 줄 알아야 합니다. 소원 성취는 기도하는 과정에서 부수적으로 별도로 이루어지는 겁니다.

그런데 지금 우리나라 불교는 적당한 선에서 거래를 한다는 데 문제가 있습니다. 암묵적으로 '이 정도 보시를 하면 아마도 소원이 이루어질 것이다.'라는 거래가 이루어지고 있는데도 따끔하게 경책하는 스님이 거의 없다는 게 우리 불교계의 답답한 현실입니다.

부처님께서는 중생이 어떤 생각을 갖고 있는지를 모두 알아서 그에게 맞춤으로 법문을 해 주십니다. 경전에 의하면, 축생·인간·천상 할 것 없이 부처님께서 말씀하시면 모두가 법문을 알아들었다고 합니다. 그걸 원음圓音이라고도 하고 장광설長廣舌이라고도 합니다. 부처님의 반의반도 따라가지 못할지라도 최소한 현대인들의 사고방식에 계합이 될 수 있는 정도는 해야 되지 않겠는가 합니다.

불교를 올바르게 믿으면 신장님들이 기특하게 여겨서 돈 때문에 걱정하지 말고 절에 열심히 다니도록 돕고, 또 수행을 열심히 하는 사람이 돈이 없어서 수행하는 데 장애가 된다고 여기면 돈 문제가 해결되고, 자식이 속 썩여서 수행하는 데 장애가 된다면 자식이 잘 되게 되는 그런 과정이 바로 복을 비는 과정이라는 말입니다. 목적이 선하고 명백할수록 기복의 과정도 현실화되기가 수월해지고 그래야 이루어진다고 할 수 있을 것입니다.

사실은 기도가 이렇게 되어야 순리인데, 대학 입학시험을 치르는 자녀를 둔 부모들에게 무턱대고 "당신 자식 대학 붙게 하려면 100일 기도를 해야 해."라고 강요하는 것이 현실입니다. 그렇다면 교회 다니는 사람들은 하나님한테 빌고 절에 다니는 사람들을 부처님한테 빌 테니까 결국 따지고 보면 수험생들이 경쟁을 하는 게 아니라 부처님과 하나님이 힘겨루기 하는 것 아닙니까? 종교가 그 지경까지 되어서는 안 되겠지요.

1500여 년 동안을 한 시대의 종교적 스승이라고 추앙받던 선사禪師들은 하나같이 '배고프면 밥 먹고 졸리면 자고'를 외쳤습니다. 사실 그 말은 오늘날 서울역에 자리 잡고 있는 노숙자들도 할 수 있는 말입니다. 오히려 그 사람들은 길에서 사는 도인으로 철저히 그 말을 실천하며 살고 있는 것 같습니다.

그런데 요즘 수행자들은 어떻습니까? 뜨끈뜨끈한 선방에 앉아서 나름대로 치열하게 생사를 걸고 있다고 생각들은 하겠지만 아닌 건 아닌데 어떻게 하겠습니까? 그래서 이제 불교의 미래를 생각해서 여태껏 우려먹었던 틀을 전부 바꿔야 합니다.

어떤 두려운 상황에 딱 떨어졌을 때, 다급한 상황에 맞닥뜨렸을 때 그 상황을 어떤 마음으로 받아들이는가에서 진짜 수행이 판가름 나는 것 아니겠습니까? 불교를 믿는 목적이 여기에 있습니다. 그게 안 되면 『화엄경』에 있는 구절이고 『법화경』에 있는 구절이고 간에 말해 봐야 소용없는 것입니다. 제가 늘 불자들에게 바라고 주장하는 것들이 이러한 것들입니다.

불교 경전이 성전聖典으로서 신성한 말씀이기는 하지만 늘 새로운 해석으로 받아들여야 합니다. 지금 우리가 타고 있는 불교라는 배와 타고 가는 배의 주변 상황이 어떤지를 알아야 한다는 겁니다. 불교를 믿으려면 지금 불교가 어떤 위치에 와 있고, 어떤 상황에 있고, 이런 것을 알아야 좌표가 설정이 되고 자신이 어디쯤 있다는 것을 알 수 있지 않겠습니까?

부처님 말씀으로 비유를 하자면, 뱀을 잡을 때 모가지를 잡아야 물리질 않습니다. 만일 등이나 꼬리를 잡으면 오히려 그 뱀한테 물리게 됩니다. 종교도 마찬가지예요. 믿으려면 제대로 믿어야 합니다. 절이든 교회든 종교 활동을 한다고 해도 도덕적으로 윤리적으로 종교를 믿지 않는 사람보다 더 청렴하고 정신세계가 월등하다는 증거는 하나도 없습니다.

그리고 역사적으로 종교를 통해서 성인이 몇 명이나 나왔습니까? 자신의 종교 교리를 따르며 살아가는 게 아니라 부처님, 예수님 덕이나 보고 이름 팔아먹는 사람들이 수십 억 수백 억 더 많고 성자는 몇 안 됩니다. 지금 종교의 현실은 우리가 알고 있는 것보다 훨씬 심각한 문제를 안고 있다고 봅니다.

## 보살의 10지十地 수행과 정확히 일치하는 10바라밀

『화엄경』에서는 보살의 수행의 지위를 52계위로 차등을 두고 있습니다. 모든 보살의 주된 수행은 이타행利他行인데, 구체적으로는 10바라밀을 말하는 것입니다. 10바라밀은 불자라면 누구라도 행해야하는 덕목이기에 제 방식으로 풀이를 해 보겠습니다. 이 풀이는 제가 몇 년 전에 출간한 『생각의 끝에도 머물지 말라』에도 실었던 내용입니다.

보시바라밀布施波羅蜜: 자신의 선근善根의 결과를 다른 이들에게 나누고 베푸는 이타행

지계바라밀持戒波羅蜜: 자신의 처지와 본분에 맞게 마음을 자제하는 노력.

인욕바라밀忍辱波羅蜜: 과果에 집착 말고 연緣을 관조해, 역순逆順하는 마음을 다스리는 노력.

정진바라밀精進波羅蜜: 언제 어느 상황에 있든 보살의 마음을 놓치지 않는 집중.

선정바라밀禪定波羅蜜: 좋을 때나 나쁠 때나, 혼자 있거나 같이 있거나 마음의 고요함을 유지하려고 노력하는 수행.

지혜바라밀智慧波羅蜜: 앞의 5가지 바라밀을 잘 행해서, 현상의 본질을 왜곡하지 않고 이해하는 능력에 도달함.

방편바라밀方便波羅蜜: 지혜바라밀을 완성한 후, 그 지혜로 중
생을 구제하는 방편에 통달함.
원바라밀願波羅蜜: 지혜와 방편으로 한없는 중생을 구제하겠다
는 서원을 완성함.
역바라밀力波羅蜜: 6가지 바라밀로 내 수행을 완성하고, 나머
지 바라밀로 능히 중생을 구제할 수 있는 능
력을 얻는 경지.
지바라밀智波羅蜜: 모든 바라밀을 통해 상구보리 하화중생을
가히 감당할 수 있는 경지로 보살 수행의 최
종 완성의 경지.

한국불교에서는 주로 6바라밀의 설명에서 그칩니다. 6바라밀까지
는 자리自利 수행의 덕목이고, 나머지 4바라밀이 진정한 의미로 이타
利他 수행의 완성의 길입니다. 한국불교 수행력의 약점은 선정바라밀
을 최고로 삼고, 그 위의 방편바라밀과 지혜바라밀을 잊어버린 데 있
습니다. 『화엄경』의 모체인 「십지품」에서 설하는 보살 실수행의 단계
와 경지는 물론 수행의 구체적 방법이 간과되는 점이 매우 안타깝습
니다. 『화엄경』「십지품」에서 10바라밀을 다시 각각 열 가지로 나누
어 아주 자세히 설명하고 있습니다.

「십지품」에서 설하는 보살 지위의 수행을 10바라밀(보시·지계·인욕·
정진·선정·지혜·방편·원·력·지) 모두에 '바라밀'을 붙여 사용함으로써
그 뜻을 명확히 하고 있습니다. 10바라밀은 보살의 10지十地 수행과
정확히 일치해, 초지보살은 "보시바라밀을 주 수행으로 삼되 다른

바라밀도 소홀히 하는 것은 아니다."라고 말합니다. 이런 순차로 마지막 10지보살은 "지[智, 般若]바라밀을 주 수행으로 삼고 나머지 바라밀을 소홀히 하지 않는다."라고 명쾌하게 설하고 있습니다.

그런데도 한국불교는 왜 6바라밀만을 거론하는 것일까요? 저는 한국불교가 10바라밀을 수용할 만한 수준에 이르지 못했기 때문이라고 생각합니다. 10바라밀 중 6바라밀, 곧 여섯 번째 지혜바라밀은 자리自利의 지혜가 완성된 수행의 단계이고 보살 6지의 경지에 해당됩니다. 그러나 이어지는 보살 7지에서 10지에 이르는 수행인 방편·원·력·지바라밀은 자리를 여의고 다시 시작해야 하는 본격적인 보살 이타利他 수행에 해당됩니다.

6바라밀을 성취한 6지보살이라도 중생 구제를 위한 관세음보살 같은 방편, 보현보살 같은 원력, 어떤 장애와 마장도 능히 다스릴 수 있음은 물론 천제闡提까지도 구제할 수 있는 금강 같은 힘[力]을 갖추고, 마지막으로 궁극의 반야지般若智인 지바라밀을 얻게 된다는 것이 「십지품」에서 반복해서 강조하는 10바라밀의 본질입니다.

## 신新 6바라밀과 방편바라밀

10바라밀을 상기한다면 한국의 승가가 이타의 시작인 방편바라밀을 얼마나 이기적으로 악용해 왔는지 알 수 있습니다. 게다가 자리수행에서마저도 5지보살의 선정바라밀에 집착해 6지보살의 지혜바라밀 수행을 거들떠보지도 않았습니다. 수행의 지침으로서 『화엄경』은 실종되어 버린 것입니다.

다음은 『생각의 끝에도 머물지 말라』에 실린 6바라밀과 방편바라밀을 제가 느끼는 현실로 풀어 본 신新 6바라밀과 방편바라밀입니다.

보시바라밀: 내게는 하나의 가치이지만 다른 이에게는 몇 배의 가치가 있는 것이라면 기꺼이 줘라. 단, 물질이든 정신이든 받을 준비가 되어 있는 사람에게 줘라. 내가 가지고 있어 봐야 죽을 때 다 짐 보따리다. 내가 준 것에 대해서는 대가를 바라지 마라. 그러나 내가 받은 것은 반드시 대가를 치러야 한다는 사실을 명심하자. 이건 간단한 인과의 원리이지 깨달음과는 상관이 없지만, 이것조차 못하는 사람은 깨달음의 그림자를 밟을 인연이 아예 없다.

지계바라밀: 내 삶의 말과 행동에 원칙을 세워라. 세상이 추구하는 가치와 동떨어져도 좋다. 내가 세운 원칙을 위해서는 모든 이들이 바라는 가치마저 버리는 용단이 필요하다.

인욕바라밀: 참을 수밖에 없는 이유는 두 가지다. 하나는 참지 않으면 내가 불이익을 당하는 경우이고, 둘은 참는 것이 가장 현명하다는 통찰이 이미 끝난 경우이다. 어느 방향으로 또 어째서 내가 참는 힘을 키워야 하는지 자명하지 않은가.

정진바라밀: 무엇이든 시작하면 열심히 해라. 그것이 내 인생을 낭비하지 않는 것이다. 잘 된 밥을 먹으려면 뜸을

완전히 들이는 정성이 필요하다. 평생을 고두밥과 진밥만 먹을 수는 없지 않은가. 인생은 길고 공부와 수행의 시간은 짧다.

선정바라밀: 내가 세운 가치를 잊지 말고 고요히 지켜내야 한다. 다른 이가 분탕질을 해 댄다고 혹은 자신의 욕망을 채우느라고 고요함에서 벗어나는 순간 멀미는 시작된다. 번잡해질수록 그것의 해결 방법은 많지 않다. 순간이라도 고요함을 느낄 수 있도록 자신을 길들여야 한다.

지혜바라밀: 앞의 다섯 가지를 당면한 현실 속에서 어떻게 이루어 나갈지 해결하는 것이 곧 지혜이다. 지혜는 남의 것을 빌려다 쓸 수 없다. 나를 대신해 줄 사람은 아무도 없으니, 지혜 역시 내가 마련해야 한다.

방편바라밀: 완성된, 완성되어 가는, 완성은 아니라도 진행 중인 6바라밀을 다른 사람과 어떻게 공유할 수 있는가를 고민하자. 같은 고민을 하는 사람이 많아질수록 세상은 살 만해질 것이다. 이 같은 고민을 한 번도 하지 않았다면 진정한 속물이니 붓다의 가르침을 포기하는 것이 현명하다.

부처님께서 이 사바세계에 오신 지 얼마나 됐습니까? 대략 2600년에서 2700년 정도 되었다고 봅니다. 대승불교의 사상이 태동하게 된 시기는 부처님이 입멸하신 지 600년에서 700년이 지난 다음에 시작된 것입니다. 놀랍지 않습니까? 지금 시점으로 봐도 600년에서 700년 전쯤이면 우리나라로 치면 고려시대입니다. 지금 남아 있는 많은 문헌들을 가지고 고려시대에 대해 연구를 해 봐도 언어나 사고방식이 어떻게 얼마나 달라졌는지 알지 못합니다.

600~700년이라는 것은 짧은 시간이 아닙니다. 어떤 사상이 없어져도 백번은 없어질 수 있는 시간입니다. 그런데 면면히 이어오면서 오히려 한순간에 큰 사상적인 폭발이 일어나듯이 사상의 개혁을 가져 온 것 아닙니까? 말하자면 '우리는 여태껏 부처님이 말씀하신 것을 전부 잘못 이해하고 있었다. 이게 진짜다.'라고 하는 상황이었으니 얼마나 혼란스러웠겠어요. 철석같이 믿어왔던 진리가 '그게 다가 아니고 이게 진짜 진리'라고 말하는데도 그것이 당대의 사람들에게 받아들여질 수 있다는 게 얼마나 어려운 일이었겠습니까. 그렇게 되기까지는 긴 시간 동안 엄청난 노력과 사상의 발전이 축적되어 왔다는 것이겠지요. 그 중에는 불교사적으로 기록되어 있지 않은 수많은 선지식들의 노고가 있었을 것입니다. 달마 대사와 혜능 대사보다 훨씬 월등한 사람들이 많이 있었을 겁니다. 그런 분들에 의해서 대승불교가 흥기한 것입니다. 분명히 한 사람의 힘이 아니었을 것입니다.

『화엄경』이 세상에 나온 게 기원전 1년쯤입니다. 부처님께서 깨달은 직후의 경지를 그대로 설했다는 내용을 담은 것이 『화엄경』인데 그게 경전으로 결집이 되기까지는 600~700년 걸렸어요. 이런 배경을 잘 알아야 제대로 이해할 수 있습니다. 그런데 과거 송나라 때 중생들을 구제하기 위해서 '방(棒)' 하고 '할(喝)' 했던 것으로 천 년 이상 우려먹고 있으니 어떻게 요즘 사람들에게 감동을 줄 수 있겠습니까?

기독교만 해도 루터의 종교 개혁 이후 불과 500년을 넘기지 못하고 면죄부를 팔 때보다 더 심각하게 썩어 버린 듯합니다. 오죽하면 대중들이 개독교라고 할 정도로 안티기독교인이 수두룩하겠습니까?

우주의 역사를 150억 년 정도로 보고 지구의 탄생은 한 50억 년 된 걸로 보고 있습니다. 태양이 폭발한 뒤 수소와 헬륨이 연료가 되어서 지금 태양이 타고 있는 겁니다. 그게 점점 타가지고 50억 년쯤 뒤에 그 연료가 다하면 지구를 불덩이처럼 삼켜버린다고 합니다. 지구는 소멸하게 돼 있는 것이지요.

그런데 우리는 지금 지구가 영원하다고 생각합니다. 태양이 지구를 삼킨다는 일은 상상할 수가 없지요. 그러나 언젠가는 실현이 될 겁니다. 그 시대를 살고 있는 사람들은 바로 며칠 뒤에 닥칠 일이 된다고 할 수 있지 않겠습니까? 실제로 혜성이 지구와 충돌할 가능성도 있습니다. 최근에 인기를 끌었던 '너의 이름은'이라는 영화도 혜성이 한 마을을 송두리째 망가뜨리는 일이 벌어졌습니다. 미래를 담은 영화에도 나오지만, 석유 고갈 문제, 환경 문제 등을 인류가 잘 해결해 낼 것이라고 낙관적으로 생각하는 분들이 많습니다. 그런데 그렇게 낙관적인 것만은 아닙니다. 사람들은 본능적이고 신앙적으로 생각하는 경향이 있는데, 과학적이고 합리적으로 생각해야 합니다.

21세기 들어서는 대한민국이 만주를 지배하고 세계의 중심이 된다는 말들도 무성했는데 현실은 그렇지 않듯이 종교도 마찬가지입니다. 종교도 미래를 대비하지 않으면 앞날이 불투명합니다. 불교도 마찬가지입니다. 할을 알아들을 사람만 앉혀놓고 할을 해야지 아무 때나 할을 해서는 안 된다는 겁니다. 불교 수행 또한 조직화하고 세분화할 필요가 있습니다.

부처님이 입멸하시고 600~700년 지난 다음에 불교가 대승불교로 새로 태어났고 그 이후로 1500년이 지났습니다. 대승불교로 1500년을 지나오는 동안에 사람들의 사고방식 또한 달라졌습니다. 그렇다면 거기에 걸맞은 방법론이 제시되어야 하고 경전에 대한 새로운 해석이 있어야 한다는 말입니다.

『화엄경』에 보면, 온갖 세계의 형상을 수미산 형상, 강과 내의 형상, 회전廻轉하는 형상, 소용돌이치는 물의 형상, 수레바퀴 형상, 연꽃 형상 등으로 묘사해 놓고 있습니다. 이것을 보고 '왜 이런 표현을 썼을까?' 하고 깊이 생각하지 않고 그저 비유일 거라고 여기고 지나갑니다. 그런데 경전에는 마치 직접 보고 말하는 것처럼 아주 섬세하게 묘사되어 있습니다. 그렇게 묘사한 이유가 있을 것입니다. 놀라운 것은 허블우주 망원경으로 찍은 사진들을 보면 경전에 묘사된 것과 아주 똑같다고 합니다. 제 견해가 옳든 그르든 불교는 과학적으로 이렇게 분석해서 풀이해야 됩니다. 이러한 안목이 열려야 하고 다른 시각으로 제대로 봐야 합니다.

일체유심조一切唯心造, 모든 것은 마음으로 이루어진다는 것은 불교 사상을 나타내는 매우 중요한 불교 용어입니다. 그런데 일체유심조를 불교에 의지해서 설명해 보세요. 마음과 물질의 관계가 어떻습니까? 마음은 마음이고 물질은 물질인데, 혜능은 깃발이 움직이는 것도 아니고, 바람이 부는 것도 아니고, 마음이 움직이는 거라고 했습니다. 그건 수행을 통해 견성한 선사들이나 이해할 수 있을 만한 아주 고차원적인 이야기입니다. 지금 이 시대의 사람들에게 이런 경지가 있으니까 너희들도 무조건 이러한 경지에 이르도록 하라고 한다고 해서 그 경지에 이를 수 있겠습니까?

"아, 참 좋으신 말씀이야. 대단한 경지에 이르셨어."라고 말할 수는 있겠지만 깊이 공감할 수는 없을 겁니다. 과학적이고 논리적으로 설명해 줄 수 있는 시스템이 구축되지 않은 상태에서 자꾸 그런 말을 듣다 보면 오히려 불교가 점점 멀게 느껴집니다. 문제는 '도道라는 게 무진장 어렵구나. 나는 죽었다 깨어나도 안 되겠구나. 차라리 마음 편하게 부적이나 한 장 받아 오는 게 낫겠다.'라고 하는 사람들이 늘어나게 된다는 데 있습니다.

《 죽비 소리 》

너무 빠른 세상의 변화에 시간의 의미를 되새길 필요가 있어 보입니다. 불자들이 접하는 불교는 최소 2,000년이 넘은 것입니다. 고전음악과 미술을 대표하는 작품들은 300~400년을 넘지 못합니다. 현재 누리는 문명의 대부분은 과학이 체계적으로 발전되기 시작한 200년 정도된 것입니다. 우리의 일상에 직접적인 영향을 주는 많은 '조건'들은 거의 20~30년을 넘지 않습니다. 게다가 이 '조건'들이 변하는 시간은 이제는 1년도 길다고 할 수 있습니다. 결국 인간들은 스스로에 의해 '안착할 마음'의 시간조차 준비할 수 없는 상황에 직면해 있습니다.

이것은 어쩌면 과거 군주체제의 독재보다 더 가혹하고 냉정한 '무엇'인가가 우리를 돌이킬 수 없는 방향으로 내몰고 있다는 합리적 의문을 갖게만듭니다. 나는 '신경제만능주의'가 그 주범이라고 생각합니다. 국가보다 힘이 세지고 있는, 공장 하나 없이 네트워크로 세계 10대 기업에 급부상한 기업들에 인류가 농락당하고 있는 게 아닌가 하는 심각한 고민을 하게 됩니다.

경제와 권력의 장악을 위해선 인간은 늘 자기합리화의 명분을 만들어내곤 했습니다. 어쩌다 보도되는 '의인'은 역설적으로 선한 사람의 희소가치를 말해 주는 지표일지도 모릅니다.

진실과 정의로 포장된 위선과 가식이 너무나도 뻔한 모습으로 '나는 옳다'를 주장하는 세상이 어떨 때는 무서움으로 다가옵니다. 승가도 마찬가지이기에 변명의 여지가 없지만, 이런 두려운 심정으로 2부 「화엄경」「십지품」의 해설을 정리했다는 사실은 꼭 밝히고 싶습니다.

## 화엄경의 백미 「십지품+地品」

나는 60화엄인 「십지품」의 내용이야말로 『화엄경』의 백미라고 생각합니다.

10지란 보살 수행의 열 단계를 뜻하는데, 환희지歡喜地·이구지離垢地·발광지發光地·염혜지焰慧地·난승지難勝地·현전지現前地·원행지遠行地·부동지不動地·선혜지善慧地·법운지法雲地 등의 열 가지입니다. 이 열 단계가 10바라밀과 일치한다는 것이 「십지품」의 가르침입니다.

불교 수행과 믿음의 요체를 설하고 있는 「십지품」의 내용을 살펴보면, 그 용어와 개념을 아주 쉽게 표현하여 경전의 본문을 바로 대해도 생경하거나 어려운 부분이 없습니다. 그럼에도 불구하고 잘 알려지지 않아 안타까운 마음에 지면을 할애하니 음미해 보시길 바랍니다. 특히 요즘 조계종단의 적폐로 인해 당혹스러워하는 불자들에게 먹물 옷 입은 승가의 일원으로서 참회의 마음으로 올립니다. 행이 바르지 않은 출가자에게 마음을 상하지 말고 진리는 역시 '그래도 불교'라는 마음으로 공부해 주시고 수행해 주시길 기대합니다.

●

# 환희지|歡喜地|와 보시바라밀

○

## 환희지, 보살의 경지에 들어가서
## 처음 갖는 서원과 환희심

환희지란 보살의 경지에 들어가서 처음 얻게 되는 발원과 서원의 환희심을 말합니다. 즉, 물러서지 않는 신심과 수행의 서원을 발하는 첫 단계를 말하는데, 환희지의 보살이 세우는 열 가지 서원은 다음과 같습니다.

① 모든 부처님께 공양하기를 발원하다
② 모든 부처님 법을 받아서 지니기를 발원하다
③ 부처님의 으뜸가는 제자[上首 弟子] 되기를 발원하다
④ 교화로 중생의 마음이 증장하게 되기를 발원하다
⑤ 일체 중생을 성숙시키기를 발원하다

⑥ 일체 세계를 받들어 섬길 것을 발원하다

⑦ 일체 국토가 청정하기를 발원하다

⑧ 일체 보살들과 늘 함께 하기를 발원하다

⑨ 작은 수행이라도 큰 이익이 있기를 발원하다

⑩ 바른 깨달음[正覺] 이루기를 발원하다

　불자들이 신행信行을 통해 '환희심'을 경험하기는 쉽지 않은 일입니다. 수행을 통해 기분이 상쾌해졌다거나 번뇌로 인한 휘둘림이 현저히 줄어들었다 해도 그것을 환희심이라고 단정하기는 어렵지요. 현대인들은 번뇌의 대상이 너무나 많아서 조금만 마음이 안정되어도 마치 큰 공부를 성취한 것으로 착각하는 경우가 많습니다.

　환희지가 비록 「십지품」에서는 열 단계로 나누는 수행의 차제次第의 첫 번째에 불과하지만, 후에 성립된 보살의 52위 수행에서 미루어 보면, 마지막 열 단계 중 첫 번째로 무려 40단계를 이미 마친 수행의 경지입니다. 또한 환희지의 주 수행인 보시바라밀에 대한 「십지품」의 내용을 보면 '잣대' 자체가 다름을 실감하게 될 겁니다.


## 보시바라밀, 탐욕을 조화롭게 다스리며 기꺼이 베풀다

　바라밀波羅蜜이라는 말은 '마하반야바라밀다심경'이 본래 경명인 『반야심경』 덕분에 잘 알려져 있습니다. 바라밀은 『반야심경』의 핵심적인 내용이기도 하고, '반야바라밀'은 10바라밀 가운데 하나이기도 합니다.

바라밀은 '~의 완성 혹은 성취'라는 뜻이니, 『반야심경』의 경명 중 반야바라밀은 반야[참지혜]의 완성이라 해석할 수 있습니다. 실제로 『반야심경』은 '5온五蘊이 공空한 이치를 관자재보살이 성취하는 것'으로 시작됩니다. 반야바라밀은 뒤에 또 나오므로 여기에서는 '바라밀'의 뜻을 설명하기 위해 『반야심경』을 인용하고 넘어가겠습니다.

초지인 환희지의 보살이 대자비로 보시바라밀을 행하는 방법과 그 공덕을 「십지품」에서는 다음과 같이 설하고 있습니다.●

> "불자여, 보살 마하살이 이러한 대비大悲와 대자大慈를 따라서 깊고 소중한 마음으로 초지初地에 머물 때에 모든 물건을 아끼지 않고 부처님의 큰 지혜를 구하며 크게 버리는 일을 수행하여, 가진 것을 모두 보시하나니, 이른바 재물·곡식·창고와 금·은·마니·진주·유리·보석·보패·산호 등의 보물과 영락 등 몸을 장식하는 기구와 코끼리·말·수레·노비·사환과 도시와 마을과 원림과 누대와 처첩과 아들과 딸과 안팎 권속들과 그 외의 훌륭한 물건들과 머리·눈·손·발·피·살·뼈·골수 등의 모든 몸붙이를 하나도 아끼지 않고, 부처님의 광대한 지혜를 구한다. 이것을 이

---

● 이 책에서 발췌한 『화엄경』은 무비 스님이 1994년 민족사에서 출간한 『한글본 화엄경』을 근간으로 하고, 필요할 때마다 필자의 수정과 견해를 더한 것임을 밝혀둡니다.

름하여 보살이 초지에 있어서 크게 버리는 일*을 성취하는 것이라 한다."

"불자여, 보살이 이 자비로 크게 보시하는 마음으로써 일체 중생을 구호하기 위하여 점점 다시 세간과 출세간의 여러 가지 이익 하는 일을 구하면서도 고달픈 마음이 없으므로 곧 고달픈 줄 모르는 마음을 성취하며, 고달픈 줄 모르는 마음을 얻고는, 일체 경經과 논論에 겁약함이 없나니, 겁약함이 없으므로 일체 경론의 지혜를 성취한다.
이 지혜를 얻고는, 지을 일과 짓지 아니할 일을 잘 요량하고, 상·중·하품의 일체 중생에 대하여 마땅함을 따르고, 힘을 따르고, 그 익힌 바를 따라서 그와 같이 행하나니, 그러므로 보살이 세간의 지혜를 이루게 되고, 세간의 지혜를 이루고는 시기를 알고 감량을 알아 부끄러운 장엄[慚愧莊嚴]으로 스스로 이롭고 다른 이를 이롭게 하는 행을 닦나니, 그러므로 부끄러운 장엄··
이런 행에서 벗어나는 일을 부지런히 닦아 퇴전하지 아니하면 견고한 힘을 이루며, 견고한 힘을 얻고는 부처님께 부지런히 공양하며 부처님의 교법에서 말씀한 대로 실행한다."

-중략-

---

• 보시를 주는 일이 아니라 '버리는 일'이라고 한 의미를 새겨야 합니다.
•• 비록 보살의 초지 수행이지만 세상의 탁함과 그 탁함을 다스려 중생을 이롭게 하는 일을 다하지 못함을 부끄러운 장엄이라고 한 것입니다.

"불자여, 이 보살이 여러 부처님께 공양하였으므로 중생을 성취하는 법을 얻는다. 앞에 있는 두 가지 거두어 주는 법으로 중생을 포섭하나니, 보시하는 것과 좋은 말을 하는 것이요, 뒤에 있는 두 가지 거두어 주는 법은 다만 믿고 아는 힘으로 행하거니와 잘 통달하지는 못한다.

이것이 보살의 10바라밀다 중에 보시바라밀다가 더 많은 것이니, 다른 바라밀다는 닦지 않는 것은 아니지마는 힘을 따르고 분한을 따를 뿐이다.•

이 보살이 가는 데마다 부처님께 공양하고 중생을 교화하는 일을 부지런히 하여 청정한 지地의 법을 수행하고, 그러한 선근으로 온갖 지혜의 지위에 회향하여, 점점 더 밝고 깨끗하여지고, 조화하고 부드러운 결과가 성취되어 마음대로 소용하게 된다."

초지初地보살은 보시바라밀을 주된 수행으로 삼되 다른 바라밀도 소홀히 하는 것은 아니라고 합니다. 2지二地 보살은 지계바라밀을 수행의 근본으로 삼되 다른 바라밀도 소홀히 하는 것은 아니라고 했으니, 다음은 인욕·정진·선정·지혜의 순으로 차근차근 대입해 나가면 되겠지요. 여기에서는 우선 보시布施를 가지고 말씀드리겠습니다. 보시란 조건 없이 베푸는 것으로 재물로 하는 재시財施, 법으로 하는 법시法施, 그리고 상대로 하여금 두려움이 없어지게 해 주는 무외시

---

• 이 표현은 「십지품」에서 수행 계위 10단계와 10바라밀을 대비시키는 표현의 전형입니다. 두 번째 이구지와 지계바라밀의 연계성의 대목은 이 구절의 보시바라밀다를 '지계바라밀다'로 바꿀 뿐입니다.

無畏施의 세 가지가 있습니다. 보시바라밀의 실천이 복잡해 보이지만 정리하면 간단합니다. 수행에 필요한 최소한의 살림살이 말고는 다 보시를 하고, 대자비심과 일체 중생을 애달프게 여기는 마음을 증장하면 고달프거나 겁약한 마음을 조복 받게 되어, 경과 논서를 읽으면 그 노력이 헛되지 않아 지혜가 증장된다는 말입니다.

남에게 무엇을 준다는 행위는 단순한 선행이 아닌 보살 수행의 첫 번째 의무라는 점을 분명히 말하고 있습니다. 한마디로 욕심과 소유에 대한 집착이 티끌만큼이라도 마음속에 남아 있으면 보살 수행은 시작조차 할 수 없다는 것이 「십지품」의 가르침입니다.

10바라밀은 60화엄인 「십지품」 성립 이후에 더욱 많은 내용이 더해져서 편찬된 80화엄에서도 곳곳에서 강조하고 있습니다. 바라밀의 실천이 바로 보살의 수행 덕목이라는 점을 강조하기 위해서입니다. 「십지품」 외에도 「명법품」, 「십행품」, 「이세간품」, 「입법계품」 등에서도 자세히 설명하고 있습니다.

## 수승한 지혜를 지닌 이라야 보시할 수 있다

다음 게송은 「십행품十行品」에서 공덕림功德林 보살이 보시바라밀을 찬탄하는 대목입니다. 앞에서 말씀드렸듯이 '수승한 지혜'를 지닌 이라야 세 가지 보시[財施·法施·無畏施]를 행할 수 있다고 합니다.

① 재물의 보시를 말하다

세간의 모든 걱정 멀리 여의고
중생들에게 편안한 즐거움 널리 주어서
짝이 없이 크신 도사 능히 되나니
수승한 공덕 가진 이 이 길 행하네.


② 두려움이 없는 보시를 말하다


두려움 없으므로 중생에게 보시하여
모든 이로 하여금 기쁘게 하되
그 마음 청정하여 혼탁 없나니
동등할 이 없는 이가 이 길 행하네.


마음이 청정하여 조화 잘 되고
모든 희롱 여의어 말이 점잖고
위의가 원만하여 대중이 공경하니
가장 훌륭한 이가 이 길 행하네.


③ 법의 보시를 말하다


진실한 뜻에 들어 저 언덕 가고
공덕에 머물러서 마음도 고요하여
부처님 호념하사 잊지 않나니
모든 유有를 멸한 이 이 길 행하네.

나를 멀리 여의어 시끄러움 없고
항상 큰 음성으로 바른 법 말해
시방의 모든 국토 두루했으니
비교할 수 없는 이 이 길 행하네.


④ 인과가 원만함을 말하다


보시바라밀다를 이미 만족하고
백 가지 복된 상호 장엄했음에
중생들 보는 이가 모두 기뻐해
가장 수승한 지혜가 있는 이 이 길 행하네.


　단지 주기만 하는 것을 '보시'라고 한다면, 여기에 바라밀이 붙으면 차원이 달라집니다. 어떻게 보면 지금 우리 불자들이 말하는 보시는 절에서 불전 몇 푼 올려놓고, '내가 부처님한테 하노라고 했는데, 이것도 안 이뤄지나?' 하고 의심하고 배신감을 갖는, 결국은 보시의 대가를 바라는 마음 정도인지도 모릅니다. 절에 가면 스님이 아는 체 한 번 더 해 주고, 다른 사람보다 불사 하는 데 돈도 더 많이 냈으니까 법당에 서까래 올릴 때 이름도 새겨 주고, 이렇게 해 주지 않으면 권선勸善이 안 되는 게 지금 우리의 보시 수준은 아닌지 돌이켜보고 반성해야 합니다.

　그렇기 때문에 10바라밀에서 말하는 보시바라밀은 '지혜'가 있어야 합니다. 이 6바라밀에서 마지막 6번째 보시·지계·인욕·정진·선정·지혜라고 할 때의 지혜가 있어야 하는 것입니다. 제가 생각할 때, 지혜는 6바라밀의 완성이자 독립적으로 존재할 수가 없는 것입니다. 보시+지혜, 지계+지혜, 인욕+지혜, 정진+지혜, 선정+지혜가 됐을 때라야 비로소 바라밀이 성립이 된다고 봅니다.

보시바라밀은 통상적인 언어로 이해한다면 기부나 후원 넓게는 복지의 개념에 해당한다고 볼 수 있습니다. 다만, 보시에 바라밀이 붙어 보시바라밀이 되려면 조건 없는 베풂으로, 자신의 욕심을 제어하고 이타행利他行을 실천하는 수행의 방편으로 삼을 정도가 되어야 합니다. 보시에 생색을 내거나 조건을 내세운다면 비록 상대는 모를지라도 그건 사실상 거래나 투자이지 보시가 아닙니다. 사찰에서 보시를 하게 하기 위해 공덕을 강조한다던가, 방편으로 보시를 유도하는 것은 상업적인 행위이지 결코 사찰 본연의 모습은 아닙니다.

유감스럽게도 승단 적폐의 이면에는 보시로 너무 쉽게 큰돈을 갖게 된 한국불교의 현실이 가장 큰 요인이라고 봅니다. 신도들이 보시한 공양금과 관광객들의 입장료가 쌓이는 대찰 수입의 90%는 몇몇 스님들이 차지하고, 대부분의 스님들은 해제 후 거처할 곳이 없어 전전긍긍하고 있으니 조계종에서 가장 시급히 개선해야 할 적폐 중의 하나입니다. 게송에서 공덕림보살이 가장 수승한 지혜를 갖춘 사람이 보시바라밀을 행한다고 했지만, 신도들이 보시한 공양금을 공유하지 않는 것은 심하게 말하면 공금횡령에 해당된다 해도 지나치지 않습니다.

보시하는 불자들의 마음 상태도 아쉬운 점이 많습니다. 보시를 욕망을 굴복시키는 수행의 시작이 아니라, 복을 받기 위한 가장 간명한 방법으로 인식하는 점입니다. 제가 실제로 체험한 일입니다. 「십지품」에서 설하는 마음으로, 『금강경』에서 말한 무주상無住相 보시를 권하면 오히려 바보가 되는 느낌을 받은 적이 있습니다. 반면에 업과 과보 심지어 죽은 영가까지 들먹이며 은근히 겁을 주는 무속인과 다를 바 없는 방편을 쓰거나 비굴해 보일 정도로 신도를 '갑'으로 모시는 스님들에게는 보시를 잘하는 신도들이 많습니다. 참으로 탄식이 절로 나옵니다.

돈을 어떻게 써야 좋을지, 돈 잘 쓰는 법을 묻는 제대로 된 보시바라밀을 마음에 새긴 불자를 만났으면 합니다. 우리 불자들이 불교에 대한 새로운 안목을 갖게 되기를 늘 서원하며 보시바라밀에 대한 설명을 이어가겠습니다.

## 수행의 첫 번째 완성은 '보시바라밀'

바라밀의 맨 처음에 보시바라밀이 나오는 이유가 있습니다. 왜 보시바라밀일까요? 앞서 말씀드렸듯이 우리는 안목을 갖출 수 있는 신행생활을 해야 합니다. 우리 불자들의 문제점은 불교 교리를 깊이 바라보지 않는 데 있습니다. 보시바라밀이라고 하면 재시·법시·무외시가 있는데, 이 세 가지 보시를 잘해야 공덕이 된다고 하는 데서 그칩니다. 보시를 왜 해야 하는지, 보시가 왜 수행의 항목인지 먼저 알아야 하는데, 언제나 수동적으로 받아들이는 손님[客]으로서의 입장에 있기 때문에 깊이 있는 공부가 안 된다고 생각합니다.

욕심이 있으면 보시바라밀이 안 됩니다. 욕심이 가득 차 있으면 다음 수행의 단계로 나아갈 수가 없기 때문에 보시바라밀을 맨 처음에 내세운 것입니다. 욕심을 버리지 않으면 공부하기 힘듭니다. 극단적으로 말하자면 욕심이 많으면 공부는 끝난 겁니다. 그래서 수행할 때 보시바라밀이 가장 먼저 생각해야 할 사항이 된 것입니다.

수행의 첫 번째 완성은 '보시바라밀'입니다. 부처님 재세 시에는 평생을 숲 속에서 명상 등을 하며 자기 수행에 충실했던 수행자들이 많았던 것 같습니다. 자비의 이타행, 실천행인 '바라밀'을 만들어 낸 쪽은 대승입니다. 이름이 대승이라고 해서 무조건 이타행에서는 대승이 소승을 앞선다는 생각은 오만입니다. 오히려 이타행을 적극적으로 베풀 만한 객관적 위치에 있는 스님들이, 말로만 이타행을 하는 데서 그치는 현실이 무척 안타깝습니다.

수행자는 중생들의 고통이 '마음먹기에 달린 것'이 아니라는 점을 알아야 합니다. 중생들이 인격을 유지하며 살아가기 위해서는 해결해야 할 문제가 너무나 많다는 사실을 깊이 새겨야 한다는 말입니다. 바른 수행을 하면 모든 게 남의 문제가 아닙니다. 중생들을 위해 이타행을 하지 않으면 못 견디는 나의 문제가 됩니다.

보시는 타인에게로 향하는 나의 선행입니다만, 바라밀행의 본래 의미는 수행의 단계에서 반드시 완성해야 하는 실천행이라고 말씀드렸습니다. 보시를 하는 궁극적인 이유는 보시바라밀의 완성이 개인적인 욕심의 조복에 있기 때문입니다. 개인의 마음 안에 누적된 탐욕을 항복시키는 게 우리가 보시 공덕을 쌓는 근본적인 이유입니다. 복을 받기 위한 보시는 그 공덕이 자신에게 돌아와야 하니 투자라고밖에 할 수 없습니다. 현세에 더 부유해지고, 자식의 대학 입학 혹은 취직시험 합격을 위해, 혹은 병을 고치려고 보시한다면, 그럴 바에는 절에 보시하느니 차라리 은행에 적금을 들든지 더 좋은 의료 환경과 교육 환경을 위해 기부하는 것이 더 낫습니다. 보시는 어떤 경우에도 투자가 되어서는 안 됩니다. 보시는 욕심을 조복 받는 수행입니다. 실지로 욕심 많은 사람이 어떻게 보시를 하겠습니까?

어떤 수행자가 "나에게 보시하는 사람은 공덕이 있는 사람이다." 라고 할 수 있다면 그는 대단한 자부심과 기개가 있는 사람일 겁니다. 중노릇을 얼마나 당당하게 했으면 그런 말을 할 수 있겠습니까?

거듭 강조하건대, 보시는 자신의 욕심을 조복 받기 위해서 다른 사람에게 아무 대가 없이 베풀어주는 수행입니다. 요즘 사람들이 돈에 대한 가치를 최우선으로 삼으니 보시 하면 바로 돈이 떠오르겠지만 돈으로만 보시할 수 있는 것도 아닙니다. 수많은 보시 중의 하나가 재물 보시입니다. 보시는 차원 높은 정신으로 이뤄져야 합니다. 보살의 가장 큰 보시는 중생 구제입니다. 우리 불자들이 보살의 보시를 실천하는 것은 아주 요원해 보입니다.

지금도 정월 초하루부터 초3일까지 신중 재수불공은 꼭 챙기는 신도님들이 많습니다. 그러나 저는 그런 식의 기도는 하지 않습니다. 한때 낙태아 문제가 거론되면서 사회적으로 낙태아들에 대한 죄의식이 형성된 적이 있었습니다. 그 무렵 낙태아를 위한 천도기도를 하는 절이 아주 많았습니다. 어느 날 저희 절 법회에 새로 오신 신도님이 법회를 마친 뒤 공양시간에 제게 다가와 "낙태아 천도를 하느냐?" 고 묻더군요. 그래서 제가 그분에게 자세히 말씀드렸습니다.

"『장수멸죄경』이라는 경전이 있는데, 거기에 부처님께서 낙태하는 죄와 낙태를 당하는 태아와 받는 과보에 대해서 말씀하셨습니다. 그리고 기도와 참회는 어떻게 해야 하는지 아주 자세하게 나와 있어요."라고 말해 주고, 경전을 주면서 집에서 읽으면서 기도하면 된다고 일러주었습니다. 그랬더니, 그 신도가 경전은 받지도 않고 저를 빤히 쳐다보기만 했습니다. 그 신도님이 저를 보던 그 실망의 눈빛이 지금도 기억에 선합니다.

『장수멸죄경』에 그 내용이 분명하게 나와 있어서 읽어보면 저절로 참회가 됩니다. 이렇게 제대로 된 법을 일러주는데도 알아듣지 못합니다. 말귀를 알아듣는 수준이 모두 다르듯이 우리의 중생심은 그 경계가 천차만별입니다. 명백한 착각이나 오류도 알아차리지 못하니 참으로 안타까운 일이 아닐 수 없습니다.

그때 제가 그 신도에게 "낙태아 천도 기도를 하려면 부처님 공양 올리는 것부터 준비할 게 있으니 기도비는 얼마가 됩니다. 기도할 날이 언제가 좋은가 하면서 책 몇 권 들춰가며 나이는 몇이고 낙태아는 몇 명이냐?"고 했다면 아마도 수중에 돈이 없으면 다른 사람에게 빌려서라도 낙태 기도를 한다고 했을 겁니다.

저도 그걸 모르지는 않습니다. 하지만 저는 부처님 법에 위배되는 일을 하지 않습니다. 바른 법을 일러주는데도 거부한다면 "그럼 그렇게 사세요!"라고 할 수밖에 없습니다. 주머니에 찔러 넣어 주듯이 하는데도 아니라며 받아들이지 않는 것, 그걸 인연이라고 하는 겁니다.

우리가 불교를 믿는 목적이 무엇입니까? 앞에서도 분명히 말씀드렸듯이 불교를 믿는 목적은 '부처가 되기 위해서'입니다. 부처가 되기 위해서 오묘한 불교 사상을 공부하는 것에서 나아가 실천 수행으로 전환되어야 합니다. 『화엄경』을 읽고 이해하려고 고민하는 분들이 많은데 화엄 사상의 귀결에 대해서 알고 있는지는 모르겠습니다. '화엄사상'이라고 하면 이사무애법계理事無礙法界, 사사무애법계事事無礙法界, 중중무진연기重重無盡緣起와 같은 용어들이 먼저 생각날 것입니다. 그런데 저는 화엄사상의 핵심이 10바라밀에 다 들어 있으니 그 점을 놓치지 말자고 강조하고 싶습니다. 『금강경』도 오로지 공空만을 말하려면 『금강경』이 왜 필요하겠습니까? 『금강경』은 6바라밀 중 반야般若를 말하기 위해서 있는 것입니다. 『화엄경』도 결국은 보살들이 수행하고 실천해야 하는 10바라밀을 낱낱이 규명하는 경전이라고 생각합니다.

●

# 이구지離垢地와 지계바라밀

○

## 이구지, 장애가 되는 마음의 오염을 떨쳐버리다

이구離垢란 더러움을 떨쳐버리는 것을 말합니다. 여기서 더러움은 물질적 더러움이 아니라 수행에 장애가 되는 '마음의 오염'을 뜻합니다. 재미있게도 구垢의 숨은 뜻으로 '수치'가 있습니다. 수행자는 마음의 오염을 가장 큰 수치로 삼아야 한다는 것을 염두에 둔다면 수긍이 갑니다. 그러나 「십지품」에서 설하는 보살의 두 번째 단계 수행은 단순히 더러움을 떠난 청정함보다 더 엄격하고 거룩한 자리이타행自利利他行의 원을 세우고 실천해서 완성해야 합니다. 『화엄경』에서 이구지와 지계바라밀을 대비시킨 이유가 바로 그때문입니다.

「십지품」에서 말하는 지계바라밀의 수준 역시 차원이 다릅니다. 지계바라밀은 3취정계三聚淨戒라 하여 섭율의계攝律儀戒·섭선법계攝

善法戒·섭중생계攝衆生戒로 세분합니다. 특기할 점은 수행자 개인이 지켜야 할 덕목으로서의 계戒를 넘어서, 인간이 추구해야 하는 보편적 윤리와 가치를 최고치로 끌어올려 '행해야 보살 수행이다'라고 단호히 요구하고 있습니다. 어려운 불교 용어가 불교를 이해하는 데 큰 걸림으로 작용하는 게 사실인지라 3취정계에 대해서 간명하게 설명하겠습니다.

섭율의계는 수행자들이 지켜야 할 비구계 등 규율規律을 말합니다.

섭선법계는 10선十善 등 선한 행을 적극적으로 닦아 나가는 것입니다.

섭중생계는 모든 중생을 보살피고 구제함을 수행으로 삼는 지극한 이타심을 실천하는 것입니다. 이러한 내용 파악에 도움을 드리기 위해 「십지품」 중 금강장 보살의 게송을 소개하겠습니다.

① 섭율의계를 말하다

여기 머물러 계행 공덕 성취하면
살생과 해치는 일 멀리 여의고
도둑과 사음이며 거친 말이며
이간하고 뜻 없는 말 또한 여의리.

재물을 탐하지 않고 늘 사랑하며
바른 도와 곧은 마음 아첨이 없고
간악함과 교만 버려 조화한다면

교법대로 수행하고 방일하지 않네.

② 섭선법계를 말하다

지옥과 축생에서 고통을 받고
아귀는 불에 타서 불길이 맹렬
온갖 것이 모두 다 죄로 생기니
내가 모두 떠나고 법에 머물러

인간에 마음대로 태어나거나
색계·무색계 태어나는 선정의 낙과
독각이나 성문이나 부처 되는 길
모두가 10선으로 성취하나니

이런 일 생각하고 방일하지 않으며
자기도 계행 갖고 남에게도 권하네.

③ 섭중생계를 말하다

중생이 고통 받는 것을 보고는
점점 더 자비한 마음 증장하나니

범부의 삿된 지혜 정견正見이 없어

분노를 항상 품고 투쟁 잘하고
6진六塵 경계 탐하느라 만족 모르니
저들로 세 가지 독毒 덜게 하리라.

캄캄한 어리석음 덮인 바 되어
험한 길과 삿된 소견의 그물에 들고
생사의 우리 속에 구속되나니
저들에게 원수 마군 부수게 하며

네 바다에 표류하며 마음 잠기고
3계가 불타는 듯 고통이 무량
5온五蘊으로 집이 되어 내가 거기 있으니
그들을 제도하려 도를 행하고

뛰어나길 구하여도 마음이 용렬하여
가장 높은 부처 지혜 모두 버릴 새
그들을 대승법에 가게 하려고
부지런히 정진하고 만족을 모르네.

④ 이구지의 공과를 밝히다

보살이 이 지地에서 공덕 모으며
한량없는 부처님 뵙고 공양해

억겁 동안 선을 닦아 밝고도 깨끗함이
명반으로 진금을 단련하듯 하네.


불자가 여기에선 전륜왕 되어
중생을 교화하여 10선 행하며
여러 가지 선근을 모두 닦아서
10력十力을 이루어서 세상을 구제하네.


국왕이나 재물을 다 버리려고
집을 떠나 불법에 귀의하여서
용맹하게 정진하며 잠깐 동안에
일천 삼매 얻고서 천 불 보나니


이 세간에 가지가지 신통의 힘을
이 지에 있는 보살 능히 나투며
원력으로 짓는 일 이보다 더해
한량없이 자재한 힘으로 중생 건지네.


이렇게 쉽고 자세하게 풀어 써놓은 게송에 어설픈 해설을 붙이면
오히려 게송 이해에 방해가 될 수도 있기에, 『화엄경』에서 3취정계
중 섭선법계를 언급한 본문을 들어 설명을 이어가겠습니다. 섭攝은
'지키다' '이루다'는 뜻이니, 섭선법계란 보살이 수행으로 선법善法을
이룬다는 의미입니다. 다만, 선善은 단순히 착함이 아닌, 보편적 정의

正義나 지혜를 바탕으로 중생을 인도함, 궁극적으로는 자타일시성불의 길을 구하는 것이 바로 선입니다. 이는 『화엄경』과 「십지품」의 '보살 지위'가 얼마나 깊은 수행의 단계인지를 헤아리는 징표라 할 수 있습니다.

이어지는 본문은 「십행품」 중 섭선법계攝善法戒를 설한 부분입니다. 「십행품」에는 3취정계 세 가지가 다 아래와 같은 형식으로 설해지고 있지만 '선법'에 대한 내용만 소개해도 충분할 것 같습니다. 공덕림 보살의 설함입니다.

"이렇게 배우고는 모두 나쁜 행동과 '나'라고 고집하는 무지無知를 여의고, 지혜로 일체 부처님 법에 들어가서 중생에게 법을 말하여 전도顚倒를 버리게 하거니와, 그러나 중생을 떠나서 전도가 있지도 않고, 전도를 떠나서 중생이 있지도 않으며, 전도 속에 중생이 있지도 않고 중생 속에 전도가 있지도 않으며, 전도가 곧 중생도 아니고 중생이 곧 전도도 아니며, 전도가 안의 법도 아니고 전도가 밖의 법도 아니며, 중생이 안의 법도 아니고 중생이 밖의 법도 아닌 줄을 안다."•

"온갖 법이 허망하고 진실하지 못하여 잠깐 일어났다 잠깐 없어지는 것이요, 견고하지 못하여 꿈과 같고 그림자 같고 요술 같

---

• 전도를 버리게 한다는 말은 '전도몽상'에서 벗어나게 한다는 것, 다시 말해 사실 그대로 여여如如한 경지로 이끈다는 뜻입니다. 이후 반복의 연속은 화엄경 특유의 화법인 상입상즉相入相卽의 표현입니다.

고 변화함과 같아서 어리석은 이를 의혹케 하는 것이다."•

"이렇게 알면 곧 모든 행을 깨달아 나고 죽는 일과 열반을 통달하며, 부처님의 보리를 증득하며, 스스로 제도하고 남도 제도하며, 스스로 해탈하고 남도 해탈케 하며, 스스로 조복하고 남도 조복케 하며, 스스로 고요하고 남도 고요하게 하며, 스스로 안온安穩하고 남도 안온케 하며, 스스로 때를 여의고 남도 때를 여의게 하며, 스스로 청정하고 남도 청정케 하며, 스스로 열반하고 남도 열반케 하며, 스스로 쾌락하고 남도 쾌락케 한다."••

## 일상의 지계바라밀,
## 악화가 양화를 구축해서야 되겠는가

3취정계에서의 율의계律儀戒란 보살 수행을 닦는 이는 지키려고 마음먹지 않아도 저절로 계에 어긋나는 행위는 모두 떨쳐버리게 되는 것입니다. 수행에 장애가 되는 업을 만들 정도의 욕심과 집착을 벗어났다는 말입니다. 그러니 흔히 생각하는 살생과 도둑질, 음행을

---

• 금강경 4구게 중 하나인 제32 응화비진분의 "일체의 함이 있는 법은 꿈과 같고, 환상과 같고 물거품과 같고 그림자 같으며, 이슬과 같고 또한 번개와도 같으니, 응당 이와 같이 관할지니라"와 거의 유사합니다. 물론 우연은 아닙니다.
•• 선행善行의 목적이 나와 남이 해탈과 열반에 드는 일임을 강조하고 있는 것입니다.

저지르지 말라는 지계持戒와는 크게 구별됩니다. 이제는 지계와 지계바라밀의 크나큰 차이를 아시겠지요?

현재 물의를 일으키고 있는 권승들의 파계 행위를 생각하면 가슴이 답답해집니다. 게다가 악화가 양화를 구축하는 일이 만연한 상황입니다. 승단 스스로 자정능력을 상실했다 해도 과언이 아닙니다. 그럼에도 불구하고 승가는 한국불교를 진심으로 걱정하는 신심 있는 불자들의 정당한 자정自淨 요구를 승가에 대한 간섭과 도전으로 맞서왔습니다. 급기야 권승들의 타락을 고발하는 공중파 방송으로 국민적 공분公憤의 대상이 되고 말았으니 그들과 같은 먹물 옷을 입고 같은 조계종단에 속해 있다는 것만으로도 부끄러워 몸 둘 바를 모르겠습니다.

「십지품」에서 설하듯 선법을 실천해 중생과 더불어 고락苦樂을 같이 해야 하는 수행자의 기본 정신을 망각한 과보로 이끌어 주어야 할 불자들에게 오히려 선법을 배워야 하는 작금의 현실이 결코 되풀이되어서는 안 될 것입니다.

앞의 보시바라밀에 이어 참으로 껄끄럽고 민망한 말을 늘어놓는다고 책망하실 분도 있을 겁니다. 제가 꺼내기도 부끄러운 말을 자꾸 언급하는 것은 보살의 초지와 2지 수행의 핵심인 보시와 지계바라밀을 제대로 알려드리고자 함입니다. 또한 이러한 내용을 불자들에게 강조하는 승가의 행태와 수준이 얼마나 한심한지 불자들도 명확히 알아야 한다고 생각하기 때문입니다. 문제를 알아야 해결할 수 있는 길이 열립니다. 부처님 당시에도 문제를 일으키는 스님들이 있었습니다. 그때 신도들이 앞장서서 문제 해결을 위해 노력했습니다. 불교에는 그러한 전통이 있기에 『화엄경』을 읽으면서 함께 고민하고 반성하고 개선해 나가기 위한 의도인 만큼 양해해 주시기 바랍니다.

## 현실에서의 3취정계, 인공지능의 윤리도 정해야

「십지품」에서 설하는 계戒의 의미가 '스님들은 고기가 들어간 자장면을 먹어도 될까?'라는 수준으로는 헤아리기 어렵다는 사실을 확인하셨을 겁니다. 3취정계는 인간이 추구해야 할 최고의 윤리와 도덕, 가치의 존중과 배려, 곧 최소한의 역지사지易地思之를 실천하는 덕목으로 이해하면 크게 어긋나지 않는다고 봅니다.

하지만 세상의 윤리도 변하고 삶의 가치도 너무나 빠르게 변화하기에 이 또한 그리 쉬운 일은 아닙니다. 불교에서 모든 것은 무상하다, 덧없다는 가르침을 앞세우는 것이 새삼 실감이 됩니다. 저는 이미 20여 년 전부터 경전에 입각한 불교 교리의 깊이 있는 해석의 부재, 신도들을 이끄는 '방편'의 문제에 대해 세존사이트와 몇 권의 저서 등을 통해 꾸준히 지적해 왔습니다. 그러나 동조하는 분들이 별로 없어서 구체적으로 논한다는 것 자체가 부담스러운 게 솔직한 심정입니다. 게다가 선사에게 화두를 직접 받고 공부했다는 걸 앞세우며 아는 체하고 아만으로 무장한 불자들을 보면 한숨마저 나옵니다. 아만은 참된 불자의 보살행과는 3만 8천 리 떨어진 그릇된 마음이기 때문입니다.

이제 「십지품」에 걸맞는 큰 길로 들어가도록 하겠습니다.

「십지품」에서 설하는 지계는 3취정계이고, 이 가운데 섭선법계攝善

法戒 즉, 선법을 성취하는 보살의 수행에 대해 말씀드리면서 선법은 인간 최고의 윤리적·도덕적 가치를 실현해 내는 것이라고 했습니다. 윤리와 도덕은 살펴볼수록 가변성可變性이 내재되어 있어 단정하기 어렵습니다. 무엇을 기준으로 옳다, 그르다 판단해야 할지 정말 쉽지 않은 일입니다. 출가자는 당연히 불교에서 성립된 계율을 기준으로 삼을 것이라고 생각하시겠지만 절대 그렇지 않습니다. 율장의 250계 중 몇 가지만 소개해 드려도 단박에 이해하실 겁니다.

- 두 신도의 돈을 합쳐서 한 벌의 좋은 옷을 지으라고 권하지 말라.
- 6년이 못 되어 새 옷을 만들지 말라.
- 자기의 깨친 것을 비구계를 받지 않은 사람에게 말하지 말라.
- 여인과 약속하고 동행하지 말라.
- 보름이 못 되어 목욕하지 말라.
- 다른 비구를 걱정시키지 말라.

2,000여 년 전 필요에 따라 제정된 계율이기 때문에 오늘날에는 적절치 않은 점도 보입니다. 부처님께서 열반에 들기 전 아난의 물음에 소소한 계는 지키지 않아도 된다고 분명히 말씀하셨으니 지금 이 계율을 들먹이는 건 의미가 없습니다. 불교에서는 계율을 실천함에 있어서, 개차법이라 하여, 때로는 열기도 하고 막을 줄도 알아야 합니다. 그러나 이런 홀가분한 융통성은 불교에서나 가능한 일이지 유일신 종교인 경우는 상황이 크게 달라집니다. 당장 우리나라에서도

갈등이 증폭되고 있는 낙태의 문제는 고전적인 경우가 되어버렸습니다. 또한 유일신교의 배타적 종교 윤리는 세계 갈등의 원인이라 해도 과언이 아닙니다. 특히 서구에서는 무슬림의 여성 차별에 대해 인권 차원에서 강하게 비판하고 있으며, 유일신교가 아님에도 인도의 힌두교는 거의 3000년 전 시작된 사성제도에서 말미암은 계급 차별이 지금까지도 여전합니다.

불교는 일상을 구속하는 강제적 윤리는 거의 없습니다. 이것만으로도 불교가 인간의 존엄과 자유의지를 가장 긍정적으로 인정하는 종교임을 알 수 있습니다. 인간의 존엄성을 극대화해서 보살 수행의 도덕적 원천과 목적으로 삼는 불교는 세계의 어느 종교, 철학에서도 그 유례를 찾을 수 없는 인본주의人本主義 종교입니다.

인류는 과거 어느 때보다도 많은 혼란과 갈등의 요소들에 직면해 있습니다. 지구온난화 같은 환경문제처럼 불가항력적인 요인들이 내재되어 있는 경우도 있습니다. 하지만 인간이 마음 먹기에 따라 해결할 수 있는 문제들이 더 많습니다. 가장 주목할 만한 예는 4차 산업혁명의 총아인 인공지능(AI)의 윤리성에 관한 것입니다. 앞으로 인공지능이 인간 지식의 총량을 넘어서는 특이점에 도달하는 것은 시간 문제일 뿐입니다. 국제기구에서 인공지능의 한계를 명확히 해야 합니다. 인공지능의 반인류적 사고와 행동을 제어하는 장치를 제정해야 한다는 말입니다. 말하자면, '인공지능은 어떤 이유에서든 인간을 공격할 수 없다'는 식의 인간이 아닌 인공지능의 윤리와 도덕규범을 정해야 합니다.

또 한 가지, 개인의 인권은 물론 그 정신적 취향과 사고思考 등 정체성을 인정해 주는 것이 마땅하다는 의견들에 동조하는 사람들이 급속히 늘어나고 있습니다. 그러나 이 주장을 일방적으로 발전시키면 언젠가는 1인 1윤리를 실현하자는 운동으로까지 전개될 수도 있습니다. 저 혼자만의 논리적 비약일는지는 몰라도 인간이 '본인의 생각대로만 산다'는 것은 자칫하면 자신이 속한 '무리'를 무시하고 외면할 수도 있습니다. 따라서 이런 일련의 '개인 마음대로주의'의 확장은 많은 논의가 필요하다고 봅니다. 이와 연관되는 내용, 현실에서 이미 노출된 문제들을 다음 인욕바라밀에서 살펴보도록 하겠습니다.

●

# 발광지發光地와 인욕바라밀

○

## 발광지, 지혜로 가득한 마음을 얻어 광명이 일어나게 되다

환희지와 이구지를 넘어선 보살 수행의 세 번째 단계는 발광지입니다. 말 그대로 지혜로 가득한 마음을 얻어 광명이 일어나게 되는 경지가 발광지입니다. 「십지품」에서 해탈월 보살의 물음에 금강장 보살이 발광지에 들어가는 깊은 열 가지 마음을 답한 내용입니다.

① 유위법有爲法의 실상을 관하다.
② 불지혜佛智慧에 나아가다.
③ 일체 중생에게 열 가지 애민심哀愍心을 내다.
④ 중생 제도할 원을 세우고 갖추어야 할 법의 순서를 관찰하다.
⑤ 정법을 부지런히 수행하다.

⑥ 환희심으로 법을 듣고 어떠한 고통도 감내하다.

이러한 마음으로 4선정四禪定을 완성하여 물질계를 떠난 무색계의 가장 수승한 경계인 '비유상비무상처'에 이른다고 합니다. 4선정의 수행 단계 역시 얼마나 지난한 과정을 이겨내야 하는 수행문인가를 「십지품」 본문을 통해 살펴보겠습니다.

## 4선정의 수행단계

"불자여, 이 보살이 발광지發光地에 머물렀을 때에는 곧 욕심과 악한 일과 선하지 못한 법을 여의고, 깨달음〔覺〕도 있고 관찰함〔觀〕도 있으면, 여의어서 기쁘고 즐거움을 내어〔離生喜樂〕 초선初禪에 머문다.

깨달음과 관찰함을 멸하고〔滅覺觀〕 속으로 한 마음을 깨끗이 하여〔內淨一心〕 깨달음도 없고 관찰함도 없으면〔無覺無觀〕, 선정으로 기쁘고 즐거움을 내어〔定生喜樂〕 제2선에 머문다.

기쁨을 여의고〔離喜〕, 버리고 생각이 있고 바로 아는 데 머물러〔住捨有念正知〕 몸으로 즐거움을 받으면〔身受樂〕, 여러 성인이 말하는 능히 버리고 생각이 있어 즐거움을 받아서〔諸聖所說能捨有念受樂〕 제3선에 머문다."

"즐거움을 끊되, 먼저 고통을 제하였고, 기쁨과 근심이 멸하였으므로 괴롭지도 않고 즐겁지도 않으면, 버리는 생각이 청정하여서〔捨念淸淨〕제4선에 머문다.

모든 물질이라는 생각을 초월하고〔超一切色想〕상대가 있다는 생각을 멸하여〔滅有對想〕, 가지가지 생각을 생각하지 않으면〔不念種種想〕, 공에 들어가 허공이 끝없는 곳에 머문다〔住虛空無邊處〕. 일체 허공이 끝없는 곳을 초월하면 끝없는 식식에 들어가 식이 끝없는 곳에 머문다〔住識無邊處〕.

일체 식이 끝없는 곳을 초월하면 조그만 것도 없는 데 들어가 아무 것도 없는 곳에 머문다〔住無所有處〕. 일체 아무 것도 없는 곳을 초월하면 생각이 있지도 않고 생각이 없지도 않은 곳에 머문다〔住非有想非無想處〕. 다만 법을 따라서 행할지언정 즐거워 집착하는 일은 없게 된다."•

## 발광지의 공덕과 수행

① 많은 부처님을 친견하고 수행이 더욱 연마되다.

② 제련된 금과 같이 연마된 마음은 다시 오염되지 않는다.

③ 이 보살이 네 가지로 거두어 주는 법〔4섭법〕중에는 이롭게 하는 행이 치우쳐 많고, 10바라밀다 중에는 참는 바라밀다가 치우쳐 많으니, 다른 것을 닦지 아니함은 아니지마는, 힘을 따르

---

• 이렇게 해서 4선정을 닦아 무색계의 최상천인 제4천에 오르게 됩니다. 부처를 이루기 전의 사문 싯다르타는 '비상비비상처'라고도 불리는 이 경지에 오른 후 '이것은 내가 바라는 해탈의 세계가 아니다'라고 실망하시고, 설산의 보리수 아래서 자신만의 수행에 돌입해 정각을 성취하게 되신 것입니다.

고 분한을 따를 뿐이다.

이 부분을 정리한 것은 ③10바라밀다 중에는 참는 바라밀다가 치우쳐 많으니, 다른 것을 닦지 아니함은 아니지마는, 힘을 따르고 분한을 따를 뿐이라는 표현이 나머지 바라밀에서도 그대로 사용되기 때문입니다.

## 인욕바라밀과 4차 산업 혁명

"이 보살이 항상 인욕忍辱하는 법을 닦아 겸손하고 공경하여 스스로 해하지 않고 남을 해하지 않고 둘 다 해하지 않으며, 스스로 탐하지 않고 남을 탐하게 하지 않고 둘 다 탐하지 않으며, 스스로 집착하지 않고 남을 집착하게 하지 않고 둘 다 집착하지 않으며, 또한 명예와 이양利養도 구하지 않고, 이런 생각을 하나니 '내가 마땅히 중생에게 법을 말하여 그로 하여금 모든 나쁜 짓을 여의고, 탐욕·성내는 일·어리석음·교만·감추는 일·간탐·질투·아첨·속임을 끊게 하고, 부드럽게 화평하여 참고 견디는 데 항상 머물게 하리라'라고 한다."

-중략-

다시 생각하기를 이 몸은 공한 것이어서 나도 없고 내 것도 없으며, 진실하지 않고 성품이 공하여 둘이 없으며, 괴롭고 즐거움이 모두 없는 것이며, 모든 법이 공한 것을 내가 이해하고 다른 이에게 널리 말하여 여러 중생들로 하여금 이런 소견을 없애게 할 것이니, 그러므로 내가 비록 이런 고통을 당하여도 참고 견디어야 할 것이다.

「십지품」 중 인욕바라밀에 대한 핵심적인 두 부분을 발췌해 보았습니다. 앞의 내용은 욕심의 제어에 대한 인욕·남을 배려하는 마음으로서의 인욕을 말하고 있고, 뒤의 내용은 법을 따르고 수행을 향하는 데서 오는 괴로움에 대한 인욕을 말하고 있습니다.

굳이 구분하자면, 전자는 세상을 이루는 현상인 사事에 대한 인욕, 후자는 대승불교의 대전제인 아공我空·법공法空을 증득證得해 나가는 이理에 대한 인욕을 설하는 것인데, 2000여 년이 지난 지금의 우리들에게는 구체적인 인욕의 대상이 너무나도 많아져 정리가 필요할 것 같습니다.

바로 앞에서 지계바라밀의 계를 윤리와 도덕의 관점에서 설명하면서 불교의 인본주의 사상이 인류의 여러 가지 갈등을 해소하는 데 큰 역할을 할 수 있다고 언급했습니다. 또한 최근 이슈가 되고 있는 4차 산업혁명을 어떻게 맞이해야 하는가에 대해 지계바라밀의 측면에서 인공지능(AI)의 윤리성에 관한 문제를 짚고 넘어갔습니다. 이번에는 인욕바라밀을 바탕으로 말씀을 드리겠습니다.

인욕은 한마디로 '참는다'는 아주 평이하고 쉬운 말입니다. 하지만 무엇을 왜 참아야 하는가를 따지자면 어쩌면 정형화된 계율을 지키는 것보다 훨씬 더 어렵습니다. 나는 4차 산업혁명의 시대야말로 기술의 발전을 자제하는 인욕이 절실한 측면을 역설적으로 보여주고 있다고 생각합니다.

지난 1·2·3차 산업혁명의 명분은 인간 삶의 질적 향상으로 압축할 수 있습니다. 노동을 기계와 기술력으로 대체하고, 자본을 통한 산업 규모의 확장은 개인에게 많은 선택의 기회와 소득의 증대로 이어져서 결국은 모두를 만족시키는 극적인 변화를 이끌어낸다는 것입니다. 그러나 이미 1936년 찰리 채플린의 〈모던 타임즈〉라는 무성영화가 등장해 인간이 기계의 부속품 중 하나로 전락한 사실을 '고발'했습니다. 이 영화 한 편만으로도 산업화가 인류 모두를 위한 일이 아니라는 것을 말해주고 있습니다.

4차 산업혁명은 단순한 노동의 기계화 문제에 그치는 게 아닙니다. 개발을 주도하는 사람들은 당시나 지금이나 삶의 질적 혁명으로 그 당위성을 강조하려 합니다. 인공지능, 사물인터넷, 빅데이터가 미래를 주도할 것이고, 인간은 관리자로서 이런 것들이 이루어놓는 정확함과 편리함을 즐기는 미래가 될 것이라고 합니다. 인공지능의 자율주행 차 안에서 무엇을 하며 유익한 시간을 보낼지 고민해도 된다고 유혹합니다. 사물인터넷으로 언제 어디서나 내가 사용하는 모든 것을 제어할 수 있으니 건망증 걱정할 필요 없는 세상이라고 유혹합니다. 빅데이터는 개인의 취미에서 건강까지 모든 것을 맞춤 관리해주니 이보다 좋은 편리함이 어디 있느냐고 유혹합니다.

그런데 이런 세상이 구체적으로 왜 필요하고, 누가 요구하고 있는지 말해주는 사람이 없습니다. 또한 이런 세상이 실현되면 수입의 얼마를 지출해야 할 각오가 되어 있어야 한다고 충고하는 사람도 별로 없습니다. 해킹과 에너지 공급에 문제가 생겼을 때 연이어 발생할 수 있는 피해와 혼란에 대해서는 언급하지 않습니다. 과학을 기반으로 한 기술자들은 자신의 능력을 기술의 개발에만 몰두해서 사용합니다. 그들의 목표는 그들이 속한 기업의 막대한 이익과 시장 지배력 확장에 있습니다. 그리고 "이렇게 뛰어난 제품인데 구입하지 않으면 품격이 떨어진다."고 엄청난 광고를 해 댑니다.

구글과 애플, 아마존 같은 기업과 이 분야 관련 기술자들은 제 말에 "세상 물정 모른다, 참 무식하다."고 말할지도 모르겠습니다. 하지만 분명한 것은 몇 차례 산업혁명의 결과가 어떤지, 과잉생산과 과잉소비라는 '낭비'의 경제, 상상을 초월하는 빈부의 격차, 인성人性을 피폐하게 만들고 인륜도덕을 망가뜨리는 등 심각한 부작용을 감내할 만큼 가치 있는 것인가에 대한 진지한 성찰이 필요한 시점이라는 사실입니다.

저는 4차 산업혁명이 가져올 여러 가지 긍정적인 변화가 있음에도 불구하고, 기술력을 자제하고 '인간 그 자체'를 탐구하고 정의하는 정신적 인욕바라밀이 절대적으로 요구되는 시대라고 생각합니다. 다시 말해, 스마트폰의 신제품 성능에 대한 지식과 세계를 떠도는 난민의 고통이나 식량과 물이 없어서 죽어가는 제3세계 어린이에 대한 지식 중 어느 것이 인간의 존엄과 가치를 실천하는 데 필요한가를 진지하게 거론해야 한다고 봅니다.

이 문제가 사事에 속한다면, 이理에 대한 문제도 살피는 것이 『화엄경』의 가르침에 부합되는 것이기에 언급하겠습니다.

지금 한국 사회는 소통과 관용 의식은 실종되고 분노의 표출과 투쟁이 인권과 맞물려 대단히 혼란스러운 상황으로 접어들고 있습니다. 대통령 탄핵이라는 초유의 사태를 겪은 후 들어선 새로운 정부의 정책이 그 어느 때보다 교차交叉가 심한데다 그 실행 속도도 빠르기 때문입니다.

　여기서 오는 정치적·사회적 갈등에 더해, 개인의 권리 보장과 가치관의 차이에 대한 갈등은 어느 쪽도 양보할 기미를 보이지 않습니다. 인터넷과 SNS를 통한 본질을 벗어난 논쟁과 거친 댓글, 끼리끼리의 문화가 쉽게 형성될 수 있는 여건이 조성되었기에 더욱 갈등을 부채질하는 형국입니다.

　예를 들어 남녀차별을 근원부터 없애자는 주장은 급기야 여성들이 윗옷을 벗고, 남성처럼 윗옷을 벗고 다녀도 경범죄로 처벌하지 말라는 퍼포먼스 시위를 하고 인터넷과 SNS로 전 세계 사람들이 볼 수 있도록 적극 홍보하고 있습니다. 남녀가 한 사회와 국가의 구성원으로 공동생활을 한 것은 수천 년이 아니라 수만 년이 지났음에도 남녀차별의 갈등은 더욱 심해지는 양상입니다.

　남녀뿐만 아니라 온갖 차별로 인한 갈등이 첨예화되고 있습니다. 공식적으로는 법의 처벌을 받는 인종 차별이 미국과 유럽 등 선진국에서도 해소되기 난망한 현실을 보면 인류가 서로에게 자제하고 인욕해야 하는 '인간의 문제'들을 숙고해야 할 것입니다. 그리고 자발적 인욕조차 불가능한 고통의 그늘 속에 있는 우리의 이웃들도 상당수 있다는 점을 잊지 말아야겠습니다. 암과 치매 등 병고病苦에 경제적 고통이 더해져 인욕조차 사치로 느껴지는 사람들이 생각보다 많습니다. 이들에게는 마지막 보루인 인간의 존엄을 지켜주는 일이야말로 어떤 인권 운동보다 중요하다고 생각합니다.

인욕바라밀의 마무리는 다시 『화엄경』 본문을 살피는 것으로 하겠습니다. 대승불교의 핵심 중의 핵심 내용이라 재차 소개를 하겠습니다.

> "모든 법이 공한 것을 내가 이해하고 다른 이에게 널리 말하여 여러 중생들로 하여금 이런 소견을 없애게 할 것이니, 그러므로 내가 비록 이런 고통을 당하여도 참고 견디어야 할 것이다."

불교는 정신의 안락세계인 해탈解脫을 목표로 하는 종교입니다. 그리고 그 성취는 수행을 통한 자신의 노력으로 이루어야 합니다. 어떻게 노력해야 하는가를 설한 경전이 바로 『화엄경』 「십지품」입니다.

「십지품」은 노력할 내용을 10단계로 구별하고 10바라밀과의 직접 연관을 설하고 있습니다. 그 중 세 번째 단계의 수행인 인욕바라밀을 설명하면서 법이 공하다[法空]는 진리를 이해하고 다른 사람에게도 이 진리를 잘 전하라고 합니다. 또한 이 과정에서 부딪치는 어려움을 인욕하라고 합니다. 승가가 아무리 타락하고 수행을 게을리하고, 불자들에게 진실된 가르침을 전달할 능력이 없다 해도, 불자들은 각자 경전에서 의지처를 찾아 자신을 탁마하기 위해 노력해야 합니다. 경전의 가르침은 출가와 재가를 분별하지 않기에 바라밀 수행 또한 출가와 재가를 분별하지 않습니다.

# 염혜지焰慧地와 정진바라밀

○

## 염혜지, 수행력으로 번뇌와 망상을
## 다 태워 수승한 지혜를 발하다

염혜지는 수행력으로 번뇌와 망상을 다 태워[焰] 수승한 지혜를
발하는 보살의 네 번째 수행 경지를 말합니다. 앞의 세 경지와 비교
하면 완연히 부처를 이룸에 가까운 단계입니다. 「십지품」에서는 염혜
지에 이른 보살이 마땅히 들어가야 할 수행의 열 가지 문을 다음과
같이 설하고 있습니다.

이때 금강장 보살이 해탈월 보살에게 말하였다.
"불자여, 보살 마하살이 제3지를 이미 청정하게 닦고 제4 염혜
지焰慧地에 들어가면 법에 밝은 문[法明門] 열 가지를 수행해야
합니다.

무엇이 열 가지인가? 이른바 중생계를 관찰하고, 법계를 관찰하고, 세계를 관찰하고, 허공계를 관찰하고, 식계識界를 관찰하고, 욕계를 관찰하고, 색계를 관찰하고, 무색계를 관찰하고, 넓은 마음으로 믿고 아는 계를 관찰하고 큰 마음으로 믿고 아는 계를 관찰하는 것이니, 보살이 법에 밝은 열 가지 문으로 제4 염혜지에 들어갑니다."

염혜지에 이르면 사바세계의 중생들만을 대상으로 관찰하는 것이 아니라, 물질과 욕심으로 이루어진 욕계欲界, 욕심은 떠났지만 아직은 물질에 의지해야 하는 색계色界, 이 모두를 여의고 정신작용만으로 이루어진 무색계無色界를 포함한 인식의 범주와 범주 밖의 일체의 법계法界를 관찰하는 열 가지 지혜의 문에 들어야 한다는 말입니다.

불교 수행은 그 깊이가 한량이 없습니다. 「십지품」에서 전하는 진리는 10지의 수행이야말로 대승보살 수행의 기본이라는 사실입니다. 얄팍한 경전 공부나 어설픈 수행은 그저 보통 사람보다 한 걸음 앞선 정도이지 그것을 해탈이나 열반을 위한 수행으로 인정하기에는 턱없이 부족한 일이라고 말하고 있는 것입니다. 마치 활활 타오르는 화롯불에 진눈깨비 몇 송이가 떨어졌다 해서 화롯불의 열기가 사그라졌다고 말할 수 없는 것과 같은 이치입니다.

한국불교는 선불교를 강조합니다. 한소식 하셨다는 선지식이라 자청하는 스님들의 법문이 '깨달음'이라는 지극히 추상적이고 관념적인 중국 선사들의 옛 틀에서 벗어나지 못하는 한, 불법이 아닌 중국 선사의 가르침에 매몰될 수도 있다는 엄연한 현실을 심각하게 고민해야 할 시점입니다.

「십지품」의 염혜지에서 이어지는 다음의 내용은 37조도품助道品으로 구체적인 수행방법을 일깨워주고 있습니다. 아함부 경전에도 등장하는 37조도품은 말 그대로 '도를 이루는 데 도움이 되는 37가지 수행법'입니다. 곧, 초기불교의 정통 수행방법인 것입니다. 한국불교에서 의심 없이 최상승最上乘의 수행법이라 강조해 온 화두를 참구하는 간화선 수행과 돈오돈수頓悟頓修의 주장을 염두에 두면서 37조도품과 간화선 수행이 과연 얼마나 공통분모가 있는지 살피는 것도 의미가 있을 것입니다.

### 4념처四念處

"불자여, 보살이 제4지에 머물러서는 안 몸(內身)을 관觀하되 몸을 두루 관찰하며, 부지런하고 용맹하게 생각하고 알아서, 세간의 탐욕과 근심을 제하느니라. 바깥 몸(外身)을 관하되 몸을 두루 관찰하며, 부지런하고 용맹하게 생각하고 알아서, 세간의 근심을 제합니다.

안팎 몸을 관하되 몸을 두루 따라 관찰하며, 부지런하고 용맹하게 생각하고 알아서, 세간의 탐욕과 근심을 제합니다.

이와 같이 안으로 받아들이고 밖으로 받아들이고 안팎으로 받아들임을 관하되 받아들임을 두루 따라 관찰하며, 안 마음과 바깥 마음과 안팎 마음을 관하되 마음을 두루 따라 관찰하며, 안법을 관하고 바깥법을 관하고 안팎 법을 관하되 법을 두루 따라 관찰하여, 부지런하고 용맹하게 생각하고 알아서, 세간의 탐욕과 근심을 제합니다."

37조도품은 4념처에서 8정도까지 한 문장으로 이어지는데 편의상 수행의 구분에 따라 설명하겠습니다. 4념처는 신념처身念處·수념처受念處·심념처心念處·법념처法念處 네 가지를 말하는 것인데, 남방 불교의 주수행인 위빠사나가 바로 4념처 수행입니다.

간단히 요약하면, 신념처는 신체의 자율 작용인 호흡과 의식 작용인 동작과 행동 등을 놓치지 않고 관찰하는 것입니다.

수념처는 외부의 세계를 받아들이는 작용[受] 즉, 감각과 느낌에 대한 관찰을 통해 욕망을 제어하고 실체의 무상함을 인식하는 것입니다.

심념처란 몸의 작용과 바깥의 느낌을 받아들임으로 나타나고 잠재되는 마음의 분별을 관찰해 무상과 무아를 체득하는 것입니다.

법념처란 대상이 없는 오로지 생각에 의해 발현되는 번뇌를 관찰하여 바깥세상의 실체와 자아가 있다는 집착에서 벗어나는 수행을 말합니다.

4념처 수행을 해 본 경험에 의하면, 이 네 가지를 구분한다는 것 자체가 분별심이기에 관觀에 집중하기가 쉽지 않습니다. 그래서 나는 이 넷에 의미를 두지 않고, 인식의 과정은 무시하고 마지막으로 작용하는 마음을 관찰하는 방법으로 꽤 큰 효과를 보았습니다. 그 결과 지난번 출간한 졸저의 제목이 『생각의 끝에도 머물지 말라』가 된 것입니다.

4념처는 37조도품 중 상대적으로 '수동적인' 수행법이라서 이것으로 부처를 이룰 수 있다는 주장은 동의하기 어렵습니다.

## 4정근四精勤

"또 이 보살이 아직 생기지 않은 악하고 선하지 못한 법은 생기지 못하게 하려고 부지런히 정진하여 마음을 내어 바로 끊으며, 이미 생긴 악하고 선하지 못한 법은 끊으려고 부지런히 정진하여 마음을 내어 바로 끊으며, 아직 생기지 않은 선한 법은 생기게 하려고 부지런히 정진하여 마음을 내어 바로 행하며, 이미 생긴 선한 법은 잃지 않으려 하며, 더욱 증대하게 하려고 부지런히 정진하여 마음을 내어 바로 행합니다."

4정근은 선법善法은 더욱 자라게 하며 악법惡法은 근절시키는 네 가지 바른 정진을 말합니다.

## 4신족四神足

"또 이 보살은 하려는 정력定力으로 끊는 행을 수행하여 신족통神足通을 성취하고, 싫어함을 의지하며 떠남을 의지하며 멸함을 의지하여 버리는 데로 회향합니다. 정진하는 정력과 마음의 정력과 관하는 정력으로 끊는 행을 수행하여 신족통을 성취하고, 싫어함을 의지하며 떠남을 의지하며 멸함을 의지하여 버리는 데로 회향합니다."

경전을 우리말로 번역하는 일은 소설이나 시의 번역과는 비교할 수 없을 정도로 어렵습니다. 산스끄리뜨 원전이 중국에서 한문으로 번역이 가능했던 것은 구마라집鳩摩羅什이나 현장 같은 불법은 물론이고 언어에도 능통한 매우 뛰어난 논사들 덕분에 가능했던 것입니다. 구마라집은 7세에 출가한 인도의 승려였는데 그 명성이 중국에까지 알려져 전진왕前秦王 부견苻堅이 382년 구마라집이 20세 때, 구자국龜玆國(당시 구자국 왕은 구마라집의 삼촌)을 정벌하고 사실상 납치를 해서 데려왔을 정도이니 참으로 전설 같은 사실입니다.

전진의 왕인 부견은 인도의 아쇼카왕에 비교할 만큼 불법의 전파에 힘을 쏟았지요. 아시다시피 고구려 소수림왕 2년인 372년 순도順道에게 불상과 경전을 고구려에 전해 준 이가 바로 부견입니다.

구마라집이 중국에 머물며 35종 294권의 경전을 한역하였다 하니, 한 사람의 능력이 역사에 어떤 영향을 미칠 수 있는가를 여실히 알 수 있게 하는 감동적인 장면이기도 합니다.

갑자기 번역의 어려운 문제를 거론하는 이유는 4신족의 번역에 '의지依支'라는 말의 반복에 대한 설명이 필요하기 때문입니다. 통상적으로 의지라는 말은 '좋은 것에 기대어'라는 뜻입니다만, 여기서의 의지는 '싫어함을 의지하며 떠남을 의지하며…' 등의 부정적 개념을 의지로 하여 수행을 성취해 나가는 개념으로 사용하고 있습니다. 곧, '의지'를 긍정·부정을 떠나 오직 수행의 대상으로서만 가치를 부여하기에 가능한 것입니다. 예를 들어 쉬운 문장을 만들어 보면, "그는 가난을 의지해 부富를 성취하고, 인색함을 의지해 보시의 실천을 삶의 목표로 삼았다", 이렇게 되는 것입니다.

신족통은 6신통六神通의 하나로 공간에 걸림이 없는 자재한 경지를 말하는 것입니다.

## 5근五根

"또 이 보살은 믿는 근根을 수행하되, 싫어함을 의지하여 떠남을 의지하며, 멸함을 의지하여 버리는 데로 회향합니다. 정진하는 근과 생각하는 근과 선정의 근과 지혜의 근을 수행하되, 싫어함을 의지하며 떠남을 의지하며 멸함을 의지하여 버리는 데로 회향합니다."

불교에서 5근은 흔히 안근眼根·이근耳根·비근鼻根·설근舌根·신근身根을 칭하는데 다섯 감각기관의 작용을 말합니다. 같은 5근으로 쓰지만 37조도품 중의 5근은 신근信根·정진근精進根·염근念根·정근定根·혜근慧根의 다섯 가지 선근으로 번뇌를 조복하는 것을 뜻합니다.

## 5력五力

"또 이 보살은 믿는 힘을 수행하되, 싫어함을 의지하며 떠남을 의지하며 멸함을 의지하여 버리는 데로 회향합니다. 정진하는 힘과 생각하는 힘과 선정의 힘과 지혜의 힘을 수행하되, 싫어함을 의지하며 떠남을 의지하며, 멸함을 의지하여 버리는 데로 회향합니다."

5력은 수행을 완전하게 하는 다섯 가지 활동을 말합니다. 부처의 가르침을 믿는 신력信力, 힘써 정진하는 정진력精進力, 부처의 가르침을 잘 관찰하는 염력念力, 마음을 집중하여 한곳에 모으는 정력定力, 부처의 가르침을 꿰뚫어 보는 혜력慧力, 이 다섯 가지를 닦아나가는 힘이 5력입니다.

## 7각지七覺支

"또 이 보살이 생각하는 각의 부분〔念覺分〕을 수행하되, 싫어함을 의지하며 떠남을 의지하며 멸함을 의지하여 버리는 데로 회향합니다. 법을 선택하는〔擇法〕 각의 부분과 정진하는 각의 부분과 기뻐하는 각의 부분과 가뿐한 각의 부분과 선정인 각의 부분과 버리는〔捨〕 각의 부분을 수행하되, 싫어함을 의지하며 떠남을 의지하며 멸함을 의지하여 버리는 데로 회향합니다."

7각지는 깨달음에 이르기 위한 수행의 일곱 가지 갈래〔七覺支〕 즉 일곱 가지 수행법을 말하는 것입니다. 「십지품」 본문의 번역본에는 '~각지' 일곱 가지를 구체적으로 표현하지 않고 내용을 설명하고 있습니다. 간명하게 7각지를 정리해 보겠습니다.

① 염각지念覺支: 가르침에 대해 버리지 말고 늘 관찰하는 것.
② 택법각지擇法覺支: 지혜로써 간택해 삿된 가르침을 버리고 바른 가르침만 택함.

③ 정진각지精進覺支: 바른 가르침을 간단없는 마음으로 수행함.

④ 희각지喜覺支: 정진하는 수행자에게 안온한 기쁨이 생김.

⑤ 경안각지輕安覺支: 안온한 기쁨이 생긴 수행자의 몸과 마음이 안락해짐.

⑥ 정각지定覺支: 앞의 다섯 '각지'를 성취한 후 비로소 흔들림 없는 마음을 얻음.

⑦ 사각지捨覺支: 7각지의 완성으로 바깥 대상에 의한 마음의 혼돈에서 벗어나 집중과 평등심을 얻은 마음을 말한다.

## 8정도八正道

"또 이 보살이 바른 소견〔正見〕을 수행하되, 싫어함을 의지하며 떠남을 의지하며 멸함을 의지하여 버리는 데로 회향합니다. 바르게 생각함〔正思惟〕과 바른 말〔正語〕과 바른 업〔正業〕과 바른 생명〔正命〕과 바른 정진〔正精進〕과 바른 생각〔正念〕과 바른 선정〔正定〕을 수행하되, 싫어함을 의지하며 떠남을 의지하며 멸함을 의지하여 버리는 데로 회향합니다."

8정도는 불자라면 내용을 알고 계신 분이 많으실 것입니다. 그러나 8정도가 불교 수행의 교과서적 지침인 37조도품의 마지막 수행법이라는 사실은 잘 모르셨을 겁니다. 실제로 8정도는 4성제와 엮어서 설명하는 경우가 더 흔합니다. 고·집·멸·도의 도道를 설명하면서 고苦를 멸滅하는 특별한 여덟 가지 생활 속의 실천 덕목으로서의 8

정도를 강조합니다.

부파불교가 사변思辨에 치중했다면 대승불교는 보살로서의 적극적인 이타행의 수행을 최우선에 두었습니다. 대승불교에서는 수행의 근본 마음과 불교의 신행 가치가 부파불교와는 비교가 되지 않을 정도로 정교합니다. '온 법계에 합일하는 큰 사상, 일체 중생 구제의 보편화' 등 세계 종교로서 전혀 손색이 없는 불교로 거듭난 것이 바로 대승불교입니다. 이러한 사상의 도약과 혁명과 같은 긍정적 변화의 중심에 바로 『화엄경』 「십지품」이 있었던 것입니다.

37조도품의 첫 번째인 4념처에 대해 상대적으로 수동적인 수행법 같은 느낌이 들었다는 제 경험을 미루어 이미 언급했었습니다. 이제 그 연유를 말씀드리겠습니다. 실제 수행에 참고하십시오.

4념처 위주의 관찰, 마음챙김 등의 수행은 단기간에 잡생각과 번뇌의 발현을 줄이는 데는 탁월한 효과가 있습니다. 4념처 수행의 완성은 「십지품」에서 확인하셨듯이 대상의 '좋고' '나쁨'의 상대적 관점을 떠나 무상과 무아를 증득하는 데 있습니다. 거기서 끝인 게 문제입니다. 10바라밀 같은 우주적 원력의 서원도, 이타행을 수행의 큰 덕목으로 상정하지도 않습니다. 「십지품」의 37조도품 중 네 가지에 불과한 4념처만을 의지하는 남방불교의 위빠사나는 대승불교의 우담바라라고 할 수 있는 『화엄경』 「십지품」에서 4념처를 구해간 게 아니라, 초기 아함부 경전에서 4념처와 위빠사나 수행을 온전한 수행법으로 받아들였을 가능성이 훨씬 높아 보입니다.

# 불법을 알고 중생을 구제하기 위한
## 정진바라밀

보살은 왜 이렇게 어렵고 복잡한 37조도품 같은 수행을 정진해야 하는지 역시 『화엄경』「십행품」에서 공덕림 보살이 친절히 설하고 계십니다. 한 대목만 뽑아 보았습니다.

"또 일체 법계를 알기 위하여 정진을 행하고, 일체 불법의 근본 성품을 알기 위하여 정진을 행하고, 일체 불법의 평등한 성품을 알기 위하여 정진을 행하고, 삼세의 평등한 성품을 알기 위하여 정진을 행하고, 일체 불법의 지혜 광명을 알기 위하여 정진을 행하고, 일체 불법의 지혜를 증득하기 위하여 정진을 행하고, 일체 불법의 한결같은 실상을 알기 위하여 정진을 행하고, 일체 불법의 끝간 데 없음을 알기 위하여 정진을 행하고, 일체 불법의 광대하고 결정하고 공교한 지혜를 얻기 위하여 정진을 행하고, 일체 불법의 구절과 뜻을 분별하여 연설하는 지혜를 얻기 위하여 정진을 행하는 것입니다."

보시다시피 불법을 완전히 알고, 느끼고, 실천하기 위해 정진을 한다고 아주 간단하게 말합니다. 정진에 대한 내용은 「십지품」의 다른 구절에서 언급한 것도 이와 별 차이가 없습니다. 다만 정진의 목적이 중생 구제에 있다는 당연한 전제가 있을 뿐입니다.

여러분이 불자라면 『금강경』이나 『반야심경』 같은 반야부의 경전

을 접하신 분들이 많을 것입니다. 반야부 경전들은 공空과 반야般
若의 지혜라는 수행의 결과를 자세히 설하는 내용이 대부분입니다.
『화엄경』처럼 수행의 구체적 방법인 37조도품 같은 내용은 거의 발
견할 수 없습니다.

『법화경』은 사실상 신앙을 위한 방편을 설하면서 부처님의 원력
에 의한 타력 구제를 강조하고 있어 자력 수행과는 거리가 있는 경전
이라고 봅니다. 특히 「관세음보살보문품」 같은 '절대적 믿음에 의한
무조건적 구원'은 기독교 신앙과 구별하기 어려울 정도입니다. 『법화
경』을 연구하는 서구의 한 학자가 세미나에서 「관세음보살보문품」이
『법화경』에 당당히 주요한 품으로 이해되는 법화신앙을 도무지 받아
들일 수 없다고 했는데 귀 기울여야 할 대목입니다.

이런 관점에서 볼 때 『화엄경』은 체계가 복잡해서 어렵고, 내용 또
한 이해하기 힘들다는 선입관은 옳지 않습니다. 혹시 불자들이 자신
이 믿는 불교에 대한 심도 있는 공부를 너무 등한시하면서 둘러대는
핑계는 아닐까요?

## 세존사이트 구축, 이 일을 하지 않으면 미칠 것 같은 '정진'

사실 『화엄경』은 내게도 큰 고통을 안겨준 경전입니다. 대장경의 경
전을 다 읽고 난 1990년대 중반, 나는 『화엄경』을 3년 독경기도 했습
니다. 법당에서 하루 6시간 이상을 우리말 『화엄경』을 아주 빠른 속
도로 소리 내어 독경해 갔습니다. 세 번째 독경에 들어가서야 무슨
말인지 내용이 조금씩 들어오기 시작했습니다. 그때 느낀 환희심은

감히 표현하자면 초지보살의 환희심을 공감할 수 있을 정도였습니다.

『화엄경』은 경전이기도 하지만 그 자체가 불교용어 사전이라고 감탄할 정도로 내용이 구체적이고 명확해, 다른 해석의 여지를 거의 주지 않는 불법의 교과서였습니다. 내용을 놓치기 너무 아까워 마지막 독경할 때에는 몇 품, 몇 쪽에 무슨 용어가 정의되어 있다고 수기受記로 노트에 정리를 하며 독경 기도를 마쳤습니다.

2001년『화엄경』에 관한 확인 가능한 모든 해설과 자료들을 모아 인터넷 홈페이지를 개설하고, '화엄경총론'이라는 이름으로 수천 부의 CD를 만들어 전국의 절과 신행단체에 법보시를 했습니다. 거의 단행본 500권에 달하는 자료들을 연 인원 수백 명의 워드 아르바이트생을 동원해서 한자까지 병기하며 직접 교정까지 해 나가는 데 수년이 걸렸습니다. 당시에 이 일을 하지 않으면 미칠 것 같은 '정진'이었습니다. 지금「십지품」을 어설프게라도 소개할 수 있는 것도 순전히 그때의 미친 정진이 있었기에 가능한 것입니다.

이렇게 2001년 시작한 세존사이트의 초기 구축비용과 운영비 부담, 불자 회원들은 인터넷은 무조건 공짜여야 한다는 굳건한 믿음이 있는 줄 몰랐습니다. 이로 야기된 부채와 건강 악화는 20여 년이 지난 지금도 조금도 나아진 것이 없습니다. 앞의 인욕바라밀 중 '바른 법을 지키고 중생들을 구제하는 데서 오는 인욕'이 내게는 가장 실감 나는 대목이라 해도 이해하실 것입니다. 그동안 나의 정진을 지켜본 불자들이 고마움을 표하는 메일이 늘고 있어 그나마 위안을 삼고 있습니다.

●

# 난승지(難勝地)와 선정바라밀

○

## 난승지, 어려움을 이겨내고 수행을 완성하다

난승지의 보살은 아주 미세한 번뇌까지 다 조복 받은 경지에 이른 수행을 완성한 것이라 합니다. 어려움[難]을 이겨냈다[勝] 즉, 미세한 번뇌와의 어려운 싸움에서 이겨냈다는 뜻입니다. 부처님의 말씀을 기록한 최초의 경집(經集)인 『숫타니파타』에는 해탈·열반·반야 등 수행의 긍정적 언어가 아예 등장하지 않습니다. 세상을 이긴 자, 번뇌를 이긴 자[勝者], 무지에서 벗어난 지자(智者), 이와 같은 식의 언어로 수행을 성취한 아라한을 표현합니다. 아라한과 세존을 구별하기는 했습니다.

그러나 『숫타니파타』에서는 바라문에 대한 비판을 예로 사용하며 잘못된 것임을 확인시키고, 부처님의 새로운 가르침이 수승함을 강조하는 형식으로 되어 있긴 해도, 부처님의 가르침을 4성제 8정도 등으로 정형화된 설명은 아예 없습니다. 12연기에 대한 언급도 전혀 없습니다.

『숫타니파타』는 대체로 기원전 3세기에 성립되었다는 설이 유력합니다. 그렇다면 불과 200~300년 만에 화엄경 「십지품」 같은 수행의 체계와 수많은 전문 용어들이 자연스럽게 통용되었다는 말이고 이러한 사상적 도약이 가능했다는 것입니다. 이는 당시에 불교의 위상이 높았고 많은 엘리트 출신 승려들이 바라문을 압도할 수 있었다는 것을 보여주는 것이기도 합니다.

이제 어느덧 다섯 번째 단계에 이른 보살의 수행은 본격적으로, 세간과 출세간의 여실如實한 모습의 실상과 그 이치를 증득해 나가야 합니다.

「십지품」에서는 금강장 보살이 해탈월 보살에게 난승지에서 통달해야 하는 법을 말합니다.

> "불자여, 보살 마하살이 이것은 고苦라고 하는 성인의 참된 이치며, 이것은 고를 모아 이룬다〔苦集〕는 성인의 참된 이치며, 이것은 고를 멸한다〔苦滅〕는 성인의 참된 이치며, 이것은 고를 멸하는 길〔苦滅道〕이라는 성인의 참된 이치임을 실상대로 아나니, 세속의 이치〔俗諦〕를 잘 알고, 제일가는 뜻이라는 이치〔第一義諦〕를 잘 알고, 형상의 이치〔相諦〕를 잘 알고, 차별한 이치〔差別諦〕를 잘 알고, 성립하는 이치〔成立諦〕를 잘 알고, 사물의 이치〔事諦〕를 잘 알고, 생기는 이치〔生諦〕를 잘 알고, 다하여 생기지 않는 이

치〔盡無生諦〕를 잘 알고, 도에 들어가는 지혜의 이치〔入道智諦〕를 잘 알고, 모든 보살의 지위가 차례로 성숙하는 이치〔一切菩薩地次第成熟諦〕를 잘 알고, 내지 여래의 지혜가 성취하는 이치〔如來智成就諦〕를 잘 압니다."

　어려운 한자들이 많은데 이는 우리말로 옮기긴 했지만 본문의 용어가 그대로 교학적으로 사용되는 경우라 의도적으로 그 뜻을 한자로 병기한 경우라고 이해하시면 됩니다.
　앞에서는 고·집·멸·도인 4성제四聖諦를 잘 아는 것이 난승지의 수행이고, 그 다음은 세간의 이치인 속제俗諦와 출세간의 이치인 진제眞諦를 두루 통달해야 한다는 내용입니다. 그리하여 불법은 물론 세상의 이치와 진리까지 잘 알아야 수행을 완성해 가는 것이라고 강조합니다. '諦'는 본래 체로 읽으나 불교에서는 '제'로 읽어야 하는데 절대 진리라는 깊은 의미가 있는 한자입니다.
　『화엄경』을 대할 때마다 감탄하게 됩니다. 2000년 전 수행자들은 가정을 꾸리고 때론 전쟁터에 군인으로 참전하여 나라를 지켜야 하는 재가자들의 수행과 중생 구제 원력을 직면하면서 감동하게 됩니다. 출가자도 실천하기 어려운 여러 수행을 같은 입장에서 이끌 수는 없다는 현실과 재가자의 마음 역시 걸림 없이 출가한 승가에서 적용하는 진리를 그대로 적용하고 실천하는 것은 불가능함을 직시하고 진제와 속제의 통달을 수행의 필수로 삼았던 것입니다. 세간의 중생들을 구제하려면 보살 수행에 그들 세계의 이치와 진리에 능통해야 한다는 것을 강조한 겁니다.

이 한 대목만으로도 한없이 부끄럽습니다. 출가는 곧 신분 상승이고, 출가자는 중생이 아닌 '승려'라는 특별한 지위를 얻는다는 유치한 집단 나르시즘에 빠져 허우적대며, 물주物主인 신도들 위에 군림하는 한국의 승가가 오늘날 이 지경이 되지 않는다면 그게 기적일 것입니다.

큰 도량, 큰 법당, 큰 불상에 수십 억, 수백 억을 권선하면 부처의 가피를 받은 능력 있는 스님이라 평가 받아 신도들은 더 몰려갑니다. 한편 『화엄경』의 가르침대로 수행하며 살면 겉으로 나타나는 바가 없으니, 그저 하는 일 없이 시간만 보내는 게으르고 무능한 스님으로 낙인찍힙니다. 오늘날 한국불교 위상의 급격한 추락은 승가의 적폐와 아울러 겉으로 드러난 권세를 추종하며 우르르 몰려다니는, 마치 불교를 허영심으로 믿는 불자들도 한 몫 했다는 생각이 듭니다.


## 오로지 마음을 고요하게 가라앉혀
## 모든 번뇌를 잠재우라
— 선정 바라밀

선禪은 산스크리트어 디야나dhyāna를 음사한 선나禪那를 줄인 말이고, 정定은 선나를 뜻으로 표현한 말이므로 사실상 선과 정은 같은 의미를 갖고 있습니다. 마음이 지극한 고요함에 머물러 어떤 작용에도 흔들림이 없는 경지를 말합니다. 흔히 삼매와 유사한 개념으로도 풀이하며, 한자로는 정려靜慮, 사유수思惟修 등으로도 씁니다.

대체로 중국에서 도교의 영향을 받아 성립된 간화선을 그대로 계승한 한국불교의 선을 불교 선정 수행의 대표적인 수행으로 생각하는데 실은 그렇지 않습니다.

화두를 참구하는 간화선은 중국의 선가5종禪家五宗 중 임제종臨濟宗의 선수행법입니다. 『화엄경』 성립 후 무려 1000여 년이 지난 후에 시작된 '신수행법'이라 해도 과언이 아닙니다. 한국불교는 고려 보조국사(1158~1210)에 의해 간화선의 꽃을 피우게 되어 오늘에까지 이르고 있습니다.

불교의 선정 수행은 매우 치밀하고 어느 종교에서도 접근하고 있지 않은 독특한 '마음의 세계'를 직관하며 궁극적 지혜와 무한 자비를 구현하는 원동력의 핵심입니다. 또한 선정 수행의 방법도 그 난이도와 종류를 나누기 어려울 정도로 다양합니다. 37조도품의 하나인 8정도 수행의 마지막인 정정正定 역시 바른 선정에 드는 것을 가리키는 것입니다. 아쉽지만 지금은 10바라밀 중 한 가지로서의 선정바라밀을 다루는 상황인지라 '선정'의 뜻을 이해하는 데 만족해야겠습니다. 「십지품」에서는 선정바라밀의 성취가 왜 중요한지, 성취한 후 어떤 마음을 유지해야 하는지 공덕림 보살이 다음과 같이 설하고 있습니다.

"이 보살이 이렇게 한량없는 바른 생각을 성취하고는, 한량없는 아승지 겁 동안 부처님과 보살과 선지식에게서 바른 법을 듣나니, 이른바 매우 깊은 법, 넓고 큰 법, 장엄한 법, 가지가지 장엄한 법, 가지가지 낱말 구절 소리의 굴곡을 연설하는 법, 보살의 장엄하는 법, 부처님 신력과 광명의 위 없는 법, 바른 희망으로 결정한 청정한 법, 일체 세간에 집착하지 않는 법, 일체 세간을 분별하는 법, 매우 깊고 광대한 법, 어리석음을 떠나 일체 중생을 분명히 아는 법, 일체 세간이 함께 하고 함께 하지 않는 법, 보살 지혜의 위 없는 법, 온갖 지혜로 자재한 법들이니라. 보살이 이런 법을 듣고는 아승지 겁을 지내어도 잊지 않고 잃지 않고 항상 기억하여 간단함이 없습니다."

요약하면, 선정禪定으로 바른 생각을 성취하고, 온갖 법을 듣고 아승지겁이 지나도록 잊지 않고 순일純一하여 일체 중생을 구제하는 힘으로 삼기 위함임을 강조하고 있습니다.

선정바라밀은 시비분별하고 날뛰는 마음을 닦아서 고요하게 가라앉히는 바라밀입니다. 『화엄경』에 "선정바라밀을 통해서 악의 마음이 조복이 된다."고 했습니다. 악을 비롯하여 수행의 장애가 되는 번뇌를 잠재우는 것이 선정바라밀이라고 할 수 있겠습니다.

선정이라고 하면 가장 먼저 생각나는 게 참선입니다. 참선이라고 하면 우리나라에선 대체로 간화선看話禪을 말합니다. 화두를 잡고 참구하는 수행이 간화선인데, 사실 경전에는 간화선 수행법에 대한 얘기는 없습니다. 경전에 의하면, 오로지 마음을 고요하게 가라앉혀 모든 번뇌를 잠재우는 것이라고 말하고 있습니다. 어찌 보면 이것은 적멸寂滅의 상태를 말하는 것입니다. 그런데 적멸이라는 것은 열반을 뜻합니다. 보통 부처님이 돌아가셨다고 할 때 열반에 드셨다고 표현하는데, 원래 열반이라는 의미는 모든 욕망의 불꽃이 다 타서 사라진 상태를 말합니다. 불꽃처럼 일어나는 마음의 모든 작용이 딱 멈췄을 때, 다 타버려 모든 게 소멸되어 더 이상 탈 게 없는 상태에서는 불이 꺼져 버리듯이 우리 마음속의 시비분별도 그와 같이 작용을 다 마쳐 버렸을 때 그것을 열반이라고 합니다. 선정은 이처럼 마음을 고요히 가라앉히는 것을 말합니다.

## 선정에 들어가는 방법

선정禪定에서의 '선禪'은 참선參禪이라 할 때의 선인데, 이 선이라는 말이 꼭 참선을 뜻하는 건 아닙니다. 선정에 들어가는 방법, 즉 선정 바라밀을 이룰 수 있는 방법은 크게 세 가지로 들 수 있는데, 참선·염불念佛·간경看經입니다. 이 중에서 간경은 경을 보는 걸 말하는데 그냥 보는 게 아니라 매우 유심히 살펴보는 것입니다.

여러분들이 『천수경』의 "정구업진언 수리수리 마하수리…" 하고 습관처럼 외는 건 어떤 의미로 보면 간경이 아닙니다. 간경은 경에서 말하고자 하는 의미를 충분히 이해하려고 노력하면서 자세히 보는 것을 말합니다. 신행의 단계인 '신信·해解·행行·증證'으로 말하면, '해解'에 해당된다고 할 수 있습니다.

간경을 하면 어떻게 선정바라밀에까지 이를 수 있을까요?

『법화경』을 예로 들어보겠습니다. 「상불경보살품常不輕菩薩品」이 있는데, 상불경보살은 부처님의 전생으로 '항상 사람을 가볍게 생각하지 않는 보살'이에요. 상불경보살은 누구를 보든지 "당신은 참으로 자비하고 훌륭하십니다. 당신은 부처가 되실 분입니다."라고 하며 합장 공경을 했다고 합니다. 부자든 걸인이든, 자신을 욕하든 칭찬하든 누구를 봐도 항상 상대를 공경했다고 합니다. 그렇게 상대를 항상 공경하는 수행을 한 것입니다.

만약 경전에서 이러한 것을 보았다고 한다면 본 그대로 실천하는 게 바로 '간경'입니다. 다시 말해 간경이라는 것은 경전에서 본 것을 이해하고 행하는 것입니다. 그러나 경전에서 본 것을 그대로 실천하는 사람은 드뭅니다. 스님들도 그렇고 일반 신도들도 경전에 이렇게 하라고 되어 있으니 일상생활에서도 실천해야 된다고 생각하는 이들은 그리 많지 않습니다.

생각해 보세요. 경전에서 그렇게 하라고 했다면 그 이유가 있을 것입니다. 따라서 경전 말씀대로 해야 하는 근본 원인을 말해 주고 일상생활 속에서 실천할 수 있도록 이끌어 주어야 합니다. 예를 들어, 우쭐해가지고 남을 업신여기는 마음을 가진 사람이 『법화경』의 「상불경보살품」을 읽으면서 '아, 이러면 안 되는 거구나. 이건 수행과는 반대의 길이구나.'라는 반성을 하면서 경전에서 본 대로 행했을 때 자연스럽게 얻어지는 게 있지 않겠습니까? 과거에는 사람을 업신여겼는데, 경전을 보다가 깨친 바가 있어서 남을 업신여기지 않게 되었다면, 분명히 가르침을 받아들이고 생활 속에 실천할 때 행行·증證이 완성이 되는 것입니다.

그러면 간경이 왜 선정바라밀이 되는 것일까요? 오만하고 남을 업신여기는 마음이 가라앉기 때문입니다. 간경을 할 때, 처음부터 뜻을 알면서 간경을 한다는 것은 쉬운 것이 아니에요. 그래서 간경을 하기 위해서는 지도해 줄 사람이 꼭 필요합니다. 우리가 『반야심경』 공부를 한다든가 『화엄경』을 공부한다고 한다면 그것은 간경법회라고 할 수 있습니다.

한편 간경은 독경讀經과는 다릅니다. 저는 『화엄경』을 목탁을 치면서 느긋하게 하면 1년에 한 번 읽을까 말까 합니다. 그래서 어떤 방법으로 했는가 하면 빠르게 막 읽어나가는 방식으로 했습니다. 여러분도 한번 해 보시기를 권합니다. 경을 읽을 때는 가능하면 소리를 내서 읽는 게 좋습니다. 큰소리로 읽다 보면 몰입이 빨리 되고 이게 바로 기도삼매에 들어가는 방법이 됩니다.

독경기도를 이렇게 하다 보면 뜻에 관심이 가게 되고 독경을 하는 동안에 마음이 전일해져서 삼매에 들게 됩니다. 또 독경을 하다 보면 암기가 됩니다. 암기가 되면 몰랐던 뜻을 알게 되고, 어느 책에는 공空에 대한 내용이 나오고 어느 책에는 5온에 대한 얘기가 나오고 하다 보면 이리 걸리고 저리 걸리고 해서 다 걸려들게 되어 있어요. 그래서 경전에 대한 이해가 깊어지는 것입니다.

책을 읽다가 그 내용에 빠져들게 되면 독서삼매에 빠졌다고 하는데, 독경을 일념으로 하다 보면 독경삼매에 빠지게 됩니다. 삼매의 경지가 어떻겠습니까? 여러분들도 독경삼매에 빠질 수 있는 독경 습관을 들여 보시길 바랍니다.

●

# 현전지現前地와 반야바라밀

○

## 현전지, 지혜가 바로 눈앞에 나타나는 경지

지혜가 바로 눈앞에 나타나는 경지를 현전지라 합니다. 여섯 번째 수행의 지위에 이르면 앞서 수행한 다섯 단계의 수행이 합일合一하여 지혜가 현현됩니다. 바로 반야지般若智를 얻는 단계에 이른 것입니다. 현전지에서 보살은 모든 법이 상의상관相依相關의 관계임을 관찰해야 한다고 설하며, 12연기의 관계성을 상세히 반복 설명합니다. 「십지품」에서 금강장 보살이 해탈월 보살에게 설하는 12연기의 상속相續은 이렇습니다.

"제일 가는 이치〔第一義諦〕를 알지 못하므로 무명無明이라 하고, 지어 놓은 업과業果를 행行이라 하고, 행을 의지한 첫 마음이 식識이요, 식과 함께 나는 4온四蘊을 이름과 물질〔名色〕이라 하고, 이름과 물질이 증장하여 6처六處가 되고, 근根과 경계境界와 식이 화합한 것을 촉觸이라 하고, 촉과 함께 생기는 것을 받아들임(受)이라 하고, 받아들이는 데 물드는 것을 사랑(愛)이라 하고, 사랑이 증장한 것을 취함(取)이라 하고, 취함으로 일으킨 유루업有漏業을 유有라 하고, 업으로부터 온蘊을 일으키는 것을 나는 것이라 하고, 온이 성숙함을 늙음이라 하고, 온이 무너짐을 죽음이라 하고, 죽을 적에 이별하는 것을 어리석어 탐내고 그리워하여 가슴이 답답한 것을 걱정이라 하고, 눈물 흘리며 슬퍼함을 탄식이라 하나니 5근五根에 있어서는 괴로움이라 하고, 뜻에 있어서는 근심이라 하고, 근심과 괴로움이 점점 많아지면 시달림이라 하나니, 이리하여 괴로움이라는 나무가 자라거니와, 나도 없고 내 것도 없고 짓는 이도 없고 받는 이도 없습니다.

또 생각하기를 '만일 짓는 이가 있으면 짓는 일이 있을 것이요, 만일 짓는 이가 없으면 짓는 일도 없을 것이니, 제일가는 이치에는 모두 찾아볼 수가 없는 것이로다' 합니다."

12연기처럼 평소 기본적 인식이 세워져 있는 교설을 『화엄경』「십지품」에서 확인할 줄 기대조차 하지 않았다면 이 대목을 메모해 두실 필요가 있겠습니다. 그것보다 더 큰 소득이 있습니다. 12연기의 시작은 무명인데 정작 무명은 어디에서 왔는지 알고 계십니까? '노사老死와 생生에서 다시 무명이 시작된다, 마치 다람쥐가 쳇바퀴 속을 굴리는 것과 같다'고, 12연기를 원의 순환으로 설정하여 설명하는 경우가 많습니다. 그러나 「십지품」은 그런 식으로 12연기를 정형화하지 않았습니다. 무명을 제일의제第一義諦를 모르기에 시작되는 식의 작용으로 본 것입니다. 제일의제라는 말은 '어떤 조건과 논리로도 파할 수 없는 명제'라는 절대적 의미가 있는 경우에만 쓸 수 있는 고급 용어입니다.

「십지품」에서 12연기를 설하며 제일의제를 거론한 이유에 대해 생각해 봤습니다. 순전히 제 개인 생각입니다만, 12연기를 대하면서 중생들에게 이런 '걸림'이 장애가 됨은 부처님이 보시기에 너무나 뻔해서 아마도 다음과 같은 부언이 필요할지도 모르겠습니다. 아래 부언은 부처님이 아닌 21세기 대한민국의 성법이 부처님의 심정을 대변하여 가상의 경우를 전제로 쓴 것이니 행여 「십지품」의 글로 착각하신다면 저는 무간지옥행이니 살펴주시길 간곡히 당부 드립니다.

"너희들이 보살 수행의 5지에까지 이르는 과정에서, 반드시 성취해야 할 수행의 덕목들을 간곡하고 자세하게 설했다. 그런데 이 6지의 수행에 도달해서 무명의 존재조차 실상을 파악하지 못하는구나. 내가 애써 법의 이치를 설했건만 너희들을 위해 다시 한 번 더 설하니 잊지 말도록 하여라. 마음의 인식에 의한 집착으로 연결고리를 삼는 연기는, 12연결 중 오직 하나만이라도 너희가 이것은 진실이 아니고, 실체가 무아와 공이니 내 마음 어디에도 머물 곳도 머무르게 할 수도 없다는 이치를 알게 될 것이다. 이것이 바로 제일의제인 것이다."

수년 전에 12연기가 언제 형성되었는지, 붓다의 친설인지 상당한 기간 고민하며 자료들을 살폈습니다. 『아함경』은 붓다의 깨달음을 온전한 12연기로 단정하는 편입니다. 하지만 붓다께서 5비구에게 설하신 첫 가르침은 12연기가 아니라 4성제라고 생각합니다. 4성제를 '연기적'으로 설하셨을 가능성은 매우 높습니다.

"삶은 고苦다, 고는 갖가지 원인이 쌓여 일어난다[集]. 그렇기에 고의 원인 재료들을 없애면[滅] 고에서 해방될 수 있다. 그것은 바로 수행을 통해[八正道] 이룩할 수 있는 것이다. 이 네 가지 진리를 4성제라 한다."라는 내용을 설하셨을 것입니다.

어쩌면 8정도는 구체적으로 정립할 수 있는 시간적 제한이 따랐을 가능성이 높습니다. 『화엄경』 「십지품」에 있는 37조도품의 가장 중요한 수행의 덕목으로서의 8정도의 위상을 보면, 대승불교가 일어날 때 재가자들의 일상생활 속의 기본 수행 자세를 확립하기 위한 것이라는 추론이 가능합니다. 12연기의 정립은 부파불교시대를 거쳐 역시 인간 중심의 연기론을 완성하기 위한 노력이 아닌가 하는 느낌을 받았습니다. 붓다의 깨달음은 12연기가 아니라 연기적 '제일의제'에 있지 않을까 하는 생각이 듭니다.

4성제와 같이 12연기의 용어들이 붓다의 첫 깨달음과 동시에 만들어졌다고 주장하기에는 어려움이 너무나 많습니다. 연기라는 특별한 용어는 용수가 부처님을 공경하며 지은 중론송에서 비로소 연기를 공空과 대등하다고 설파하면서 불교의 가장 중요한 깨달음의 언어로 자리 잡게 됩니다.

한편 『화엄경』에서는 4종법계四種法界연기, 중중무진重重無盡연기 등 대단히 고차원적인 법계 전체를 대상으로 삼는 연기 사상을 설하고 있습니다. 12연기는 1인一因, 1연一緣, 1과一果의 아주 단순하고 업을 강조한 일차원적 인과에 중점을 둔 것이어서, 화엄의 법계연기와는 비교가 민망할 정도로 수준 차이가 납니다.

불교 경전들은 인류의 어떤 사상의 집합보다도 심오하고 방대합니다. 경전의 해석서인 논서를 제외한다 해도 불멸 이후 거의 천 년 이상 셀 수 없이 많은 수행자들이 경험한 경지를 경전을 통해 전하고 있기 때문입니다. 『화엄경』이나 『법화경』처럼 많은 품으로 이루어진 대경大經들은 거의 300년의 편찬 기간을 거쳐서 완성된 경집經集들입니다. 말이 300년이지 이 정도의 시간이면 인간의 근본 가치관이 충분히 변하고도 남을 만한 시간입니다. 『화엄경』의 경우도 「십지품」을 시작으로 각 품이 더해지는 300년 이상의 편찬 과정을 거치기에 각 품의 '관점'과 '깊이'의 차이가 분명히 있습니다.

그렇다 해도 그러한 차이가 경전의 핵심 사상을 흐리게 하는 경우는 없습니다. 다만, 접근 방식의 다양화로 내용이 다소 중복되고 반복되는 측면은 있습니다. 600부 반야경의 경우 그 정도가 심해 완독을 하려면 엄청난 인욕바라밀을 해야 합니다. 『화엄경』의 경우 법의 성품과 보살도, 깨달음의 궁극의 경지에 대해 대단히 정교한 문장과 수려한 게송으로 구성되어 있습니다. 지금 다루고 있는 '바라밀'에 대한 부분도 상당히 자주 언급하고 있습니다. 10바라밀은 「십지품」 이후에 편찬된 80화엄경의 몇 개의 품에서도 비중 있게 다루고 있습니다. 80화엄경의 39품을 중심으로 하면 「십지품」은 제26품에 해당되는데, 「십지품」 외에 제18 「명법품」, 제21 「십행품」, 제38 「이세간품」, 제39 「입법계품」 등에서 10바라밀이 설해지고 있습니다.

「십지품」의 현전지 부분에서 12연기의 상속을 소개하며 느닷없이 경전의 구성에 대한 장황한 보충 설명을 하는 데는 중요한 이유가 있습니다.

현전지에서 얻는 경지가 반야지般若智인 것은 재론의 여지가 없습니다. 그런데 「십지품」에서는 반야지를 12연기를 잘 이해하는 지혜라고 말합니다. 한편 '반야'라는 개념의 주인인 반야부의 경전에서는 '그렇지 않다'고 무려 600권의 분량으로 우리를 설득하고 있습니다. 600권 반야경의 주장을 기가 막힐 정도로 짧게 축약시켜 『반야심경』이 되었습니다. 『반야심경』은 12연기의 시작과 끝인 무명에서 노사까지를 다 실체가 없는 공한 것이라고 누누이 강조합니다.

'무무명 역무무명진 내지 무노사 역무노사진無無明 亦無無明盡 乃至 無老死 亦無老死盡', 무명도 없고 무명의 다함도 역시 없고 내지 늙고 죽음도 없고 늙고 죽음의 다함도 없다. 이것은 무명의 다음 단계인 행에서 노사의 전 단계인 생까지의 열 단계를 생략한 것입니다. 게다가 시작은 아예 '관자재보살 행심반야바라밀다시 조견오온개공觀自在菩薩 行深般若波羅密多時 照見五蘊皆空'으로, 반야바라밀을 행하고 닦는 수행은 5온이 공함을 깨닫는 것이라고 전제를 해 버립니다. 「십지품」의 내용과 『반야경』의 '반야지'가 사실상 정면충돌하는 것입니다. 이런 충돌의 해소를 어떻게 하느냐가 반야지일 정도로 난감한 문제이기도 합니다.

경전의 이해에는 언어만으로는 해결되지 않는 많은 난제들이 있습니다. 흔히 한역본보다 산스끄리뜨나 빨리어 원전의 우리말 직역본이 불교 이해에 필수적이라고 말하는 사람도 있지만 꼭 그렇지만은 않습니다. 우선 부처님께서 주로 사용하신 언어는 자신의 출신국 언어인 마가다어였고 제자들에게는 전법할 때 현지의 언어를 사용해도 좋다고 말씀하셨습니다.

산스끄리뜨어는 고대 인도의 표준어로 그 범위가 매우 넓고, 빨리어는 인도 서부 지역의 언어로 아쇼카왕 이후 불전의 기록에 주로 사용되어 스리랑카 등 상좌부 경전의 주 언어로 전해지게 되었다는 것이 일반적인 해석입니다. 그렇기 때문에 이 두 범어梵語 역시 부처님 재세 시 언어와는 차이가 없을 수 없습니다. 게다가 우리말 범어 직역본들은 이미 한국적 대승사상으로 '물든' 후의 번역이라 동의하기 어려운 부분들이 많습니다. 사실상 대승의 언어로 원전을 해석하려는 '무의식'에서 벗어나기 어려운 2000여 년이라는 시간의 벽을 넘기 어렵다는 말입니다. 언어적 문제가 해소된다 해도 오래 이어져 내려온 전통과 관습, 문화적 환경 등의 이해는 거의 극복이 어려울 정도입니다. 경전 또한 문화적 배경을 바탕으로 형성되는 언어의 기술記述이기에 입체적인 관점에서 해석해야 한다는 말입니다.

「십지품」의 반야지에 대한 12연기가 오류는 아니더라도 적어도 후대 반야부 경전의 '반야바라밀'의 제일의제인 법의 실체는 공空이라는 단정이 더 발전된 불교의 논리라는 사실은 분명합니다. 『화엄경』 역시 『반야경』에 앞서 아공我空·법공法空을 드러낸 곳이 수없이 많습니다.

확인해 드리면, 앞의 이구지 부분에서 제가 「십행품」의 "온갖 법이 허망하고 진실하지 못하여 잠깐 일어났다 잠깐 없어지는 것이요, 견고하지 못하여 꿈과 같고 그림자 같고 요술 같고 변화함과 같아서 어리석은 이를 의혹케 하는 것이니라."라는 내용을 소개하며 『금강경』을 보는 것 같다고 지적한 것을 기억하시길 바랍니다.

이제 명법품에서 법혜보살이 설한 「십지품」의 12연기와는 전혀 다른 반야바라밀을 설한 본문을 옮겨드리겠습니다.


'여러 부처님께 법을 듣고 받아 지니며, 선지식을 친근하여 섬기고 게으르지 아니하며, 항상 법문 듣기를 좋아하여 마음에 만족함이 없고, 들음을 따라 이치답게 생각하며, 참된 삼매에 들어 모든 사특한 소견을 여의며, 모든 법을 잘 관찰하여 실상의 인印을 얻으며, 여래의 공용功用 없는 도를 분명히 알며, 넓은 문의 지혜를 타고 온갖 지혜의 문에 들어가서, 영원히 휴식함을 얻으면, 이것이 반야바라밀다를 청정함입니다.'


## 지혜로 완성해 가는 보살들의 피안彼岸

6지의 보살이 주로 닦는 수행법이 10바라밀 가운데 여섯 번째인 지혜바라밀입니다. 너무나 중요해서 한 번 더 언급하고자 합니다.

지혜바라밀은 『반야심경』에서 강조한 반야지와 일맥상통합니다. 수행의 한 과정으로서 아뇩다라삼먁삼보리를 증득하는 것이 곧 이 반야의 지혜를 증득하는 것입니다. 『금강경』은 깨달음과 수행에 대한 철저한 '믿음'을 일으키게 하는 경전으로 깨달음에 이르기 위해서는 '반야지혜(절대지)'에 의지해야 하고, 수행 역시 반야지혜를 증득함을 목적으로 한다고 반복해서 설하고 있습니다. 이 반야지般若智는 세속의 분별과 가치를 뛰어넘는 초월적 가치를 말하는데, 곧 공空의 이치를 여실히 증득한 경지를 말합니다.

그렇다면 여기서 한 가지 짚고 넘어갈 게 있습니다. 아뇩다라삼먁삼보리를 증득하면 반야바라밀을 증득한 것인데, 아뇩다라삼먁삼보리가 만약 성불의 경지라고 한다면 아직도 10지보살의 중간 단계에 있는 6지보살이 얻을 수 있는 경지는 아닐 것입니다. 이 점은 대단히 중요한 문제입니다.

대승불교에서 상구보리上求菩提 하화중생下化衆生을 말하듯이 원래 불교는 '자리自利'가 먼저 선행되어야 합니다. '자리' 이후에 '이타利他'라는 것은 스스로 증득이 된 다음에 남을 이롭게 할 수 있기 때문입니다. 이때 '자리' 단계의 완성이 6바라밀의 마지막 단계인 지혜 반야바라밀입니다. 그런 다음 '이타'를 위한 10바라밀의 방편方便·원願·력力·지智바라밀이 있게 됩니다. 만일 다른 중생을 생각하지 않는다면 방편을 비롯한 나머지 세 바라밀을 닦을 필요 없이 지혜반야바라밀에서 끝낼 것입니다.

'원'도 마찬가지입니다. 반야의 지혜까지 얻은 사람이 무슨 원이 필요하겠습니까. 법장비구가 48가지 원을 세워 아미타세계를 완성해서 아미타불을 한 번이라도 부르면 전부 극락으로 인도하겠다는 것, 관세음보살님께서 중생들이 관세음보살을 한 번만이라도 부르면 그 사람이 어떤 고통에 있어도 건지겠다는 것이 원바라밀입니다. 역바라밀도 마찬가지입니다. 10바라밀의 방편方便·원願·력力·지智바라밀은 자기 수행의 과정이 아니고 이타행이라는 말입니다.

방편은 보살이 중생을 이익 되게 해 주는 교묘한 방법을 말합니다. '원'은 보살의 원력으로 중생들을 성불에 이르게 하겠다고 서원하고 발원하는 것입니다. '역'은 원을 이룰 수 있는 시간이에요. 이렇게 '이타'를 위해서 닦는 수행이 10바라밀의 방편·원·력·지바라밀이라는 것을 가슴속에 새기고 닦아나가야 합니다.

## 반야는 단지 공空의 도리를 아는 자리自利의 지혜일 뿐

반야의 지혜, 아뇩다라삼먁삼보리로써 나의 지혜가 완성이 되었다 해도 그 단계는 '자리自利', 자기 문제만 해결됐다고 볼 수 있기 때문에 보살이 아닙니다. 중생을 위하는 마음과 중생을 위하는 고민을 하면서 중생의 이익을 위해 보살행을 해야 보살인 것입니다.

앞에서도 말씀드렸듯이 10바라밀 중에서 6바라밀까지는 철저히 '자리'입니다. 그러나 방편·원·력·지의 철저한 '이타' 수행을 통해서 자리와 이타가 완전히 회통會通이 되어서 나타나는 번뜩이는 지혜는 10바라밀의 마지막 지智가 되는 것입니다. 불법의 이치를 아는 정도의 수준이 아닌 낱낱 중생의 업과 과보를 다 아는 지혜이겠지요. 다시 말해서 반야는 공의 도리를 아는 지혜, 10바라밀의 마지막 단계인 지智는 우주의 이치를 꿰뚫는 지혜를 뜻합니다.

보살의 가장 마지막 단계 10지보살의 마지막 수행인 지바라밀 이후에도 등각等覺·묘각妙覺·불佛이 있습니다. 그러나 등각·묘각이라는 것은 수행을 해 나간다는 개념보다 10바라밀을 공고히 해 나간다는 개념이 강합니다. 실지로 깨달음이라는 것은 이 10바라밀 안에서

다 이루어진다고 볼 수 있을 것입니다.

일체 중생을 교화하여 청정케 하는 연고로 지혜바라밀을 닦는다고 했습니다. 앞의 바라밀은 업을 바로 보기 위해서, 업이 허망하다는 것을 알기 위해서 닦는 지혜입니다. 그것이 반야바라밀이고 제가 다른 책에서 주장한 것처럼 공을 증득했다는 것은 해탈이 아닙니다. 적어도 『화엄경』에서 말하는 지혜를 놓고 보면 분명히 공을 깨닫는다는 것이 곧 성불을 의미하는 것은 아니라는 내용이 경전에 분명히 나타나 있습니다. 그렇다고 보면 공을 깨닫는다는 것은 6바라밀에서의 이 반야바라밀에 해당되는 것이라고 보면 되겠습니다.

과거·현재·미래의 삼세 부처님들이 모두 거들어 주셔서 우리 중생들이 성불할 수 있도록 깨달음의 세계로 이끌어 주신다는 것이 10바라밀의 마지막 지바라밀입니다. 이제 6바라밀의 지혜바라밀과 완전히 구별이 되십니까? 참고로 제가 〈해외 우수학술서 번역 불사〉의 간행사에서 밝힌 내용을 덧붙여 봅니다.

의상에 의해 정립된 화엄 교학은 유심唯心 즉, 일심一心에 의해 펼쳐지는 법계연기法界緣起로 압축된다. 이는 붓다의 깨달음인 연기緣起를 모든 존재를 펼쳐지게 하는 본질인 이법계理法界와, 본질에 의해 펼쳐진 현상 세계인 사법계事法界를 무진연기無盡緣起로 설명한 세계관이다. 그리고 이 사상은 양자론같이 극미極微한 세계를 다루는 물리학이나 거시巨視적 우주를 다루는 천문학과도 잘 어울린다. 이는 화엄사상에서 다루는 대단히 심오한 논리이기도 하다.

다만 『화엄경』의 모체인 「십지품」에서 설하는 보살 실수행의 단계와 경지는 물론 수행의 구체적 방법이 간과되는 점은 매우 안타깝다. 「십지품」에서 설하는 보살지위의 수행은 10바라밀 十波羅蜜로 보시·지계·인욕·정진·선정·지혜·방편·원·력·지 등 열 가지로, 「십지품」에서는 열 가지 모두에 '바라밀'을 붙여 사용함으로써 그 뜻을 명확히 하고 있다. 10바라밀은 보살의 10지 十地 수행과 정확히 일치해, 초지보살은 "보시바라밀을 주 수행으로 삼되 다른 바라밀도 소홀히 하는 것은 아니다."라고 말한다. 이런 순차로 마지막 10지보살은 "지(智, 般若)바라밀을 주 수행으로 삼고 나머지 바라밀을 소홀히 하지 않는다."라고 명쾌하게 설하고 있다.

그런데도 한국불교는 왜 6바라밀만을 거론하는 것일까? 그 이유를 나는 한국불교가 10바라밀을 수용할 수준에 이르지 못했기 때문이라고 생각한다. 10바라밀 중 앞의 6바라밀은 철저히 자리自利 수행의 단계이다.

여섯 번째 지혜바라밀은 자리의 지혜가 완성된 수행의 단계이고 보살 6지의 경지에 해당된다. 그러나 이어지는 보살 7지에서 10지에 이르는 수행인 방편·원·력·지바라밀은 자리를 여의고 다시 시작해야 하는 보살 이타利他 수행의 본격에 해당된다. 6바라밀을 성취한 6지보살이라도 중생 구제를 위한 관세음보살 같은 방편, 보현보살 같은 원력, 어떤 장애와 마장도 능히 다스릴 수 있음은 물론 천제闡提까지도 구제할 수 있는 금강 같은 힘(力)을 갖추고, 마지막으로 궁극의 반야지般若智인 지바라밀을 얻게 된다는 것이 「십지품」에서 반복해서 강조하는 10바라밀의 본질이다.

10바라밀을 상기한다면 한국의 승가가 이타의 시작인 방편바라밀을 얼마나 이기적으로 악용해 왔는지 알 수 있다. 게다가 자리 수행에서마저도 5지보살의 선정바라밀에 집착해 6지보살의 지혜바라밀 수행을 거들떠보지도 않았다. 수행의 지침으로서 『화엄경』은 실종되어 버린 것이다.


10바라밀이란 불교에서 말하는 궁극적인 수행의 방법을 말해놓은 것입니다. 사실 불교에서 10바라밀을 빼면 불교는 존재할 수 없다고 해도 과언이 아닙니다. 이 10바라밀이라는 것은 우리가 깨달음에 이르기 위해서 반드시 필요한 것들, 또 이러한 것을 실천해야 하는 방법들을 열 가지로 명시해 놓은 것입니다. 말하자면 필수 과목이라고 명시해 놓은 게 10바라밀입니다.

이와 같이 수행 방법을 구체적으로 명시해 놓은 경전은 『화엄경』 외엔 거의 없다고 봅니다. 여러분들이 공부를 하면서 불교사전을 찾아보셨겠지만, 불교사전을 찾아봐도 『화엄경』만큼 더 정확하게 나와 있지는 않습니다.

제가 『화엄경』과 10바라밀의 관계를 자주 언급했는데 실지로 『화엄경』이 화엄학華嚴學으로 접근할 때는 화엄 사상이 무척 어렵습니다. 하지만 10바라밀로 다가서면 훨씬 받아들이기 쉽습니다. 경전은 깨달음에 이르기 위해서 있는 것이지 경전을 이해시키기 위해서, 학문적으로 존재하는 것은 아닙니다. 따라서 우리 불자들은 처음부터

『화엄경』에서 말하는 중중무진연기라든가 하는 이론적인 것부터 알 필요는 없습니다. 실은 화엄학이니 화엄사상이니 하며 학술적으로 논하는 것은 우리 불자들이 몰라도 될 부분이라는 것입니다. 일부러 이론을 익히기 위해서 애쓸 필요는 없고 10바라밀수행을 하면 된다는 것을 먼저 알려주고 싶습니다.

왜냐하면 10바라밀 수행을 하다 보면 저절로 이해가 되기 때문입니다. 불교 교리가 잘 이해되지 않는다면 억지로 이해하려고 고뇌하지는 마십시오. 그것은 번뇌입니다. 그러면 공부에 싫증을 느끼게 됩니다. 유식학을 모른다고 해서 불교를 모르는 것은 아니라는 말이지요. 불교를 궁극적으로 이해하기 위해서 어떠한 이론은 꼭 알아야한다는 것은 실상 없습니다. 불교 공부를 하면서 이해가 안 된다고절대 스트레스 받지 마십시오.

처음부터 이해가 쉬우면 부처지 보살이 아니겠지요. 그러니까 억지로 애쓰지 말고 부분적으로 이해가 안 되는 부분은 그냥 넘어가세요. 이해가 될 때까지는 다음 단계로 넘어가지 않겠다고 고집 부리지 마세요. 그런 방식은 수행에 정말 방해가 됩니다. 그런데 의외로 그런 분들이 많은 것 같습니다. 이해 안 된다고 다음 단계로 넘어가지 않고 고집부리다 보면 포기하게 됩니다. 사실 이해가 안 되는게 당연한 겁니다. 그냥 넘어가다 보면 나중에 저절로 알게 됩니다. 2×8=16이 안 외워져도 나중에 8×2=16을 외우면 저절로 알게 되죠? 그와 마찬가지 이치입니다. 10바라밀에 대해 제가 이렇게 장황하게 말씀 드리는 이유가 불교의 거의 전부가 10바라밀에 다 들어 있다고 해도 과언이 아니기 때문입니다.

# 원행지遠行地와 방편바라밀

○

## 중생의 분별하는 바를 따라
## 방편바라밀을 성취하다

드디어 6바라밀을 넘은 보살의 수행 경지를 열어 볼 시점입니다. 「십지품」의 내용도 사뭇 달라집니다. 한마디로 거룩하고 장엄하다는 말밖에 어떤 언사言辭도 누가 되는 경지와 마주서게 되는 것입니다. 『화엄경』을 독경하고 나서 '6바라밀과 10바라밀의 차이는 무엇일까' 라는 의문은 더해가기만 했습니다. '6바라밀에 더해 네 가지 바라밀 이 왜 필요해졌을까?' '여섯 번째 반야바라밀과 열 번째 지智바라밀 의 차이는 무엇일까?'

이것이 당시 내겐 화두였습니다. 수년 후 답을 얻을 수 있었습니다.

6바라밀은 자리自利 수행의 완성이고, 10바라밀은 인간의 경지를 넘어서야 가능한 거룩한 수행이라는 사실을 답으로 얻었습니다. 6바라밀 외에 방편方便·원願·력力바라밀을 통해 이타利他의 완벽한 보살도를 성취하는 지혜를 증득하면 부처와 대등한 경지를 이루는 것이라는 것을 알았습니다. 이제 본격적으로 「십지품」으로 들어가겠는데, 현전지의 설명과 같은 형식으로 원행지와 방편바라밀을 묶어 말씀드리는 방식을 택하겠습니다.

이번에는 「십지품」의 내용을 가장 길게 인용해야 할 것 같습니다. 불자들에게 「십지품」을 설명하면서 경전 내용을 인용하지 않고 그냥 지나치면 마치 단팥 없는 단팥빵을 권하는 것과 같기 때문이고, 경전 내용 자체가 무척 감동적이기 때문입니다.

『화엄경』은 부처의 위신력을 받들어 보살들이 설하는 형식을 띠고 있습니다. 특히 흥미로운 것은 때론 보살이 묻고 보살이 답하는 구성이 독특합니다. 『화엄경』의 입장에서는 당연합니다. 보살마다 수행의 지위가 다르기에 초지와 2지보살이 상위보살에게 불법의 진의를 묻는 것이 전혀 이상하지 않습니다. 『화엄경』에서는 노골적으로 초지를 표방한 보살부터 10지를 표방한 보살의 이름까지 나열해 놓고 있습니다. 수행의 계위階位에 대해서는 매우 엄격한 잣대로 10바라밀의 하나하나의 성취를 분명히 하고 있는 것입니다.

「십지품」의 핵심 내용은 거의 해탈월 보살이 질문하고 금강장 보살이 답하는 것이 보통입니다. 아래는 7지 보살이 들어가는 방편문의 열 가지 지혜를 설하고 있는 내용의 시작에 해당되는 금강장 보살의 첫 법문입니다.

**이때 금강장 보살이 해탈월 보살에게 말씀하였다.**

"불자여, 보살 마하살이 6지의 수행을 구족하고, 제7 원행지 遠行地에 들어가려면, 열 가지 방편 지혜를 닦으며 수승한 도를 일으켜야 합니다.

무엇을 열이라 하는가. 이른바 공하고 모양 없고 원이 없는 삼매를 닦지마는 자비한 마음으로 중생을 버리지 아니하며, 부처님의 평등한 법을 얻었지마는 항상 부처님께 공양하기를 좋아하며, 공함을 관찰하는 지혜의 문에 들었지만 복덕을 부지런히 모으며, 3계를 멀리 떠났지만* 그래도 3계를 장엄하며, 모든 번뇌의 불꽃을 끝까지 멸하였지만 일체 중생을 위하여 탐하고 성내고 어리석은 번뇌의 불꽃을 일으키며, 모든 법이 요술 같고 꿈 같고 그림자 같고 메아리 같고 아지랑이 같고 변화와 같고 물 가운데 달 같고 거울 속의 영상 같아서 성품이 둘이 없는 줄 알지마는 마음을 따라 한량없이 차별한 업을 짓습니다.**

비록 일체 국토가 허공과 같은 줄을 알지마는 청정하고 묘한 행으로 부처님 국토를 장엄하며, 부처님의 법신은 본 성품이 몸이 없는 줄 알지마는 상相과 호好로 몸을 장엄하며, 부처님의 음성은 성품이 적멸하여 말할 수 없는 줄을 알지마는 일체 중생을

---

* 욕계·색계·무색계인 3계를 멀리 벗어난 경지라서 원행지라 이름한다고 밝히고 있습니다.
** 『금강경』 제32 응화비진분의 사구게와 얼마나 유사한가 확인해 드립니다. '일체유위법 여몽환포영 여로역여전 응작여시관一切有爲法 如夢幻泡影 如露亦如電 應作如是觀, 일체의 생멸이 있는 법은 꿈과 같고 환상과 같고 물거품과 같으며 그림자 같으며, 이슬과 같고 또한 번개와도 같으니, 응당 이와 같이 관할지니라.

따라서 여러 가지 차별한 맑은 음성을 내며, 부처님을 따라서 3세가 오직 한 생각인 줄을 알지마는 중생들의 뜻으로 이해하는 분별을 따라서 여러 가지 모양, 여러 가지 시기, 여러 가지 겁으로써 모든 행을 닦습니다.•

보살이 이렇게 열 가지 방편 지혜로 수승한 행을 일으키므로, 제6지로부터 제7지에 들어가는 것이며, 들어간 뒤에는 이 행이 항상 앞에 나타나는 것을 제7 원행지에 머문다고 합니다."

금강장 보살의 말씀을 정리하면 제7 원행지에 오른 보살은 3계를 멀리 여읜 경지이기에 윤회 등 일체의 생멸법에서 자유롭지만, 대자비심으로 중생을 구제하기 위해서는 어떤 모습이든 '중생의 분별하는 바를 따라' 모습을 나투는 방편바라밀을 성취한다는 것입니다.

'방편方便' 하면 『법화경』을 먼저 떠올리게 됩니다. 또한 『법화경』 특유의 비유들은 『법화경』을 친근한 경전으로 인식시키는 데 큰 역할을 하고 있습니다. 『법화경』은 「화성유품化成喻品」에서 전형적인 방편이 무엇인지를 설하고 있는데 『화엄경』에서의 방편바라밀과는 차이가 보입니다. 『법화경』 제7 「화성유품」의 비유를 언급하겠습니다. 『화엄경』과 달리 세존께서 직접 비구들에게 설하는 형식으로 구성되어 있습니다.

---

• 금강경의 사구게들은 법이 공함을 관찰하라는 데서 그친다면, 「십지품」에서는 공에 집착하지 않고 중생 구제를 위한 방편으로 색신色身의 여러 모습을 나타낼 수 있고 그것이 방편바라밀이라고 말하고 있습니다. 『금강경』을 넘어선 대승의 최고 수행의 경지를 설하고 있습니다.

비유컨대, 험악하고 나쁜 길 멀고 흉악한 짐승 많으며
더욱 물과 풀까지 없어 사람들이 무서워하는 곳이라

수없는 천만 명 무리 이 길을 지나가려는데
길은 멀고도 멀어 5백 유순을 지나야 하네.
이때에 한 길잡이 아는 것 많고 지혜도 있어
분명히 알고 마음 견고해 위험함에서 모든 어려움 건지네.

무리들 모두 지치어서 길잡이에게 하소연하기를
'우리는 매우 피곤해 이만 돌아가려 하오.'
길잡이 생각하길 '저 불쌍한 무리,
많고 큰 보물 다 버리고 그저 돌아가려 하는가.'

가만히 방편을 생각하여 '내 이제 신통한 힘을 내어
굉장한 도성을 조화로 만들어 훌륭한 저택을 장엄하게 꾸미리.
주위엔 원림園林이 둘러 있고 맑은 시냇물, 깨끗한 못,
고루 거각에 안팎 대문 남자와 여자 가득히 사는.'

이렇게 도성을 조화로 만들어 무리를 위로해 달래기를
'걱정 말고 이 성에 들어가 그대들 마음대로 즐기고 살아라.'
무리는 그 성에 들어가 마음이 한없이 즐거워
편안하다는 생각을 내고 건너왔노라 자부하였다네.

길잡이, 편안히 쉰 줄을 알고 무리를 모아 놓고 선언하기를,
'그대들이여, 앞으로 나아가자. 이것은 조화로 만든 도성이라
그대들이 하도 피곤하여 중도에서 되돌아가려 하기에
내가 방편으로 조화를 부려 이 성을 만들었던 것이라
그대들이 부지런히 정진하면 보물 있는 곳에 가게 되리라.'

나도 역시 그와 같아서 모든 중생의 도사이니,
도를 구하는 사람들 중도에서 지치고 게을러서
번뇌의 험난한 길에서 생사를 건너지 못함을 보고
내가 방편의 힘으로 쉬게 하려고 열반을 설하여
너희들의 괴로움이 없어지고 할 일을 다하였다 하였노라.

-중략-

『법화경』의 비유는 부처님께서 열반에 드신 이유를 '방편'이라고 말하고 있습니다. 몇 줄 더 이어지는 데 삼승三乘을 설함도 일승一乘에 들게 하기 위한 방편이라는 뜻이라고 밝히고 있습니다. 『화엄경』이든 『법화경』이든 방편은 인간의 경지를 넘어선 보살의 지위에서나 가능한 고도의 수행이자 중생들을 깨달음의 세계로 인도引導하는 데 사용하는 최종 수단입니다.

## 잘못된 방편은 이제 그만,
## 과학시대에 걸맞는 불교를 배우고 실천해야

한국불교의 문제점에 대한 지적은 하도 자주 해서 이젠 말하기조차 진부합니다. 그렇다 해도 방편에 대해서는 한마디 해야겠습니다.

한국불교가 가장 좋아하고 즐겨하는 말이 바로 방편입니다. 일단 신도를 방편으로 절에 오게 한 후 불교를 가르쳐야 하는 게 순서라고 합니다. 신도를 끌어들이는 '방편'의 정체는 불교의 품격을 위해서 거론하지 않겠습니다. 문제는 방편으로 모인 신도들에게 제대로 된 불법을 설하고 보살행을 실천한 적이 별로 없다는 데 있습니다. 나는 불자들이 『화엄경』의 불법을 기준으로 신행의 마음을 갖추는 것을 '불교'라고 생각합니다. 경전을 왜곡하여 설하거나 잡다하게 자기 소견을 그럴 듯한 언어로 포장해 내어 불법인 양 설하는 이들은 심하게 비판하면 외도外道와 다를 바 없다고 봅니다.

나는 서울토박이로 서대문이 고향인 셈입니다. 초등학교 때 붐비는 서울역 분위기를 느끼려 가끔 혼자 가보곤 했습니다. 서울역 본관에서 용산 쪽 공터에는 늘 약장수들이 벌여놓은 볼거리가 있었습니다. 약장수들의 말을 들으면, 조금만 기다리면 머리가 두 개인 흰 뱀을 볼 수 있다, 다리가 6개인 소도 볼 수 있다는 식이었습니다. 그들의 말을 곧이곧대로 듣고 정말 궁금해서 몇 년을 찾아가 봐도 제가 본 것은 약장수들이 외쳐대는 '만병통치약'밖에 없었습니다. 한국불교의 현실상은 이런 약장수와 별반 다르지 않습니다.

나는 이런 사이비적 인과로 인해 "그런 약은 효과를 확인하지 못해 안 판다."고 합니다. 그동안 "다른 데서는 다 파는데 참 유별나다." 는 타박만 들어왔습니다. 신도들이 절에서 구하고 싶어 하는 것은 위약僞藥 즉, 플라시보 효과(placebo effect)뿐인 약인데 그것을 취급하지 않으니 수입도 여유가 있을 수 없습니다. 말이 나온 김에 불자들도 이제는 과학시대에 걸맞는 불교, 엉뚱한 스님들에게 오염되지 않은 불법을 경전을 통해 직접 확인하려고 노력해야 한다는 말씀을 드리고 싶습니다. 자신의 정신 건강을 위해서라도, 힘들게 번 돈을 보시하면서 그 보시의 의미를 염두에 두지 않는다면, 몇 천 원이라도 물건을 싸게 구입하려고 밤새 인터넷에 붙들려 있는 자신과는 너무 모순이 되는 삶을 사는 것이 아닌가 생각해 봅니다.

방편바라밀은 인간의 범주를 넘어서기에 승가에서 아무리 방편이라 주장해도 경전에 의하면 그건 방편이 아니라 '수법'이나 '수단' 정도에 불과할 뿐입니다. 금강장 보살은 방편바라밀을 설하며 위의 본문에 이어 바로, 7지 보살은 10바라밀의 법을 다 닦는다 하며 10바라밀 수행의 핵심을 재차 설하고 있습니다.


**승가가 엉터리라고 불교도 엉터리라고 속단하지 말라**


다음 내용은 10바라밀 수행의 압권 같아 소개하니 기억해 두시길 바랍니다.


"이 보살은 생각마다 열 가지 바라밀다를 항상 구족하나니, 왜냐하면 생각마다 대비大悲로 머리를 삼고 부처님 법을 수행하여 부처님 지혜로 향하는 까닭입니다.

자기에게 있는 선근을 부처님 지혜를 구하기 위하여 중생에게 주는 것은 보시바라밀다라 하고, 일체 번뇌의 뜨거움을 능히 멸하는 것은 지계持戒바라밀다라 하고, 자비로 머리를 삼아 중생을 해롭히지 않는 것은 인욕忍辱바라밀다라 하고, 훌륭하고 선한 법을 구함에 만족함이 없는 것은 정진精進바라밀다라 하고, 온갖 지혜의 길이 항상 앞에 나타나서 잠깐도 산란하지 않는 것은 선정禪定바라밀다라 하고, 모든 법이 나지도 않고 멸하지도 않음을 능히 인정하는 것은 반야般若바라밀다라 하고, 한량없는 지혜를 능히 내는 것은 방편方便바라밀다라 하고, 상상품上上品의 수승한 지혜를 구하는 것은 서원誓願바라밀다라 하고, 모든 외도의 언론과 마군들이 능히 깨뜨릴 수 없는 것은 력力바라밀다라 하고, 일체 법을 실제와 같이 아는 것은 지혜智慧바라밀다라 합니다."

방편이라는 말은 다른 불교 용어와 같이 거의 일상어로 사용되고 있습니다. 일상에서는 '임시방편'의 개념으로 주로 쓰고 있지만 이것 또한 결코 쉽지 않습니다. 왜냐하면 방편이라는 말 자체가 부작용이나 폐해를 일으킬 여지가 없는 방법을 원칙으로 하고 있기 때문입니다.

인터넷을 여는 통로인 www월드와이드웹은 유럽과 미국에서 공동연구를 하는 과학자들이 연구 결과와 정보를 빠르게 공유하기 위해 고안해 낸 '방편'입니다. 이것이 지금은 앱(Application)이라는 응용

프로그램으로 발전해 초기 컴퓨터의 접속의 어려움을 해소해 버림은 물론 스마트폰으로 컴퓨터를 거의 대체할 수 있는 단계로 진화하고 있습니다. 여러분도 동의하시겠지만. 방안의 붙박이 컴퓨터와는 달리 손안의 성능 좋은 스마트폰은 우리에게 충격이라 할 만한 변화들을 만들어가고 있습니다.

페이스북Facebook은 '얼굴사진 첩'이라는 뜻 그대로, 하버드대 재학생이었던 마크 저커버그(Mark Elliot Zuckerberg)가 2004년 처음 하버드 재학생과 동창생 전용으로 만들었는데, 불과 수개월 만에 다른 대학들에게도 개방을 하게 되고 급기야 일반인들도 이용하게 된 것입니다. 페이스북과 유사한 방법으로 다자간 실시간 정보를 공유하고 관계망을 형성해 주는 서비스를 통털어 SNS(Social Networking Service)라고 합니다. 페이스북, 트위터, 인스타그램, 카카오톡 등이 대표적입니다.

이 네트워크의 장점은 이용자들의 숫자가 말해 주는데, 미국의 경우 인터넷 사용자의 70% 이상이 사용하고 있고, 사용률이 낮은 일본의 경우도 50%는 된다고 합니다. 필자는 사용하지 않습니다. 정치인이나 연예인처럼 인기관리가 필요한 계층뿐만 아니라, 누구라도 스마트폰만 있으면 무료 이용이 가능하고 카카오톡의 경우 밀실에 해당하는 특정 단체방이나 무료 전화 서비스까지 해 주니 가입을 마다할 이유가 없어 보입니다.

그런데 언제부터인지 이 편한 '방편'인 SNS의 심각한 문제들이 부각되고 있습니다. 가입자 신상 유출은 물론 성향과 동선 파악 등이 빅데이터와 머신 러닝(Machine Learning)을 통한 맞춤 서비스라는 희한한 명분으로, 사용자의 동의 없이 그들의 서버에 저장되고 있는 것입니다. SNS의 속성상 자극적이고, 과장되고, 사실인지 거짓인지 확인이 불분명하고, 출처도 알 수 없는 악의적인 내용들을 단편적으로 접할 수밖에 없는 사용자들은 사고력 결핍, 판단 장애, 감정 조절 장애, 자신의 메신저 반응에 대한 불안 장애 등 인성人性을 무너뜨리는 부작용이 나타나고 있습니다. 앞으로 온갖 사회문제의 원인이 될 것으로 보입니다. 오직 SNS를 통해서만 교감이 가능한 사람(거의 가공된 인물들이지만)들과의 대화를 위해, 가족은 물론이고 바로 앞에서 대화하고 있는 상대를 무시하고 스마트폰에 몰두하는 모습은 여러분들도 겪으셨을 것입니다.

내친 김에 대놓고는 지적을 피하는 SNS의 폐해를 거론하겠습니다. 실물 경제에 상당한 악영향을 주는 글로벌 모바일 인스턴트 메신저 업체도 있습니다. 이제는 단순한 메신저의 역할은 부수적인 사업이 되었고, 앱을 통한 택시 호출과 유통 등 전국 규모의, 가능한 모든 분야의 '거간꾼' 역할을 독점하려고 하고 있습니다. 관련 사업자들은 이 공룡의 횡포에 저항할 수 없어 막대한 수수료를 메신저 업체 쪽에 줄 수밖에 없습니다. 스마트폰의 앱을 통한 모든 사업이 거의 이런 식으로 생산성은 없고 유통을 장악해서 수수료를 챙기는 식입니다. 이것을 4차 산업혁명의 인프라라고 말하고 있습니다.

참으로 공허한 것은 그런 업체들도 큰 이익을 남기지 못한다는 것입니다. 숨은 승자들은 거의 중독성과 선정성을 내세운 게임업체들이라는 사실을 알고 깜짝 놀랐습니다. 게임업체 빅3의 2017년 매출이 6조 원을 넘었다는데, 매출 대비 순이익 비율이 최소 60% 이상이라고 발표되는 것을 보면 황금 알을 낳는 거위 수준입니다.

　그런데 최근 세계보건기구(WHO)는 게임 중독을 심각한 질병으로 분류하려는 의사를 밝혔습니다. 게임에 빠져 사망사고가 속출한다는 소식은 '질병'이 맞다고 WHO편을 들어주고 싶습니다. 그러나 이런 이슈들도 경제논리에 밀려 규제를 받는 경우가 거의 없습니다. 관련 연구원들을 동원해 오히려 게임이 치매에 좋다는 연구와 임상 결과가 있는데 무슨 시대착오적 규제냐고 반론합니다. 세계적인 다국적 기업의 도덕성을 기대한다는 것은 반려견과 10년 넘게 살면 개가 말을 할 가능성이 있다는 주장과 같습니다.

　방편에 대한 얘기가 너무 멀리 나간 것 같긴 합니다만, 좋은 의미로 시작한 순수한 방편들도 결국은 인간의 욕심에 눌려 '돈이 된다면 경제성이 있어 좋은 것'이라는 경제 관점이 염려가 되어서 드리는 말씀입니다. 독자들도 이미 다 알고 있는 내용이지만, 책으로 문자화해 의견을 남기는 것도 필요하다는 소신을 가지고 노골적으로 거론했습니다.

　이 세상에 일어나는 모든 현상[事]은 인간이 만들어내는 것이고, 그것이 인(因)이 되어 다시 인간의 정신[理]에 영향을 줍니다. 이러한 당연한 사실을 『화엄경』에서는 여러 비유와 사상을 통해 설하고 있습니다. 인간의 사유思惟와 지성이 물질의 발전을 주도하는 기술력에 의한 편리함과 경제성이라는 잘 맞지 않는 논리에 밀려 퇴화해 가는 시작점을 이미 넘어선 것 같습니다. 이러한 점이 매우 우려되어서 드린 말씀으로 이해해 주시길 바랍니다. 기업의 기술력은 따져보면 연구실에 수십 년 틀어박혀 평생을 바치며 기초 과학에 매진하는 순

수 과학자들이 이룩한 성과들을 단지 응용하고 상업화하는 데 불과한 것입니다.

그리고 이런 지적을 『화엄경』의 가르침에 대비시키면, 승가가 엉터리라고 불교도 엉터리라고 속단한다면 그것이야말로 얼마나 엉터리인가를 역설적으로 말하고자 하는 것입니다. 물론 이것 역시 성법이라는 한 승려의 '방편'이라 여겨주시리라 믿겠습니다.

●

# 부동지不動地와 원바라밀

○

## 한국불교를 근본부터 바꾸기 위해서 어떻게 해야 할 것인가?

부동지와 원바라밀을 시작하기에 앞서 지극히 현실적인 애기를 더 해야 할 것 같습니다. 부동지의 「십지품」 내용이 지극히 어렵고, 제가 애기하려는 내용이 원바라밀과 잘 어울리기 때문입니다. 무엇보다 제 글을 처음 대하는 사람들이 느끼게 될 '편치 않은 뒷맛'을 해소시켜 드릴 필요도 있다는 생각도 들어서 풀어내게 되었습니다.

2013년 『생각의 끝에도 머물지 말라』라는 여섯 번째의 불교 해설서를 출간하고 나서 저는 건강이 극도로 나빠졌습니다. 녹내장으로 오른쪽 눈이 실명에 가까울 정도로 악화된 시점이기도 했습니다. 게다가 연 이은 두 차례의 심장 수술, 암 수술로 병원비조차 부담이 될 지경이었지요. 육체와 경제적인 악화는 물론이고 이때 정신적으로도 매우 힘들었습니다. 한국불교의 승가는 물론이고 2001년부터 세존 사이트를 통해 혼신을 기울여 정법을 전하는 데도 전혀 달라지지 않는 재가불자들에게도 실망했습니다. 결국 불교는 회복 불가하다는 결론을 내리고 10여 명의 불자들과 공부의 장인 '세존아카데미'에만 전력했습니다.

세존사이트에 불자 회원들이 누적 3만 명을 넘었지만 매달 1만 원 동참 회원을 포함해 운영비 동참자는 100명이 채 안 되었습니다. 회비는 내지 않으면서 그동안 조금 불교 공부를 했다고 생각하는 회원은 자신이 알고 있는 불법을 알리지 못해 안달이었고, 심지어 자기만의 논리로 운영자인 나를 설득하려는 회원들도 있었습니다.

세존사이트 운영 적자폭이 늘어나서 불자들에게 약간의 보시를 부탁하면, "염치가 없다."며 거절하는 분도 있고, "다른 스님들은 이럴 때 술 한 잔 하면서 부탁하는데 스님도 그래야 하는 것 아닌가요?"라고 하는 분들도 있습니다. 심지어 "보시하려고 했는데, 생각해 보니 스님은 전생에 지은 공덕이 없다는 게 느껴졌다. 보시할 마음이 없어졌다."고 하는 치욕적인 말을 듣기도 했습니다. 그때 정말 다른 스님들도 이런 경험이 있는지 궁금했습니다. 지금도 전국에 몇 개의 사찰을 체인점처럼 운영하시는 스님들은 어떻게 거액의 보시를 받아낼 수 있는지도 정말 궁금합니다.

### 절망의 시기에 맺어진 인연, 덕분에 원願을 실천하다

그런 절망의 시기에 제 원願을 실천할 수 있는 인연이 맺어졌습니다. 2013년 경 한 젊은 불자가 2006년에 민족사에서 출간한 『마음 깨달음 그리고 반야심경』을 읽은 후 신선한 충격을 받았다고 하면서 찾아왔습니다. 그 후 불교와 현실에 대해 그 거사(당시에 30대 중반이었음에도 수승해서 거사라 칭함)와 깊이 있는 대화를 자주 나누었습니다. 워낙 선근善根이 깊고 세상에 대한 안목이 출중한 거사라서 어떤 대화도 가능한 점이 무엇보다 제겐 큰 힘이 되었습니다. 그렇게 한 3년쯤 지난 2015년 초 제 마지막 원願을 버킷 리스트Bucket list에 비유하며 그 거사에게 털어놓을 수 있었습니다.

"한국불교는 승가나 재가불자, 어떤 방법으로든 정법으로의 전환이 불가할 정도의 수준임을 확인하고 또 확인했다. 나는 이제 가시적 성과는 다 포기했다. 한국불교를 근본부터 바꾸는 무엇인가가 필요하다. 이것이 내가 죽기 전의 회향처이고 거사의 원력 없이는 불가능하다."

위와 같은 내용의 하소연을 했습니다. 사실 듣는 사람에게 엄청난 부담을 줄 수도 있는 일종의 압박이기도 했습니다. 그런데 놀랍게도 그 거사는 자신이 힘닿는 대로 불사를 하겠으니 진행해 보라고 '별 문제'가 안 된다는 듯이 대답했습니다. 그리고 실제로 필요한 준비 비용 등을  한 치의 어긋남도 없이 보내왔습니다. 연간 평균 1억 원이 넘는 거액을 수년간 어김없이 보시를 했으니, 정말 쉽지 않은 일을 30대 중반의 한 불자가 해 냈던 것입니다. 그 거사는 당시에 고소득 연봉을 받긴 했어도 재벌 3세도 아니고 큰 기업을 운영하는 것도 아니어서 저로서는 최선을 다해 불사를 하지 않을 수 없었습니다.

이렇게 필자, 놀라운 보살행을 보여준 한 불자, 그리고 민족사 윤창화 사장님, 이 세 명이 합심해서 학술서 번역 출판 불사를 하게 되었습니다. 불교학계의 세계적인 석학들(사실상 현대의 불교 최고 논사)이 저술해, 이미 수 없는 피인용 횟수를 기록하고 검증이 끝난 불교 교학의 명저들을 번역해서 출판하는 일입니다. 2015년 준비를 시작해 2018년 봄 1차 번역본 두 권을 세존학술연구원의 세존학술총서로 민족사를 통해 출간했습니다. 이 시리즈는 향후 2년간 총 10권이 출간될 예정입니다.

무슨 이력이나 업적을 생색내려는 것이라고 오해하실 지도 모르기에, 이 일이 얼마나 전문적이고 현실적 어려움이 많은가에 대해서는 언급하지 않겠습니다. 다만, 불교학계 역사상 초유의 시도라서, 조언이나 도움을 받을 인적 자원이 전혀 없습니다. 이러한 점이 번역 불사의 의미를 역설적으로 드러내주고 있다는 사실만 알아주시길 바랍니다.

제 버킷 리스트이자 이 번역 불사의 원願은 출가 후 40여 년 동안 수행하고 전법하며 얻은 경험에서 선택할 수 있는 최선의 일이었습니다. 올해 폭발한 조계종단의 '적폐'는 20여 년 간 누누이 지적해온 일인지라 터질 게 터졌다는 생각이 듭니다. 문제는 승가뿐만 아닙니다. 대부분의 불자들은 아무리 설득해도 경전 위주의 불교 해석을 받아들이지 못합니다. 고집 센 기복불자들에게 미래 불교의 희망을 걸 수는 없었습니다. 적폐 청산의 기치를 내건 촛불이 횃불이 되어 성공할 수도 있습니다. 그래서 인적 청산이 아주 잘 이루어져 승단 지도부가 다 교체되었다고 가정한다면, 그 안에 담을 불교는 무엇으로 해야 할까요?

출가 수행자다운 도덕성을 지키는 일과 「십지품」 같은 불법을 대중화시키는 능력은 전혀 별개의 일입니다. 출가 수행자뿐만 아니라 재가불자들의 자질도 문제라고 봅니다. 큰절, 큰스님, 영험도량에서 보시한 만큼 지극한 대접을 받고 싶어 하고, 주지와 술을 같이 마시는 것을 자랑으로 삼는 불자들에게 제대로 된 불법이 어떻게 뿌리내릴 수 있겠습니까?

그런 생각을 하면 참으로 참담합니다. 게다가 일평생 수행을 하고 정법의 실현에 앞장서는 스님들이 숙식 걱정을 하지 않는 분들이 거의 없다는 데 이르면 가슴이 미어집니다. 생계를 위협받는 스님들의 삶과 함께 골프도 치고 술도 마시는 비즈니스적 승려들에게 보시를 하는 재가불자들의 삶이 무관한 일일까요? 대부분의 재가불자들에게 '법다움'은 보시의 중요 판단 기준이 아닌 듯해서 암담합니다. 하지만 미래 불교의 재건을 위해 제 나름의 불사를 열심히 해 나갈 것입니다.

## 세존학술총서, 현대 최고 논사들의 학술서적 번역 출판으로 미래 불교의 재건을…

각고刻苦 끝에 지난 3월 『송대 선종사 연구』와 『북종과 초기 선불교의 형성』 두 권의 번역서가 출간되었습니다. 이 두 권 중에 한국학중앙연구원 대학원 교수인 김종명 선생이 번역한 『북종과 초기 선불교의 형성』이 대한민국학술원 선정 인문학 우수도서로 인정을 받았습니다. 저자인 존 매크래(John R. McRae)는 2011년 작고한 미국 대학 교수로 중국 선불교 특히 신수에 관한 연구에 탁월한 안목으로, 중국에서까지 존경을 받았던 학자입니다. 『북종과 초기 선불교의 형성』은 그가 남긴 최고의 명저를 번역한 것입니다.

이 책은 한국불교의 정체성과 직결된 내용이 담겨 있어서 주저 없이 번역을 결정했습니다. 내용의 핵심 주제는 혜능 위주의 남종선 전개 이후 신수의 북종선은 어떻게 전개되었나에 대한 것입니다만, 초조 달마에서 6조에 이르는 법맥의 정당성과 남·북종의 분기점인 신수와 혜능의 불법에 대해 거부할 수 없는 자료들을 논거로 전설이 아닌 '사실'을 입체적으로 전달해 주는 명저입니다.

저자인 매크래 교수의 결론은 신수와 혜능은 5조五祖 홍인弘忍의 문하에서 같이 동거한 적이 없고, 『육조단경六祖壇經』 또한 혜능의 저술이 아니라 그의 제자들이 후대에 의도적으로 만든 것이라고 합니다. 『육조단경』의 내용은 당시 세력의 확장에 있던 '혜능파'의 주장이지, 당시 중국선 주류의 공용 교과서에는 절대 세력이 미치지 않았다고 상세히 설명하고 있습니다.

자, 이제 한국불교가 어떤 '위협'에 처해 있는지 실감하셔야 합니다. 고려 말 보조 국사 이후 혜능의 남종선이 정통선正統禪으로 전해져 왔습니다. 성철 스님을 비롯한 근·현대의 모든 선사禪師들은 혜능의 『육조단경』의 정당성에 한국불교의 모든 것을 의심 없이 의지해 왔습니다. 만일 이것이 옳다면, 매크래 교수의 주장이 논문 차원의 가설이라고 반박해야 합니다. 더 나아가 그에 걸맞는 대응 연구와 반론을 주장하는 논문이나 학술서를 종단의 선승들이 주도해서 내 놓아야 합니다. 단순히 '그런 주장도 있지만'이라는 상투어로 넘어가기에는 너무나도 핵심적인 지적 아닙니까? 나도 여러분도 과거에 들었고 지금도 곳곳에서 강의하고 있는 『육조단경』이 당시 중국 정통선의 아류亞流에 불과하다면 이것을 어찌 수습해야 하겠습니까?

그래서 나는 10종의 번역서를 선정하면서 한국불교가 현재는 물론 상당 기간, 교학적으로 현대 최고 논사들의 해석을 수용할 수 있으리라 기대하지 않았습니다. 그리고 의도적으로 영어 원전의 학술서를 1차 선정 대상으로 삼았습니다.

출간된 학술서의 간행사에서 밝혔듯이, 불교가 더 추락하고 쇠락할 한두 세대 후의 불교학자들이 한국불교를 연구하며 미래 불교를 재건할 때 도서관에서 구해보길 바랐습니다. 그들이 생각하길, '사상적 정립과 교학적 바탕 없는 간화선의 병폐가 도를 넘었을 시기에, 그래도 정법을 갈구하고 부처님의 가르침의 핵심 정설을 연구한 논문과 학술서를 추려내서 후대에 전하려는 불자들이 있었다'는 사실에 힘을 얻기를 바라는 원願에서, 이미 수년 전부터 학술서 번역불사에만 매진했던 것입니다. 출간 이후의 변화에 대한 기대보다 우선 불교학을 전공하는 학자들에게 대단히 선진적인 사상과 최신 연구를 소개해 교학 불교의 수준이 높아지면 성공이라고 생각했습니다.

한국선을 연구하고 말하기 위해 1차 출간된 두 권의 선서禪書의 내용을 수용할 수밖에 없는 경우, 그간 한국 불교학자들의 논문의 상당수는 '논문의 주제 자체가 오류'인 연구를 했다는 기가 막힌 현실에 직면하게 될 것입니다. 10권의 시리즈는 불교의 핵심 주제들에 대한 다양하고 흥미로운, 한국불교에서는 다루지 않았던 내용들이기에 학계는 어떤 식으로든 영향을 받지 않을 수 없을 것입니다. 이런 일이 불사佛事입니다. 그동안 한국불교의 불사는 대부분 불사가 아닌 공사工事였습니다. 자문을 요청한 현직 교수들도 몇 사람이 나선다고 될 일이 아니라고 아예 관심조차 주지 않았습니다.

불자들에게 출간 직전까지 인터넷을 통한 동참 모연을 하지 않은 이유도, 대면해서 설명해도 그 취지를 이해하지 못하는데 이런 '책 출간'을 불사라 귀히 여기는 불자가 별로 없을 것 같아서였습니다. 출간 후에도 책을 신청한 인터넷 회원은 40여 명, 현재 세존사이트에 가입한 누적 회원 수를 확인하니 35,636명이었습니다. 이 일만으로도 회원들의 불교 의식 수준을 잘 파악한 셈입니다.

## 한국불교의 양극화, 재가불자의 보시행의 양극화

번역 불사는 개인의 일이지만 원바라밀에서 벗어나지 않는 일이라서 가감 없이 사실대로 밝혔습니다. 내친 김에 좀 더 자세히 말씀드리겠습니다.

학술서 번역 불사는 주로 영어본 중 명저를 선택했습니다. 일본과의 교류는 활발한 편이지만 미국, 영국, 유럽의 영어 원전 교류나 번역서는 손에 꼽을 정도로 적기 때문입니다. 예상보다 번역비와 시간이 많이 걸려 진행비도 만만치 않게 듭니다. 저작권 확보, 번역 등 출간에 필요한 일체의 비용은 그 거사님이 기꺼이 감당해 주셨지만, 액수가 3억 원에 달해 더 부담을 드리는 것은 무리라고 판단하고 원래 20~30권 출간 계획을 우선 1차분 10권으로 축소했습니다. 앞서 말씀드렸듯 두 권이 출간되었고, 현재 두 권이 편집 진행 중인데, 올 겨울 출간을 앞두고 있습니다.

이 학술 명저의 번역 작업은 불교대학의 연구소나 신행단체의 원력, 조계종단의 교육원에서 기획하고 전공 교수들과 함께 숙고한 후 교육부 등 담당기관의 연구 자금을 지원 받아서 하는 것이 가장 바람직합니다. 그러나 이건 '가능하기는 하나 배보다 배꼽이 더 큰 졸속 번역'이 될 공산이 뻔해 보였습니다. 이미 여러 분야에서 사업을 통한 국고보조금의 단맛에 빠져 적폐가 되는 것을 보았는데, 이 번역 불사를 그렇게 할 수는 없었습니다. 따라서 철저하게 제 결정과 판단대로 해야 한다는 것을 원칙으로 삼았습니다.

앞서 『화엄경』을 독경한 후 세존사이트를 개설하고 나서 프로그램 제작비, 자료 입력비, 운영체제 구축비 등으로 경제적 고통이 시작되었다고 말씀드렸는데, 학술서 불사 역시 마찬가지였습니다. 번역서의 간행은 세존학술연구원(원장 성법)에서 맡는 것으로 되어 있고, 출간 비용을 책임진 거사는 학술원에 보시하고, 다시 학술원에서 민족사를 통해 번역 비용 등을 지불하는 식으로 보시가 이루어진 것입니다.

그런데 이 불사를 진행할수록 원장인 저는 힘이 들었습니다. 처음에는 진행비와 연구비 등을 불자들의 보시로 충당하려는 생각을 잠깐 했습니다. 하지만 앞에서 밝혔듯이 보시에 대한 과거의 모욕감과 수치심이 트라우마가 되어 그 생각은 금세 접었습니다. 급할 때는 대출을 받고, 지인에게 신세를 지며 진행하고 있는데, 결국 이 방법도 막혀 고금리 이자에 시달리는 악순환에서 벗어날 방법이 없습니다.

기복불교를 포기하고 세존사이트와 해설서를 통한 정법 구현이 이렇게 힘들 줄 몰랐습니다. 신도들의 교육에 시간과 에너지를 할애하면서도 생산성이 만들어지지 않고 오히려 운영비 등을 제가 충당해야 하는 고약한 상황이 거의 20년간 지속되어 왔습니다. 게다가 번역 불사를 하면서부터 부채는 더 늘어갈 수밖에 없었습니다. 세속 나이 이미 60이 넘은 제가 무소유의 빈손으로 떠나려면, 몇 억에 달하는 '빚 소유'를 청산해야 하는데 아무리 고민해도 답이 없습니다.

현재 한국불교는 양극화 현상이 심각합니다. 재가불자들의 보시 행에도 양극화가 나타납니다. 몇몇 초대형 사찰들에서는 수백 만 원의 보시도 생색이 날 정도의 액수가 아니라 여기고 천도재에 거액을 척척 내 놓습니다. 그러나 대부분의 작은 절에서는 적은 액수를 보시하는 신도도 많지 않습니다. 게다가 대형 사찰의 권승들에게 불미스러운 일이 생길 때마다 '사람이라 할 수 있는 실수' 혹은 '외부인의 악의적 모함'으로 반격하며, 권승들을 옹호합니다. 이런 행태는 '교주'를 무조건 감싸는 사이비 종교 신자들의 의식 수준과 다르지 않아 보입니다. 제 말이 지나쳐보인다면, 재가는 물론이고 승가의 일원이라도 용기가 부족해서 이런 비판을 대놓고 하지 않았기 때문일 것입니다.

하지만 이제는 비판할 건 하고, 고쳐야 할 건 고쳐서 미래 불교를 새롭게 재건해야 합니다. 특히 지금 이 지면은 「십지품」의 보살 수행의 요체인 10바라밀의 내용을 직접 살피고 있는 자리입니다. 현재의 불교보다 미래의 불교를 더 걱정하기에, 여러분이나 나나 피해갈 수 없는 문제들은 냉정하게 분석하고 반성하는 과정을 거쳐야 한다는 생각으로 드러낸 말이니 이해해 주시기 바랍니다.

원바라밀에 해당하기에 이참에 언급할 수밖에 없는 난사難事한 일을 공개하겠습니다.

이 책 첫 장의 불상 사진은 제가 30여 년을 소장하고 있던 불상입니다. 촌부 같은 미소와 절묘한 균형미가 그동안의 제 어려움을 모두 녹여주기에 충분했습니다. 우연히 불상에 대한 감정을 하게 되었습니다. 한국 불상 연구의 대가이신 모 교수를 모시고 매우 상세한 분석과 설명을 들었습니다. 그 외에도 공식 비공식으로 네댓 번의 감정 기회를 접하게 되었습니다. 대체적인 합일점은 '금동여래입상'으로 삼국시대에서 통일신라 초기, 늦어도 서기 650년 전에 조성된 신라의 호신용 진품 금동불로 판명되었습니다.

신라 불상의 특징을 잘 표현하고 있어 어느 누구도 진품에 대한 의심을 하는 전문가는 없었습니다. 말하자면 원효와 동시대에 조성된 1,300년이 지난 불상이라는 결론인데 보존상태가 이렇게 좋은 경우는 매우 드물다고 합니다. 어떤 감정인은 수십 년 만에 진품은 처음 본다고까지 말하였습니다.

제 원願은 이 불상이 이젠 다른 소장자를 찾아갔으면 하는 것입니다. 어차피 제가 오래 살기는 어려우니 죽기 전의 불사인 학술서 번역불사를 잘 회향하기 위한 진행비도 필요하고, 무엇보다 빌린 돈을 갚지 않고 죽는 모습은 상상만으로도 너무나도 괴롭습니다. 솔직한 심정은 제가 창건한 용화사가 매매할 수 있는 물건이라면 차라리 절을 매각하지, 1,300년의 시간을 넘어 제게 무한한 영감과 용기를 준 불상을 넘기고 싶지는 않습니다. 또, 불자들에게 당당하게 요구할 수 있는 불사를 하면서도, 그간의 모멸감이 오죽했으면 권선을 하지 않고 불상을 매각하는 결단을 이렇게 마지막 원이라고 밝히겠습니까? 부디 희유稀有한 인연 간절히 원願합니다.

더 산만해지기 전에 「십지품」의 게송으로 들어갑니다.


## 방편의 자재함 얻어
## 중생을 구제하시는 8지보살

그때 금강장 보살이 이 뜻을 다시 펴려고 게송으로 말하였다.


7지에서 방편 지혜 닦아 행하며
도를 돕는 큰 원력을 잘 모았고
세존의 거둬주심 다시 얻어서
나은 지혜 구하려고 8지에 올라,

공덕을 성취하고 늘 사랑하며
지혜가 넓고 크기 허공과 같고
나, 무생법인無生法忍을 얻었다네.

법 듣고 결정한 힘 능히 내나니
이것이 적멸寂滅한 무생법인無生法忍,

법이 나고 일어남이 없음을 알며

이루고 파괴하고 다함도 없고
생사 없고 평등하고 분별도 없어
마음 작용 초월하여 허공과 같네.

이 인忍을 성취하고 희론戱論을 초월
매우 깊고 동요 없어 늘 적멸하니
모든 세간 아무도 알지 못하며
마음으로 집착함도 모두 여읜다네.

이 지에 머무르면 분별이 없어
멸진정滅盡定에 들어간 비구와 같고
꿈에 물을 건너도 깨면 없어져
범천에 난 사람이 욕심 없듯이,

본래의 원력으로 권장도 하고
좋은 인忍을 찬탄하고 관정灌頂하면서
우리의 여러 불법, 그대가 아직
다 얻지 못했으니 노력하시오.

그대는 번뇌의 불 비록 껐으나
세간에는 아직도 번뇌 성하니
본래 원을 생각하고 중생 건지어
좋은 인을 닦아서 해탈케 하라.

법의 성품 참되고 생각 여의어
이승들도 이런 것 능히 얻음에
이것으로 세존이 되는 것 아니니
매우 깊고 걸림 없는 지혜 분이라.

천상 인간 공양 받는 부처님께서
이렇게 지혜 주어 관찰케 하니
그지없는 부처님 법 다 성취하고
한 생각에 예전 수행 뛰어넘었네.

보살이 묘한 지혜 이 지에 있어
광대한 신통의 힘 바로 얻고서
한 찰나에 몸을 나눠 시방에 두루
바다에 떠 있는 배 순풍 만난 듯,

마음은 작용 없고 지혜 힘으로
국토가 성취하고 무너지는 일
여러 세계 갖가지로 모두 다르며
작고 크고 무량함을 능히 다 알고,

삼천대천세계의 4대종대四大種大들과
여섯 갈래 중생의 몸 각각 다르며
여러 가지 보배와 티끌의 수효

지혜로 살펴보아 남지 않으며,

보살이 여러 종류 몸을 다 알고
중생을 교화하려 그 몸 같으며
한량없는 국토도 각각 다른데
형상을 나타내어 모두 두루해,

비유하면 허공에 뜬 해나 달이나
여러 곳 물 가운데 영상 비치듯
법계에 있는 보살 변동 없지만
마음 따라 나투는 영상도 그래,

좋아함이 각각 다른 마음을 따라
여러 중생 가운데 몸을 나투되
성문이나 독각이나 보살들이나
부처님 몸까지도 모두 나타내,

중생 몸과 국토 몸과 업보의 몸과
성인들의 지혜 몸과 법의 몸들과
허공인 몸까지도 모두 평등해
중생을 위하여서 두루 나투네.

- 이하 생략 -

위와 같이 부동지의 경계와 원력으로 이루는 행을 게송으로 거듭 설하셨습니다. 8지 보살의 원력은 삼계는 물론 일체 법계의 중생들을 위해서라면 백 천 가지 몸을 나투시는데, 그 힘은 방편바라밀의 수행을 성취한 공덕이라는 말씀입니다.

「십지품」의 보살의 품격과 경지에 대한 내용이 너무 어려워 몇 줄 소개한다고 이해할 수 있는 차원이 아니라, 위의 게송을 발췌했으니 게송으로 보살의 경지를 이해하시기 바랍니다. 재차 설명하면, 8지의 보살은 방편의 자재함을 얻어 어느 법계, 어느 몸으로도 나툼이 가능해 그 원력으로 중생을 구제하신다는 말입니다. 재미있는 것은 방편과 원력의 성취가 완벽해서 구원을 받는 사람은 누구에게 어떻게 구원을 받는지조차 모르게 하신다고 합니다. 이는 부처와 거의 대등한 지위에서나 가능한 능력입니다.

원바라밀은 다른 바라밀과 조금 다른 측면이 있습니다. 방편바라밀 이후 네 가지 바라밀은 철저히 이타행에 필요한 대승 최고의 거룩한 수행입니다. 사실상 부처를 이룬 보살들이지만 완벽한 중생 구제를 위해서 닦는 능동적 수행이며, 이 수행을 통해 법의 공함과 법의 불생불멸不生不滅을 알지만, 법계나 중생계의 제도를 위해서라면 분별심을 일으키는 자재함도 보인다는 것이 보살의 원바라밀 수행입니다.

「십행품」에서 공덕림 보살은 8지보살이 원바라밀을 닦는 내용과 무엇을 성취하는가를 자세히 설하고 있습니다. 내용 가운데 법의 성품에 관한 설명도 있으니, 분량은 많지만 어렵게 찾은 원바라밀의 핵심입니다. 차분히 읽으시면 독자 여러분의 원願은 무엇인지 스스로 나타나지지 않겠습니까? 공덕림 보살이 설하신 내용입니다.

① 열 가지의 선근善根을 성취하다

"불자들이여, 어떤 것이 보살 마하살의 얻기 어려운 행인가?
이 보살이 얻기 어려운 선근과 굴복하기 어려운 선근과 가장 수
승한 선근과 깨뜨릴 수 없는 선근과 지나갈 이 없는 선근과 헤
아릴 수 없는 선근과 다하지 않는 선근과 힘이 자재한 선근과
큰 위덕 있는 선근과 모든 부처님과 성품이 같은 선근을 성취하
였다."

② 선근을 닦아 온갖 얻기 어려움을 다 얻다

"이 보살이 모든 행을 닦을 적에 불법 중에서 가장 나은 이해를
얻고, 부처님 보리에서 넓고 큰 이해를 얻고, 보살의 서원에 조
금도 쉬지 아니하고 일체 겁이 다하여도 게으른 마음이 없으며,
모든 고통에 싫은 생각을 내지 않고, 모든 마군이 동요하지 못
하며, 모든 부처님이 호념하시는 바며, 모든 보살의 고행苦行을
구비하게 행하고, 보살의 행을 닦되 꾸준하여 게으르지 아니하
며, 대승에 대한 소원이 퇴전하지 않는다."

③ 얻기 어려운 행을 이룬 이익을 말하다

"이 보살이 이 얻기 어려운 행에 편안히 머물고는, 생각 생각마
다 아승지 겁에 나고 죽음에 자주 굴러다니면서도 보살의 대원

을 버리지 않으니, 만일 어떤 중생이 받들어 섬기고 공양하거나, 내지 보고 듣기만 하여도 모두 아뇩다라삼먁삼보리에서 퇴전치 않는다."

④ 중생을 제도함을 비유로 나타내다

"보살이 비록 중생이 있는 것 아닌 줄을 알지마는, 일체 중생들을 버리지 않으니, 마치 뱃사공이 이 언덕에 머물지도 않고 저 언덕에 머물지도 않고 중류中流에 머물지도 않으면서, 이 언덕의 중생을 건네어 저 언덕에 이르게 하나니 왕래하여 쉬지 않는 연고이다."

⑤ 비유와 법을 합하여 나타내다

"보살 마하살도 그와 같아서 생사에 머물지도 않고 열반에 머물지도 않고 생사인 중류에 머물지도 않으면서, 이 언덕의 중생을 건네어 저 언덕의 편안하고 두려움이 없고 근심이 없고 시끄러움이 없는 곳에 두지마는, 중생의 수효에 집착하지도 않으며, 한 중생을 버리고 여러 중생에 집착하지도 않고, 여러 중생을 버리고 한 중생에 집착하지도 않으며, 중생계가 더하지도 않고 중생계가 감하지도 않으며, 중생계가 나지도 않고 중생계가 멸하지도 않으며, 중생계가 다하지도 않고 중생계가 자라지도 않으며, 중생계를 분별하지도 않고 중생계를 둘로 하지도 않는다."

⑥ 까닭을 해석하다

"무슨 까닭인가 하면, 보살이 중생계가 법계와 같은 데 깊이 들어가서 중생계와 법계가 둘이 없게 되나니, 둘이 없는 법에는 더함도 없고 감함도 없고 나는 것도 없고 멸함도 없고 있지도 않고 없지도 않으며, 취함도 없고 의지함도 없고 집착함도 없고 둘도 없나니, 왜 그러느냐 하면 보살이 일체 법과 법계가 둘이 없음을 아는 연고이다."

⑦ 고요하고 움직임이 걸림이 없음을 나타내다

"보살이 이렇게 좋은 방편으로 깊은 법계에 들어가고는 모양이 없는 데 머물러서 청정한 모양으로 그 몸을 장엄하며, 법의 성품이 없음을 알지마는 일체 법의 모양을 분별하며, 중생에 집착하지 않으면서도 중생의 수를 알며, 세계에 집착하지 않으면서도 부처님 세계에 몸을 나타내며, 법을 분별하지 않으면서도 부처님 법에 잘 들어가며, 이치를 깊이 통달하고도 말로 가르침을 널리 연설하며, 일체 법이 탐욕을 여읜 진정한 경계를 알면서도 보살의 도를 끊지 않고 보살의 행에서 물러나지 않고, 부지런히 다함이 없는 행을 닦아서 자재하게 청정한 법계에 들어간다."

## ⑧ 비유로써 밝히다

"비유컨대 나무를 비비어 불을 내거든 불타는 일이 한량없으나 불은 꺼지지 않으니, 보살도 그와 같아서 중생을 교화하는 일이 다함이 없으나 세간에 있어서 항상 머물고 멸하지도 않는다."

## ⑨ 두 가지의 행의 자취를 쌍으로 떨어 버리다

"구경究竟도 아니고 구경 아님도 아니며, 집착도 아니고 집착 아님도 아니며, 의지도 아니고 의지 없음도 아니며, 세상 법도 아니고 부처님 법도 아니며, 범부도 아니고 과를 얻은 것도 아니다."

## ⑩ 더 수승한 행에 나아감을 밝히다

"보살이 이러한 얻기 어려운 마음을 성취하고 보살행을 닦을 때에 이승二乘 법도 말하지 않고 부처님 법도 말하지 않고 세간도 말하지 않고 세간 법도 말하지 않고 중생도 말하지 않고 중생 없음도 말하지 않고 때 묻은 것도 말하지 않고 깨끗한 것도 말하지 않나니, 무슨 까닭인가? 보살은 일체 법이 물들지도 않고 집착도 없고 전변하지도 않고 물러가지도 않음을 아는 연고며, 보살이 이렇게 적멸하고 미묘하고 매우 깊고 가장 수승한 법 가운데서 수행할 때에 〔내가 현재에 이 행을 닦고 이미 이 행을 닦았고 장차 이 행을 닦으리라〕는 생각을 내지 아니하며, 5온五蘊, 18

계十八界, 12처十二處에 집착하지 않고, 안 세간, 바깥 세간, 안 팎 세간과 일으킨 큰 소원의 바라밀다와 일체 법에도 모두 집착 이 없었다."

⑪ 고정된 법이 없음을 밝히다

"무슨 연고인가? 법계 중에는 어떤 법이 성문승에 향한다, 독 각승에 향한다 이름 할 것이 없으며, 어떤 법이 보살승에 향한 다, 아뇩다라삼먁삼보리에 향한다 이름 할 것이 없으며, 어떤 법이 범부세계에 향한다 할 것이 없으며, 어떤 법이 물드는 데 향한다, 깨끗한 데 향한다, 생사에 향한다, 열반에 향한다 할 것 이 없나니, 그 까닭은 모든 법이 둘도 없고 둘이 아님도 없는 연 고이다."

– 이하 생략 –


## 보살들이 서원을 발하는 순간 우리는 성불하게 되어 있다
### – 원願바라밀

관세음보살이나 아미타불을 한 번만 부르면 그 공덕으로 왕생극 락한다고 합니다. 또한 세상의 어려운 일에 처해 있을지라도 관세음보살을 부르면 부모가 자식 문제를 해결해 주듯이 고통에서 벗어나게 해 준다고 합니다. 이러한 불가사의한 일이 가능한 이유는 바로 보살들의 원바라밀 때문입니다. 보살은 자비심이 있어서 가능한 일일 거라고 단순하게 생각하면 안 됩니다. 그렇다고는 해도 보살의 원바라밀이라는 것이 생사를 해탈하는 깨달음을 주기 위해서이지, 자식의 학업 성취를 바라는 기도, 남편의 승진을 위한 기도를 들어주는 것이 전부는 아닙니다. 중생들을 아뇩다라삼먁삼보리법에 이르게 하는 것이 보살의 목적이라는 것입니다.

이 법의 비를 내리는데 누구는 더 많이, 누구는 덜 주는 게 아닙니다. 마치 대지에 비가 내리듯 누구에게나 골고루 내려준다는 것입니다. 이렇듯 모든 중생들에게 무차별의 법 비를 내려 주듯이 보살은 마치 뱃사공이 이 언덕에 머물지도 않고 저 언덕에 머물지도 않고 가운데에 머물지도 않으면서 이 언덕의 중생을 건네어 저 언덕에 이르도록 하기 위해 차안과 피안을 왕래하기를 쉬지 않고 합니다.

고해의 바다에서 쉬지 않고 뱃사공 노릇을 하면서 모든 중생들을 가리지 않고 한 중생도 빠트리지 않고 전부 태워서 깨달음의 세계로 실어 나릅니다. 그러니까 중생들은 줄서서 기다리기만 하면 됩니다.

우리가 놓치고 있는 아주 중요한 진실이 하나 있습니다. 우리는 그저 가만히 있기만 하면 됩니다. 왜 가만히 있어도 되는가 하면, 보살들의 큰 원이 있기 때문입니다. 모든 중생에게는 불성佛性이 있어서, 나도 언젠가는 부처가 될 수 있다고 했습니다. 공부를 전혀 하지 않아도 다 부처가 됩니다. 아이가 자라서 어른이 되듯이 시간이 해결해 줍니다. 그건 내가 잘나서가 아닙니다. 보살이 원을 발하는 순간 우리 중생들은 이미 성불하도록 되어 있기 때문입니다.

불교는 정말로 훌륭한 종교입니다. 저는 부처님의 가르침을 생각만 해도 덩실덩실 춤을 추고 싶습니다. 부처님이 탄생한 이상, 보살이 있는 이상 가만히 있어도 우리를 반야선에 태워다 주니 얼마나 즐겁고 기쁜 일입니까. 우리는 불보살님들 덕분에 성불하기 싫어도 성불하게 되어 있습니다. 다만 무량한 시간이 걸릴 뿐이지요.

그렇다면 우리가 좀 더 노력해야 하지 않겠습니까? 좀 더 열심히 공부하면 좀 더 빨리 반야선에 탈 수 있게 된다는 것입니다. 만약 극락도 없고 성불한 사람도 없다면 모르겠지만 분명히 성불한 사람이 있고, 보살이 있잖아요. 중요한 건 누구나 부처가 된다는 그런 즐거움이 우리에게는 약속되어 있다는 것을 알고 자존감을 갖는 데 있습니다.

여러분들은 불법佛法 만난 걸 대단히 다행스럽게 생각해야 됩니다. 보살들이 원을 세웠기 때문에 가만히 있어도 우리는 깨달음을 얻을 수 있는 약속이 보장되어 있기 때문입니다. 보살들이 이렇게 끊임없이 원을 발하고 있는 덕분에 너도나도 할 것 없이 우리는 다 구제를 받을 수 있습니다.

앞의 6바라밀과 달리 뒤의 나머지 네 개는 철저히 이타의 바라밀이고 나중에 부처님이 발심을 하고 성불을 한 이상은 이미 나도 같이 부처를 이룰 수 있는 것으로 약속을 받은 것입니다. 이것이 원바라밀의 덕성입니다.

# 선혜지善慧地와 역바라밀

○

## '법의 지혜'로 얻게 된
## 무애無礙에서 발휘되는 힘과 능력

7지 보살부터는 사실상 부처를 이룬 경지와 흡사하다는 것이 대체적인 시각입니다. 9지 선혜지는 부처와 같은 지위의 지혜를 성취했기에 그 이름을 선혜지라 합니다. 「십지품」에 어떤 지혜의 행을 닦는 경지인가를 알 수 있는 내용이 나오는데, 해탈월 보살의 청법請法에 금강장 보살이 답하시는 대목이 있습니다.

"불자여, 보살 마하살이 이 선혜지에 머물러서는 선과 악이 둘이 아닌 법의 행과, 새고〔漏〕 새지 않는〔無漏〕 법의 행과, 세간과 출세간의 법의 행과, 헤아리고 헤아릴 수 없는 법의 행과, 결정하고 결정하지 못하는 법의 행과, 성문과 독각의 법의 행과, 보살행의 법의 행과, 여래지如來地의 법의 행과, 함이 있는[有爲] 법의 행과 함이 없는[無爲] 법의 행을 사실대로 압니다."

공부가 익은 불자들은 '아, 이것이 『법화경』의 법의 실상實相을 본다는 것, 곧 여실지견如實知見의 경지로구나'라고 눈치 채실 것입니다. 맞습니다. 그래서 『법화경』의 사상 특히 일불승一佛乘의 개념이나 『금강경』의 공空사상 등이 『화엄경』에서 수용 가능하다고 틈만 나면 강조하는 것입니다. 화엄 사상은 사실상 대승불교의 거의 모든 사상의 모체라고 해도 과언이 아닙니다. 세친이 만약 『화엄경』에 심취했다면 과연 유식唯識을 주창할 수 있었을까 하는 의문이 드는 것도 세친의 주장이 『화엄경』과 결이 다르기 때문입니다. 실제로 세친은 유력 부파인 설일체유부說一切有部에서 대승으로 전환했다고 전해지고, 중론中論에서 공空과 연기緣起를 설명한 용수는 용궁에서 『화엄경』을 구해 세상에 전파했다는 '전설'이 있습니다.

## '나와 중생은 하나', '수행의 목적은 오직 중생 구제'

현전지에서 성취된 지혜는 「십지품」에서 다음과 같이 표현하고 있는데 역시 금강장 보살이 설하신 내용입니다.

"이 지에 머물러서는 중생들의 여러 행의 차별을 알고 교화하고 조복하여 해탈을 얻게 하나니, 불자여, 이 보살이 성문승의 법과 독각승의 법과 보살승의 법과 여래 지위의 법을 잘 연설하는

데, 온갖 행할 곳에 지혜가 따라 행하므로, 중생의 근기와 성품과 욕망과 지혜와 행할 바가 다름과 여러 갈래의 차별을 따르며, 또한 태어난 번뇌와 따라다니며 자게 하는 속박〔眠縛〕과 여러 업의 버릇을 따라서, 그들에게 법을 말하여 믿고 이행함을 내고 지혜를 늘게 하여 각각 그들의 승乘에서 해탈을 얻게 합니다."

이는 방편바라밀의 구제할 대상에 따라 방편으로 몸을 나투는 경지에서, 그들의 승乘에서 해탈을 얻게 할 능력까지 자재함을 성취한 경지로 도약함을 설명해 주고 있습니다. 또한, '그들의 승乘에서 해탈'은 『법화경』의 일불승의 전제가 성문과 연각을 보살과 차별한 것과 비교한다면 훨씬 수승한 대승 사상이라는 점을 확인할 수 있습니다.

「십지품」의 지혜를 사전식으로 구분하자면 이렇습니다.

첫 번째가 법무애지法無礙智로 법에 걸림이 없는 지혜, 두 번째가 의무애지意無礙智로 뜻에 걸림이 없는 지혜, 세 번째가 언무애지言無礙智로 말에 걸림이 없는 지혜, 네 번째가 낙무애지樂無礙智로 법을 설함에 즐거움의 걸림도 넘어선 지혜, 이 네 가지의 지혜입니다. 6지의 반야지般若智와 어떤 차별이 있는지 참으로 어렵습니다. 다만, 반야부 경전의 반야는 앞에 충분히 언급했듯이 반야지의 실체에 대한 설명으로 가득 차 있고, 그 지혜를 어떻게 일으키고 사용해 중생들을 제도하는지의 방법론은 거론하지 않고 있습니다. 『금강경』과 『반야심경』의 내용을 연상하시면 이해하실 수 있을 것입니다.

반면에 「십지품」의 10바라밀은 그 전제가 '나와 중생은 하나'라는 것과 '수행의 목적은 오직 중생 구제'라는 대승불교의 숭고한 목적지를 명확히 한 것이 특징입니다. 간명한 「십지품」만을 근거로 평가해도 한국불교의 승가와 재가의 행태는 명백히 비불교적이라고 말할 수 있습니다.

「십행품」의 공덕림 보살이 설하신 역바라밀의 내용이 「십지품」의 금강장 보살이 설한 위 내용과 매우 유사합니다. '법의 지혜'로 얻게 되는 무애無礙한 경지에서 발휘되는 힘과 능력[力]에 대해 설한 내용을 발췌했습니다.

> "불자들이여, 이 보살 마하살이 열 가지 몸을 성취합니다. 이른바 그지없는 법계에 들어가는 모든 갈래가 아닌 몸이니 일체 세간을 멸하는 연고며, 그지없는 법계에 들어가는 모든 갈래의 몸이니 일체 세간에 나는 연고며, 나지 않는 몸이니 남이 없이 평등한 법에 머무는 연고며, 멸하지 않는 몸이니 일체의 멸함을 말로 할 수 없는 연고며, 진실하지 않은 몸이니 실상과 같음을 얻은 연고며, 허망하지 않은 몸이니 마땅한 대로 나타내는 연고며, 변천하지 않는 몸이니 여기서 죽어 저기 나는 일을 여읜 연고며, 무너지지 않는 몸이니 법계의 성품이 무너짐이 없는 연고며, 한 모양 몸이니 3세의 말할 길이 끊어진 연고며, 모양 없는 몸이니 법의 모양을 잘 관찰하는 연고입니다."

●

# 법운지法雲地와 지바라밀

○

## 온 법계를 덮는 구름과 같이
## 한량없는 지혜(해탈삼매)로 법을 전하라

역力바라밀을 설명하려 해도 도무지 엄두도 나지 않고, 내 앞가림도 못하는 처지에서 마지막 단계로 넘어오긴 했습니다만, 이 역시 난감하긴 마찬가지입니다.

「십지품」에서 지혜가 한량없음이 마치 온 법계를 덮는 구름과 같다고 해서 법운지라는 이름을 붙인 경지임을 설하고 있습니다. 보살의 10지와 10바라밀을 살펴보면 한 단계 오를 때마다 그 수행의 경지가 대단히 큰 차이가 있음을 새삼 느끼게 됩니다.

불교가 사람만이 아닌 천인天人들까지 두루 이롭게 하는 가르침[人天敎]이라는 조사의 지적이 생각납니다. 법운지라는 이름이 뜻하는 바를 「십지품」의 주설자主說者인 금강장 보살이 다음과 같이 말씀하고 계십니다. 마치 초지에서 9지까지의 행과 과果로 인因한 불지佛地에 이른 과정을 몇 줄로 압축해서 정리해 주시는 것 같습니다.

"불자여, 보살 마하살이 초지로부터 제9지에 이르면서, 이렇게 한량없는 지혜로 관찰하여 깨닫고는 잘 생각하여 닦으며, 청정한 법을 만족하고 그지없는 도를 돕는 법을 모으며, 큰 복덕과 지혜를 증장하고 크게 가엾이 여기는 마음을 널리 행하여, 세계의 차별함을 알며, 중생 세계의 빽빽한 숲에 들어가며, 여래가 행하시는 곳에 들어가며, 여래의 적멸한 행을 따라 순종하며, 여래의 힘과 두려움 없음과 함께 하지 않는 부처님 법을 항상 관찰하나니, 갖가지 지혜와 온갖 지혜의 지혜를 얻은 직책을 받는 지위라 이름합니다."

"불자여, 보살 마하살이 이러한 지혜로 직책을 받는 지위에 들어가서는 곧 보살의 때를 여의는 삼매를 얻으며, 법계의 차별한 삼매와 도량을 장엄하는 삼매와 온갖 꽃빛 삼매와 해장海藏 삼매와 해인海印 삼매와 허공이 넓고 큰 삼매와 모든 법의 제 성품을 관찰하는 삼매와 일체 중생의 마음과 행동을 아는 삼매와 모든 부처님이 앞에 나타나는 삼매에 들어가나니, 이러한 백만 아승지 삼매가 모두 앞에 나타납니다.
보살이 이 모든 삼매에 들어가고 일어날 적에 다 선하고 공교함을 얻으며, 모든 삼매의 짓는 일이 차별함도 잘 아나니, 그 마지막 삼매를 이름하여 온갖 지혜와 수승한 직책을 받는 지위라 합니다."

　금강장 보살은 이어서 법운지의 지혜로 발휘되는 많은 신통의 능력과 '지혜의 지혜 얻음'을 설합니다. 이 부분까지 소개하고 싶긴 하지만 지금까지 발췌한 내용만으로도 10지의 구별에 따른 이해는 충분하다고 여겨져서 이만 그치겠습니다. 한편 마지막에 결국 신비주의를 강조하는 내용으로의 변질을 우려하는 조심스런 심정도 작용했음을 말씀드립니다.

　법운지의 삼매는 단순한 삼매가 아닌 해탈 삼매를 의미합니다. 이제 어찌 마무리를 해야 하는지 마치 '번뇌'를 알고 계시듯 금강장 보살께서 초지에서 10지 법운지까지 설한 말씀을 거듭 게송으로 마무리해 주십니다. 사실 다른 경전과 달리 『화엄경』은 거의 모든 품에서 설하신 내용을 게송으로 거듭 쉽게 밝혀 놓았습니다. 아주 절묘한 형태를 갖춘 문학적으로도 매력적인 불교 최고의 경전입니다.

　『화엄경』 독경 기도 후 그 감격과 환희를 『화엄경』의 게송을 통해 대중에게 전하고자 했던 시도가 『이판사판 화엄경』의 출간이었습니다. 2004년 일이니 15년이 흐른 셈입니다. 이 책의 출간 연도 확인을 위해 검색하니 당시 한 일간지의 책 소개 글의 제목이 눈에 띕니다.

　〈성법 스님, "불교사상도 이젠 개혁할 때". 『이판사판 화엄경』 펴내〉입니다.

　이 책은 심장병으로 죽을 고비를 넘기며 불과 30여 일 만에 쓴 책입니다만, 사실상 열흘 이상은 『화엄경』의 수많은 게송을 다 게재할 수도 없어서 게송을 가려 뽑는 작업에 시간을 들였던 기억이 생생

합니다. 2000년 초부터 거의 15년간은 『화엄경』의 가르침을 전법傳法하는 데 미쳐 있었던 기간이었습니다. 건강과 경제적 어려움은 안중에도 없었고, 오히려 신중단에 "내가 이렇게 『화엄경』을 수지하고 전하는데 화엄 신중들은 건강과 돈 중 적어도 하나는 해결해야 하는 것 아니냐", "너희는 공양 받을 자격이 없다."고 호통까지 쳐댔으니 단단히 미쳤던 것입니다. 이 기간에 세존사이트를 통해 회원들과 나눈 대화는 제 답글만 거의 1만 웹페이지에 달했고 몇 권의 졸저도 출간했으니 머릿속은 늘 불교 용어와 문장으로 가득했었습니다.

그런데 『이판사판 화엄경』의 분위기가 당시에는 어땠는지, 기사 제목을 왜 '개혁'으로 뽑았는지도 가물가물합니다. 15년의 노력도 별무소득이라는 낙심마저도 잊어버린 지금 '불교사상도 개혁할 때'라는 제목이 무색할 정도로 불교가 추락한 것을 지켜보면 참으로 씁쓸합니다. 이 책 1부의 신도를 앞에 두고 한 법문은 대략 이 시기를 전후해서 이루어진 것들입니다.

**원력대로 널리 법을 전하여 번뇌를 소멸케 하라**

금강장 보살의 초지에서 10지까지의 마무리 게송을 살피겠습니다.

그 마음 고요하고 항상 화평해
평등하고 걸림 없기 허공 같으며
더러운 것 여의고 도에 머무니
이렇게 훌륭한 행 그대 들으라.

백 천 억 겁 동안에 착한 행 닦아
한량없고 그지없는 부처님 공양
성문과 독각들도 역시 그러해
중생을 이익하려 큰 마음 내고,

꾸준하고 계행 갖고 참고 유순해
부끄럼과 복과 지혜 다 구족하고
부처 지혜 구하려고 지혜 닦으며
열 가지 힘 얻고자 큰 마음 내고,

3세의 부처님들 다 공양하고
갖가지 국토들을 깨끗이 장엄
모든 법 평등함을 분명히 알고
중생을 이익하려 큰 마음 냈네.

초지에 머물러서 이 마음 내고
나쁜 짓 아주 떠나 항상 기쁘며
원력으로 선한 법 널리 닦아서
어여삐 여김으로 2지에 들고,

계행 다문多聞 갖추고 중생을 생각
더러운 때 씻으니 마음이 깨끗
세간에서 세 가지 독한 불 관찰

넓고 크게 아는 이 3지에 들고,

세 가지 있는 곳(三界)이 모두가 무상
화살에 맞은 듯이 고통이 치성
하여진 것(有爲) 떠나서 불법 구하려
큰 지혜 있는 이가 염혜지 들고,

지혜가 구족하여 보리를 얻고
한량없는 백 천의 부처님 공양
가장 수승한 공덕을 늘 관찰하면
이 사람이 난승지에 들어가오며,

지혜와 모든 방편 잘 관찰하고
가지가지 나타내어 중생 구하며
위없는 10력 세존 공양하오면
생멸 없는 현전지에 들어가오며,

세상에서 모르는 것 능히 다 알고
'나'란 고집 느끼잖고 유무有無 떠나며
법의 성품 고요한 데 인연 따르면
미묘한 지혜 얻어 7지에 들고,

지혜와 방편이며 광대한 마음

행하고 굴복하고 알기 어려워
적멸을 증하고도 항상 닦으면
허공 같은 부동지에 나아가리라.

부처 말씀 적멸한 데서 일어나
가지가지 지혜 업을 널리 닦아서
열 가지 자재 구족하고 세간을 관찰
이러하게 선혜지에 들라 하시네.

미묘한 지혜로써 중생 마음과
업과 번뇌 빽빽한 숲 다 관찰하고
그들을 교화하려 도에 나아가
부처님의 깊은 도리 연설도 하고,

차례로 수행하여 착한 일 구족
9지에서 복과 지혜 쌓아 모으고
부처님의 위없는 법 항상 구하여
부처님 지혜 물을 머리에 붓고,

수 없이 많은 삼매 골고루 얻고
삼매의 짓는 업도 분명히 알아
나중의 삼매 이름 직책 받는데
광대한 경계에서 동하지 않으니,

보살이 이 삼매를 얻을 적에는
보배 연꽃 어느덧 앞에 나타나
연꽃같이 큰 몸으로 위에 앉으니
불자들이 둘러 앉아 우러러 보고,

찬란한 백억 줄기 큰 광명 놓아
중생의 모든 고통 없애 버리고
정수리에 또 다시 광명을 놓아
시방의 부처 회상 두루 들어가,

공중에서 광명 그물 모두 되어서
부처님께 공양하고 발로 들어가
그때에 부처님은 이 불자들이
직책 받는 지위에 오른 줄 알고,

시방의 보살들이 와서 살피니
직책 받은 보살들 광명을 펴고
부처님 미간서도 광명을 놓아
여기 와서 비추고는 정상에 드네.

시방의 세계들이 다 진동하고
모든 지옥 고통이 소멸되거늘
그때에 부처님이 직책을 주어

전륜왕의 태자가 되듯 한다네.


정수리에 부처님이 물을 부으면
법운지에 올랐다 이름하나니
지혜가 점점 늘어 끝간 데 없어
모든 세간 중생을 깨우쳐 주며,


욕심세계 형상세계 무형세계와
법계와 모든 세계 중생세계들
셀 수 있고 셀 수 없고 허공까지도
이런 것을 모두 다 통달하오며,


일체를 교화하는 위덕의 힘과
부처님이 가지加持한 미세한 지혜
비밀한 많은 겁과 범부들까지
모두 다 사실대로 관찰하오며,


태어나고 집을 떠나 바른 도 이뤄
법 바퀴 굴리기도 열반하기도
필경에 적멸하고 해탈하는 법
말하지 않은 것도 능히 다 알아


보살이 법운지에 머물러서는

생각하는 힘 구족하여 불법 갖나니
큰 바다가 용의 비를 모두 받듯이
이 지에서 받는 법도 그와 같더라.

시방에 한량없는 모든 중생들
부처님 법 얻어 듣고 지니었거든
한 부처님 계신 데서 들은 불법도
저보다 지나가서 한량없으며,

옛적의 지혜 서원 위신력으로
잠깐에 시방세계 널리 퍼지게
단이슬 비 내려서 번뇌를 소멸
그래서 법운지라 이름하노라.

법운지가 최고의 경지인 만큼 법운지에 대한 설명에 큰 비중을 두고 있음을 알 수 있습니다.

법운지의 수행인 지智바라밀이 얼마나 멋지고 호쾌한가를 「십행품」의 공덕림 보살의 설하심을 통해 느껴보시기 바랍니다.

**불교의 혼란은 인재人災이지 불법의 문제가 아니다,**
**그래서 그래도 불교**

이 보살이 이러한 더 나아가는 마음을 다시 냅니다.

"내가 만일 일체 중생으로 하여금 위없는 해탈도에 머물게 하지 못하고 내가 먼저 아뇩다라삼먁삼보리를 이룬다면, 이것은 나의 본래의 소원에 어긋나는 것이니, 마땅하지 못한 일이다. 그러므로 반드시 먼저 일체 중생들로 하여금 위없는 보리와 무여 열반을 얻게 한 뒤에 성불할 것입니다. 왜냐하면 중생들이 나에게 청하여서 발심한 것이 아니고, 내가 중생에게 청하지 않은 벗이 되어서 일체 중생으로 하여금 선근을 만족하여 온갖 지혜를 이루게 하고자 한 것입니다.

그러므로 내가 가장 수승하니 일체 세간에 집착하지 않는 연고며, 내가 가장 높으니 위없는 지도하는 지위에 있는 연고며, 내가 가림을 여의었으니 중생의 끝이 없음을 아는 연고며, 내가 이미 판단하였으니 본래의 소원을 성취한 연고며, 내가 좋은 변화가 되나니 보살의 공덕으로 장엄한 연고입니다. 내가 좋은 의지가 되나니 3세의 부처님들이 거두어 주시는 연고입니다."

공덕림 보살의 이 말씀으로 마무리하게 된 것은 필자나 독자들에게 '큰 행운'이라는 생각을 감출 수 없습니다. 나는 『화엄경』을 스승으로 삼으며 한국불교에서 말해지는 거의 모든 주제들에 대해 '의심'으로 참구함을 공부의 기본으로 삼았습니다. 그렇기에 선사들의 천편일률적인 '주인공' '참 나' 등의 표현이 얼마나 분별심을 유발하는 이중적 언어인지 그 병폐를 절감하고 있었습니다. 그런데 '한 소식'했다는 수많은 선사들의 입에서 판에 박은 듯이 똑같은 언어가 반복되는 것은 '한 소식'이 자기 소식이 아니라, 주로 중국 당시대의 혜능慧能과 조주趙州 같은 선사의 '묵은 소식'에 의지하기 때문이라 생각해 왔습니다.

불제자인 출가자가 부처님의 가르침은 외면하고, 특정시대에 유행한 수행을 받드는 것 자체가 모순이라는 생각을 떨쳐버릴 수 없었습니다. 특히 간화선을 수행하는 선사들이 무의식적으로 내포하고 있는 '무식해도 내가 최고'라는 자부심은 정말 이해하기 어려운 것이었습니다. 간화선 아니면 사도邪道라는 말을 위빠사나 등이 일반화된 지금은 공공연하게 들리지는 않지만, 불과 20년 전만 해도 그 말에 이의를 다는 것 자체가 수행법에 대한 도전으로 인식되었습니다.

조계종의 정통 수행법이 곧 보조 이후 한국불교에 정착하게 된 강력한 간화선임을 부정하거나, 간화선 자체가 문제가 있는 수행이라는 뜻은 절대 아닙니다. 한국불교의 패가敗家적 망신은 간화선으로 불법의 진수를 보여주는 데 실패했음은 물론, 혜능을 부처보다 앞세운 선사들 때문에 경전을 무시하는 오만함이 가득해졌기 때문입니다. 뿐만 아니라 대승불교의 승가로서 가장 우선시해야 할 바라밀 수행마저 망각해 버린 데서 오는 당연한 과보라고 생각합니다.

설상가상雪上加霜이라는 말이 있습니다. 이 말은 본래 별 볼일 없다는 뜻이었습니다. 폭설이 잔뜩 내려 있는데 서리가 내려 봐야 무슨 표시가 나겠습니까? 그런데 오늘날 설상가상은 엎친 데 덮친 격이라는, 어려운 일이나 불행이 겹쳐서 일어나는 뜻으로 쓰이고 있습니다. 설상가상을 이렇게 이해하면 눈을 우습게 아는 것이겠지요. 이러한 오류뿐만 아니라 종교적인 내용이 갖는 오류도 대단히 많습니다. 지금 우리가 공부하고 있고 제가 말하고 있는 불교가 소승불교입니까, 대승불교입니까? 대승불교입니다. 분명히 대승을 말하고 있습니다.

불교는 대승을 알아야 합니다. 그런데 앞으로 100년 후에 지금 우리가 생각하는 불교가 존재할 수 있을까요? 저는 솔직히 걱정이 됩니다. 모든 오류와 착각을 바로잡고 긍정적인 미래로 나아가야 합니다. 이것을 누가 하겠습니까? 이 일에 대한 사명을 가진 사람이 바로 우리들 자신이라는 것을 다시 한 번 명심해야 하겠습니다.

작금의 불교의 혼란은 흔히 세속에서 표현하듯이 승가의 문제인 인재人災이지 불법의 문제는 절대 아닙니다. 역설적으로 이런 승가의 폐단이 드러남으로써 새로운 대승불교 운동이 일어날 징조가 보입니다. 또한 불법佛法은 『화엄경』의 「십지품」 같은 인류 최고의 가르침이 연구되고 더욱 발전되어, 인류가 안고 있는 많은 갈등과 모순들을 해결하는 진리의 창고 역할을 할 수 있을 것입니다. 그래서 '그래도 불교'입니다.

# 그래도 불교

**초판 1쇄 인쇄** | 2018년 9월 27일
**초판 1쇄 발행** | 2018년 9월 30일

**지은이** | 성법 스님

**펴낸이** | 윤재승
**펴낸곳** | 민족사

**주간** | 사기순
**기획편집팀** | 사기순, 최윤영
**영업관리팀** | 김세정

**출판등록** | 1980년 5월 9일 제1-149호
**주소** | 서울 종로구 삼봉로 81 두산위브파빌리온 1131호
**전화** | 02)732-2403, 2404  **팩스** | 02)739-7565
**홈페이지** | www.minjoksa.org
**페이스북** | www.facebook.com/minjoksa
**이메일** | minjoksabook@naver.com

ⓒ 성법, 2018
ISBN 979-11-89269-04-3 (03220)